KB136335

영어회화 토픽북 & 말하기 시험 프렙북

아이작의
테마토크
플러스

Isaac's Theme Talk Plus: 61 More Topics to Talk About

아이작 더스트 지음

서프라이즈

Introduction

I always want to improve. I want to be a better son, a better brother, a better husband, a better dad, a better teacher, and a better friend. I also want to be better at talking with others! I want to be a better communicator. If you want to get better at something, you have to practice. I am lucky because I am always meeting people. I have many opportunities to talk in English and Korean. I wrote this book to help people who want to improve their English speaking ability.

Do you want to improve your English speaking ability? Do you REALLY want to talk in English? I hope so. That desire is very important. Having a goal is very important.

If you know some grammar, some vocabulary, and some speaking patterns, then I believe you have the ingredients to do well. You are ready to cook. If you have paint, brushes, and a canvass, then you are ready to paint. You may not create a masterpiece right away, but it is possible to communicate a clear idea. You can tell your story. You can speak!

Make a delicious dish with the ingredients that you have. Paint a colorful picture with the colors that you have. Tell your interesting or moving story by using your experience and imagination. Try to read lots of books. Try to meet lots of interesting people. Try to do lots of memorable things. Ask and answer lots of good questions. Practice with the themes and questions in this book!

There are some sample answers to help you out in the book, but they are not YOUR answers. They can give you some ideas and some inspiration. However, you need to create your answers. YOU need to complete this book. Make it yours! In my first book of this series, "아이작의 테마토크 120," I didn't give any sample answers. I hope this is an improvement. There is no magical formula to help you speak better. It will take a lot of effort. But I hope to make your journey easier and more enjoyable. Perhaps I can be your Sherpa!

What is your goal? Maybe you want to do well on a test, like the NEAT, OPIc, or TOEIC speaking test. Perhaps you want to do well at a job interview. It's possible that you are like me, and you just want to be a better communicator. You need specific skills, but you should also practice with easy topics. As you do, you need to give YOUR answers. It should not a big challenge. If you think about your answer too long or hesitate, you may fail.

So practice and practice and practice. If you do, I believe you may accomplish your goal! I am sure you can improve your speaking ability. I believe this book can help.

Health and happiness always!
Byeeeeeeee!

Isaac

Acknowledgments

I'd like to thank my brother Chaim for making this book possible. He brought to life many childhood memories. Master proofreader Michael Putlack is a man of great skill who can polish a lump of coal into a diamond. The terrific traveler, Ted Grey, helped sprinkle some worldly spices on the manuscript. Martial artist Guy Larke threw a few punches at this book to toughen it up. Ultimately, I thank you, the reader, for checking out the book. I hope it inspires you. I hope it helps you improve. I am always trying to improve, so let me know what you think of this book and what you would like to see in book three! You can meet me on Twitter if you wish: www.twitter.com/happy_isaac.

머리말

나는 언제나 더 좋아지고 싶습니다. 더 좋은 아들, 더 좋은 형, 더 좋은 남편, 더 좋은 아빠, 더 좋은 선생님, 더 좋은 친구이고 싶습니다. 나는 또한 다른 사람들과 대화를 더 잘하고 싶습니다! 의사 전달을 더 잘하는 사람이고 싶습니다. 여러분이 만약 어떤 것을 더 잘하고 싶다면 연습해야 합니다. 나는 운 좋게도 늘 사람을 만납니다. 영어와 한국어로 말할 기회가 많지요. 이 책은 영어 말하기 능력을 향상시키고자 하는 분들을 돕고자 쓰게 되었습니다.

여러분은 영어 말하기 실력을 향상시키고 싶은가요? 여러분은 정말로 영어로 말하고 싶은가요? 그러길 바랍니다. 그 욕구가 매우 중요합니다. 목표를 갖는 것은 정말 중요합니다.

여러분이 문법과 어휘, 회화 패턴을 어느 정도 알고 있다면 저는 여러분이 잘할 수 있는 재료를 가지고 있는 것이라고 믿습니다. 여러분은 요리할 준비가 되어 있습니다. 여러분이 물감과 붓 그리고 캔버스를 가지고 있다면 여러분은 그림 그릴 준비가 되어 있는 것이고. 당장 작품을 만들어 내지는 못하더라도 어떤 분명한 생각을 전하는 것은 가능합니다. 여러분의 이야기를 할 수 있습니다. 여러분은 말할 수 있습니다!

여러분이 가지고 있는 재료로 맛있는 요리를 만드세요. 여러분이 가지고 있는 색으로 다채로운 그림을 그리세요. 흥미롭고 감동적인 여러분의 이야기를 경험과 상상력을 이용하여 말해 보세요. 책을 많이 읽도록 하세요. 재미있는 사람들을 많이 만나도록 하세요. 잊지 못할 추억을 많이 만들도록 하고요. 좋은 질문을 많이 하고 거기에 답하세요. 이 책에 나와 있는 주제와 질문을 가지고 연습하세요!

이 책에는 여러분의 학습을 돕기 위한 샘플 대답이 포함되어 있습니다. 하지만 그 답은 여러분의 답이 아닙니다. 그 답이 여러분에게 아이디어와 영감을 줄 수는 있지만, 여러분은 여러분 자신의 답을 만들어 낼 필요가 있습니다. 여러분이 이 책을 완성해야 합니다. 여러분의 책으로 만드십시오! 이 시리즈의 첫 책인 〈아이작의 테마토크 120〉에는 샘플 대답이 들어 있지 않습니다. 저는 이번 책이 한 단계 나아간 것이기를 바랍니다. 말하기를 더 잘하기 위한 비법은 없습니다. 그러기 위해서는 많은 노력이 필요할 것입니다. 저는 여러분의 여정을 좀 더 쉽고 재미있게 해드리고자 합니다. 어쩌면 제가 여러분의 셰르파가 될 수 있을 것입니다!

여러분의 목표는 무엇인가요? 아마 NEAT나 OPIc, TOEIC 같은 영어 말하기 시험을 잘 보는 것이겠지요. 어쩌면 취업 면접을 잘하는 것이든가요. 여러분이 저와 같다면, 그래서 정말 더 나은 의사 전달자가 되고 싶다면 가능한 일입니다. 여러분은 구체적인 기술이 필요하지만 또한 쉬운 주제로 연습해야 합니다. 그럴 때 여러분의 답을 해야 합니다. 그것은 그다지 어려운 일은 아닙니다. 여러분이 답변을 너무 오래 생각하거나 머뭇거리면 실패할지 모릅니다. 그러므로 연습하고 또 연습하십시오. 그렇게 하면 틀림없이 여러분의 목표를 이룰 것입니다! 저는 여러분의 말하기 능력이 향상되리라는 것을 확신합니다. 그리고 이 책이 도움이 될 것을 믿습니다.

항상 건강과 행복이 함께하길!

아이작

감사의 말

이 책을 쓰는 것을 가능하게 해준 동생 Chaim에게 고마움을 표하고 싶습니다. 그는 제가 어린 시절 기억을 떠올리도록 해주었습니다. 원고를 교정해 준 Michael Putlack은 원석을 다이아몬드로 만드는 재주를 가진 사람입니다. 멋진 여행자 Ted Grey는 원고에 세상 경험이 풍부해지도록 양념을 뿌려 주었습니다. 무술가 Guy Larke는 이 책이 맷집이 강해지도록 펀치를 몇 방 날려 주었습니다. 끝으로 이 책을 점검할 수 있도록 해준 독자 여러분에게 감사드립니다. 이 책이 여러분에게 영감을 주기를 바라며 여러분의 향상에 도움이 되기를 바랍니다. 저는 항상 나아지고자 노력하고 있습니다. 그러니 이 책에 대한 의견이나 다음 세 번째 책에서 다루어졌으면 하는 것이 있으면 제게 알려 주시기 바랍니다. 트위터에서 저를 만나실 수 있습니다: www.twitter.com/happy_isaac

Theme List

Isaac's
Theme Talk
Plus

61 More Topics to Talk About

Addictions

Long ago, I started playing a game called Maple Story.
I played primarily to help my son. He was only allowed to play
for a few hours a week, so I figured I would log on to his
character and help him get some gold and other items. Well, I
soon found it harder and harder to stop. I believe that is the
definition[1] of an addiction: The more you do something, the
more difficult it is to stop doing it even if it harms you.

Addictions come in many forms.
Some people are addicted[2] to
eating chocolate. That isn't
necessarily a bad thing unless it
becomes too expensive or too
unhealthy. Other people are
addicted to smoking or
drinking. These kinds of
addictions can have harmful
results.

Whenever I go on a trip to California, I see huge billboards promoting the California lottery on the sides of the roads. The government is promoting gambling. It seems like the government is encouraging behavior that could become addictive to some people. You would think that the government would try to help people avoid behavior that could be addictive.

1 Have you ever felt that you were addicted to something?

2 What did you do to break that addiction?

3 Were you successful at ending your addiction?

4 Do other people who are addicted to things make you feel uncomfortable? Explain.

5 Do you know people who do not realize they are addicts?

6 Do people become resentful[3] if you or others try to get them to give up their addictions? Or are they grateful for your help?

7 Are there addictions that seem harmless on the surface but actually cause great harm?

8 Can you be addicted to a good thing? Explain.

9 How does the government take advantage of[4] our addictive behavior?

10 What are some signs of addiction?

11 How can a person break his or her addictions?

1 **definition** the meaning of a word or phrase 2 **addicted** unable or unwilling to stop using or doing something 3 **resentful** full of anger or bitterness 4 **take advantage of** to manipulate; to profit from

1 Have you ever felt that you were addicted to something?

Well, I guess texting[5] is an addiction. I feel the need to text all the time. It's gotten so bad that I see texts floating in the air when I close my eyes.

2 What did you do to break that addiction?

When my grades at school started to tank[6], I gave my phone to my best friend to hold for me. But that didn't work out well at all. I begged her to give it back to me on the same day. I felt terrible about that.

3 Were you successful at ending your addiction?

No way. There's no way I could live without texting my friends. Not being able to text would be terrible. It would be like being stranded[7] on a desert island.

4 Do other people who are addicted to things make you feel uncomfortable? Explain.

Well, not really. I totally understand them. After all, we all have to do the things that make us happy. For my brother, he has his games. Mom has her soap operas. Dad has his golf. So what's the big deal[8]?

5 Do you know people who do not realize they are addicts?

Yeah, one of my friends is totally addicted to computer games. All he does in his free time is play game after game. Whenever I call him up and want to hang out with him, he tells me that he's too busy because he's playing his favorite game.

6 Do people become resentful if you or others try to get them to give up their addictions? Or are they grateful for your help?

I think some people could become upset or resent[9] others getting involved in their personal business. But, on the other hand, other people might realize that they have a serious problem which they are unable to stop by themselves. They might welcome any help that their friends and family members could provide to them.

7   Are there addictions that seem harmless on the surface but actually cause great harm?

I think dieting too much could cause a person great harm. A lot of people want to lose weight. That's good. But what happens if they diet too much and lose too much weight? That can't be good for their bodies.

8   Can you be addicted to a good thing? Explain.

Well, yeah. Reading is a good addiction. So is playing Sudoku[10] or some sort of mind game that increases brain strength. So maybe not all addictions are bad after all.

9   How does the government take advantage of our addictive behavior?

The government promotes some types of gambling, such as lotteries. Also, the government makes people pay high taxes on items such as alcohol and cigarettes. So the government is making money off of some people's addictions.

10   What are some signs of addiction?

I think some typical signs of addiction are when the activity, person, or thing is the most important thing on your mind. You start to justify why it is so important to you and then fiercely defend your attraction to it.

11   How can a person break his or her addictions?

First, the person needs to accept that he has a problem. Then, he should get some information from books, other people, or the Internet on how others have fought the same or similar types of problems. Next, he should make a plan on how to combat it. The last step is actively working to end the addiction.

---

5 **texting** the act of sending a text message   6 **tank** to fall dramatically; to do very poorly   7 **stranded** left all alone somewhere   8 **big deal** something of great importance; used ironically to indicate that something is unimportant   9 **resent** to feel annoyed about someone or something because one think they are unfair   10 **sudoku** a number puzzle

Aging Parents

One of the most important relationships we have in our lives is the one that we have with our parents. When we are young, our parents care for us. As they age, however, the roles often become reversed[1]. It is the children who care for the needs of their parents. Thank goodness my parents in California are happy and healthy. I call them at LEAST once a week and visit them whenever I can.

For years, my mother-in-law has lived with my family. This arrangement provides many benefits for both of us. She gains a sense of purpose and meaning by caring for us, and we care for her as she becomes frailer[2]. This arrangement works because she is such a kind, loving woman. It's a joy living with her. I have never heard her complain or say a mean word about anyone. How would it be if she were not as kind? Would our living arrangement be different?

Not everyone is as lucky as I am. Many people don't have such a good relationship with their parents. In America, it is rare to see

grown children living with
their aged parents. Many older
people live on their own or in
retirement communities. They
want their independence and
freedom, and they don't want
to be a burden on their
children. And most adult
children want to live on their
own.

1   What is the best way to treat our aging parents?

2   What are some advantages of living with our aging parents?

3   What are some disadvantages of living with our aging parents?

4   Is placing the elderly in retirement homes an appropriate way to deal
    with them as they age?

5   How would you like your children to treat you as you grow older? Do
    you want to live with them or to live apart from them?

6   When you were young, who was your favorite elderly relative?

7   Do you know anyone who gives a lot of help and care for his or her
    elderly parents?

8   How often do you visit your elderly parents?

9   Do you feel that you have an obligation to take care of your parents
    when they get older?

1 **become reversed** to become the opposite of a prior situation   2 **frail** weak; lacking
strength or energy

1   What is the best way to treat our aging parents?

It may sound cruel[3], but I plan on putting my folks in a retirement community. There's no way I can deal with their health needs. I'm no doctor. I don't know the slightest thing about caring for an elderly person. It's just not fair to my own kids. I mean, if I spend all my time looking after my folks, who will look after my kids? And what about my life? Don't I have the right to enjoy my life? Sure, my parents gave me life. But I can't live my entire life like I owe them.

2   What are some advantages of living with our aging parents?

I think that our aging parents can help us raise our children. This is especially true when the husband and wife are at work or are busy doing other activities. Parents also can provide years of experience in a number of different fields.

3   What are some disadvantages of living with our aging parents?

There are so many disadvantages that I can't even count them. Many old-timers go senile[4]. They start breaking stuff and getting lost. I can't leave my work suddenly to go to look for my dad. If I did, I'd lose my job. And they need constant medical attention. All those tubes and bags and stuff. I can't handle that. And they get real ornery[5]. They start snapping at you and yelling random stuff. I don't want to get in fights with them in front of the kids. I want the kids to remember them as kind and caring. Are those enough reasons for you?

4   Is placing the elderly in retirement homes an appropriate way to deal with them as they age?

Yeah, like I said, they have the staff to deal with the problems the elderly have. If there is a medical emergency, they can handle it there. They make sure people don't just wander off[6]. They make sure people eat right and get bathed. I really think my parents would be better off[7] there than at my own home.

5   How would you like your children to treat you as you grow older? Do you want to live with them or to live apart from them?

I don't want to ruin their lives. Once they are on their own, I won't bother them one bit. If they want me to visit them, then that would be fine. But as for living with them full time, there is no way that I would do that.

6 When you were young, who was your favorite elderly relative?

I had an aunt who was fabulous[8]. She loved kids, and we loved her right back. She would bring balloons when she came over to visit us, and then she would twist them into cool shapes. She would bring us candy as well. I loved her so much.

7 Do you know anyone who gives a lot of help and care for his or her elderly parents?

Yes, my sister gives a lot of her time and energy to our parents. They are both quite old, so they need to be looked after a lot. She lives quite far from them — about a 10-hour drive — but she still spends time with them very regularly. She is a great daughter.

8 How often do you visit your elderly parents?

I live very far from my parents — almost halfway around the world. Still, I make sure to go home and visit them at least once a year. I am lucky because I can take a lot of time off and spend it with them. I usually go home for about one month every summer. I think I am going to try to visit them also in the winter from now as well.

9 Do you feel that you have an obligation to take care of your parents when they get older?

Personally, I don't feel that way at all. However, I understand when other people look after their parents. Some people have their aging parents move in with them. I could never do that, but I respect people who do.

---

3 **cruel** mean; violent; evil   4 **go senile** to become forgetful or absent minded in one's old age
5 **ornery** bad-tempered; crabby   6 **wander off** to roam; to walk away to no particular place
7 **be better off** to be in a better situation   8 **fabulous** wonderful

$|^{03}$ Art

Art plays a very significant role in my life. Whenever I travel with my father, we visit museums. So I associate art with my father. When I see a beautiful work of art, I think about how much I love my father.

When I was young, I used to love Egyptian art. There is a beautiful yet scary Egyptian art exhibit at the Metropolitan Museum of Art in New York. I used to hold my father's hand tightly as we passed the mummies and other treasures unearthed from ancient tombs. When the Tutankhamen exhibit came to San Francisco some twenty years ago, I stood in line for hours to get in.

As I have grown older, I have come to appreciate French Impressionism. I love the soft, sensual[1] colors of a Renoir painting. I like art that makes me feel relaxed. My son likes modern art. He likes wild shapes and unpredictable color combinations. Modern art is too busy for my tastes[2]. My brother has a few pieces of modern art and sculpture in his home, but they are fairly tame[3].

I wish I were a better artist. I can't draw or paint very well at all. I liked creating figures out of clay. When I was young, my uncle had a kiln[4] in the basement of his house. I would go down there after school sometimes and make all sorts of interesting shapes. If I had one year off and could spend it any way I liked, I would take art lessons. I try to encourage my kids to create one piece of art each day.

TALK ABOUT IT

1 What is your favorite work of art?

2 What genre of art do you enjoy the most and why?

3 Are you good at creating art?

4 What is your best memory interacting with art?

5 Has your taste in art changed over time?

6 If you could spend time with any artist past or present, who would it be?

7 If you could be any type of artist, which one would you be?

8 Would you encourage your children to study art or become artists?

9 What other kinds of art can you think of?

10 What do you think art is?

---

1 **sensual** relating to the senses   2 **too busy for one's tastes** not pleasing to one because there is too much activity going on   3 **tame** subdued; mild   4 **kiln** an oven for baking pottery in

1   What is your favorite work of art?

My favorite painting is Murnau Street with Women by Kandinsky. I have a copy of that on my computer desktop. The pink on the roofs in that painting reminds me of a soft blanket I had when I was a child.

2   What genre of art do you enjoy the most and why?

I love Expressionism. The painter I just mentioned, Kandinsky, belongs to this school of art. The most famous Expressionist painter is Vincent Van Gogh. Expressionist painters use bold, thick brushstrokes to convey intense emotions. This type of painting is close to the soft, soothing style of Impressionist paintings.

3   Are you good at creating art?

Well, I am okay at arts and crafts. I'm pretty good with my hands at making functional works of art like jewelry.

4   What is your best memory interacting with art?

I made a set of earrings for a coworker once. They matched her favorite blouse. When I gave them to her, she was so happy that she started to cry. I think powerful art has the ability to move our emotions like that.

5   Has your taste in art changed over time?

Well, when I was younger, I liked sculpture made out of glass. My mother collected antiques, so she bought a magazine about them. In there, I saw a collection of sculpture made from Italian colored glass. I was amazed. It was art made from glass. I begged my mom to get a piece for our home, but it was way too expensive. That phase passed quickly.

6   If you could spend time with any artist past or present, who would it be?

Well, I guess I'd pick Van Gogh. I'd want to ask him what troubled him so much. And, I'd try to heal[5] him so that he could live longer and make more amazing art.

7   If you could be any type of artist, which one would you be?

I am not much of an artist at all. I really wish I were more creative and artistic though. I guess if I could choose to be any type of artist, I would choose to be a painter. I have always been amazed at how skillful they are and how beautiful their works are. Some paintings seem to have such feeling and emotion in them that they seem more like real-life pictures than paintings.

8   Would you encourage your children to study art or become artists?

Yes, absolutely. If they love art and art is their passion, I would encourage them to pursue it as much as they want. I believe you should follow your dreams and do whatever makes you happy in life, so I would not discourage my children from following their dreams.

9   What other kinds of art can you think of?

There are sculpture, acting, dance, sketching, martial arts, and music. There are many different kinds of art.

10   What do you think art is?

Art is hard to describe. It is a form of self-expression. It can be audible or inaudible. What one person considers art may be very different from what you or I consider art.

5 **heal**   to cure; to improve someone's or something's condition

Art plays a very significant role in my life.

Awkward Situations

I can think of many times in my life where I've felt very awkward. The first time I came to Korea—way, way back in the 1980s—there weren't that many Westerners, and there especially weren't that many *tall* Westerners, so I often felt awkward. Since I was taller than almost everyone, a lot of people often stared at me. It isn't so bad today, but it was a little awkward back in the past whenever it happened.

When have you felt awkward? Perhaps you showed up at a party and didn't know anyone there. That's happened to me before. I got an invitation to go to a party, but the person who invited me didn't show up, so I didn't know anyone there. And, I have to say, that was one of the most awkward hours I've ever spent in my life. I was meeting total strangers who didn't know why I was there. Everyone kept asking me,

"Who are you?" and, "Who invited you?"

I've often shown up at recordings where people kept on forgetting their lines. There was one occasion where an actor simply couldn't remember what he was supposed to say, so everyone had to keep filming the scene over and over again until he finally got it right. It was a two-minute scene, but it took almost an hour to film. That was extremely awkward. Of course, I've been known to forget one or two of my lines on occasion. When that happens, I just wing it[1] and hope that no one notices.

TALK ABOUT IT

1 How do you cope when you're in an extremely awkward situation?
2 What was the most awkward moment of your life? What did you do then?
3 Does your face change color when you feel awkward?
4 Do you have a certain member of the family who acts awkwardly and puts other people on the spot because of his or her actions?
5 Have you ever dated someone who's made you feel awkward?
6 What do you do when someone else is having an awkward moment? Do you try to ignore the situation or try to make that person feel better?
7 Have you ever had a teacher that made you feel awkward?
8 What kind of things can cause awkward moments?
9 What makes you feel awkward?

1 **wing it** to ad lib; to extemporize

1   How do you cope when you're in an extremely awkward situation?

I laugh out loud when I feel awkward. It's sort of a defense mechanism.

2   What was the most awkward moment of your life? What did you do then?

Once, I was at the movie theater. It was sort of a boring movie. When I get bored, I tap my fingers. It is sort of like playing the piano. I was tapping my fingers on the armrest next to my seat. Then, suddenly, the armrest moved. I was tapping on someone's arm. I was so embarrassed that I wanted to run out of the theater. But I had come with a friend so I couldn't just leave. When the movie ended, I looked over, and it was a good-looking guy sitting next to me. I said sorry. He just smiled and said, "No problem at all."

3   Does your face change color when you feel awkward?

Yes! It gets bright red. I blush terribly. It's so embarrassing.

4   Do you have a certain member of the family who acts awkwardly and puts other people on the spot because of his or her actions?

I'm an only child. But I have a friend who is super close to me. I sort of consider her my sister. She likes to make other people feel uncomfortable. She mostly does this just for fun. For instance, when she meets guys, she stands way too close to them when she talks and makes them back away. She is very bold. It makes her fun to be around. I never know what she will do next. She likes to crash parties[2] also. She just shows up and pretends she was invited. I could never do that. Maybe I'm just not courageous enough.

5   Have you ever dated someone who's made you feel awkward?

Yeah, for sure. This one guy was always hugging me for way too long. I wanted to pull away, but he kept holding on. Even on our second date, he was clinging[3] to me. Another guy would get all weepy[4] when he drank too much. He would cry on my shoulder and treat me like his mother. It was very awkward. Then, the next time I would see him, he wouldn't remember anything. He never apologized or anything.

6 What do you do when someone else is having an awkward moment? Do you try to ignore the situation or try to make that person feel better?

Well, sometimes, like with that guy who drank too much, I just wanted to get out of the situation. I put him in a taxi and sent him home as quickly as I could. If there is someone new at the office who is having a difficult time adjusting[5], I'll take her to lunch to make her feel more at home. It really depends on the situation.

7 Have you ever had a teacher that made you feel awkward?

I once had a teacher that would always make students feel embarrassed if they didn't do their homework. He would keep asking them questions in class even though he knew that they didn't know the answers. I guess in a way he was right in doing that as the students should have done their homework. He did that to me one time, and I felt really embarrassed. I never forgot to do my homework again though.

8 What kind of things can cause awkward moments?

Awkward moments usually occur during events or situations that are unpleasant. They could be embarrassing, unusual, or just plain annoying.

9 What makes you feel awkward?

I sometimes feel awkward when I run into[6] friends whom I haven't seen in a long time. I don't really have anything to say to them, so it feels strange to stand around[7] for a few minutes and to talk about my life with them.

---

2 **crash a party** to attend a party despite not having been invited to it   3 **cling** to hold on too tightly   4 **weepy** sad; emotional   5 **adjust** to get used to a new experience   6 **run into** to meet or find by chance   7 **stand around** to stand in a place doing nothing

05 Babies

The older my own kids get, the more I miss having a baby in the house. Sure, I hated waking up at night to change their diapers[1] and feed them. Yes, my wife and I took turns. I miss how a baby looks each time it discovers something new. The baby's face lights up with such joy. I miss being able to hold one of my babies and walk around the living room while watching TV. I miss a baby's sudden laughter. I miss the little socks hiding under the couch.

Doesn't it seem much easier to adore[2] another person's baby rather than your own? When I see a baby in a stroller on the street, I often have to stop and admire how beautiful it looks. It's nice when you can play with someone's baby and then give it back to its parents when it starts crying. It's nice when you can enjoy the best aspects of the baby and let its parents do the dirty work.

Of course, it is easy to get annoyed by other people's babies as well. It seems like EVERY time I take a plane, I'm seated within a row or two of a baby who cries almost the entire length of the flight. At times like that, I'm happy my kids are not babies any more. In many societies today, couples are electing not to have any children at all. Or, if they do have children, they have just one. We have a full house: two boys and two girls!

TALK ABOUT IT

1 What is the best memory you have of a baby that is yours or someone else's?
2 When do you find yourself missing having a baby around?
3 Why do you think couples in many countries decide not to have babies?
4 Describe the most annoying experience you have ever had with a baby.
5 Describe a time you regret being a parent or you have heard others express regret about being a parent.
6 What is the silliest thing you ever did in the company of[3] a baby?
7 Do you think couples have a responsibility to society to raise a family?
8 What does DINK mean?

1 **diaper** a piece of cloth a baby wears before it can control its bowel movements   2 **adore** to like very much; to love   3 **in the company of** with; together with

1   What is the best memory you have of a baby that is yours or someone else's?

My best memory is the first time I ever held my daughter. I was exhausted and so drained. Then, they put her on my chest. She was so helpless. She needed me. And I needed her.

2   When do you find yourself missing having a baby around?

I really miss giving my girl a bath. Baths would last hours in our house. She would play with all her rubber toys. She had a little whale with a spout⁴ that she never got tired of. She would squirt⁵ me with water and laugh and laugh.

3   Why do you think couples in many countries decide not to have babies?

Hmm, I'm really the wrong person to answer that question. I can't really understand that one bit. For me, it was such a life-altering⁶ event. However, I have friends who don't have kids. They say that they are too busy. But I don't buy that at all. How can a career be more important than being a mom or dad?

4   Describe the most annoying experience you have ever had with a baby.

There was one time when my husband and I went out to a really fancy restaurant. The couple at the table next to us brought their very young baby. It yelled and screamed the entire time we were there. We had a very unpleasant time at that restaurant. And it was our anniversary dinner, too. Talk about a bad night.

5   Describe a time you regret being a parent or you have heard others express regret about being a parent.

I suppose that there have been some times when I think that I can't handle being a parent. There was one time that I took my daughter shopping. She ran away from me at the store and even broke a few items that I had to pay for. I can't say that I really regretted being a mother then, but I was definitely not happy with my daughter on that occasion.

6 What is the silliest thing you ever did in the company of a baby?

I think babies make us all a little silly. I dance like a fool to make my girl laugh. The silliest thing? I guess that would be smearing[7] food over my face to get her to eat. She was refusing to eat one night, so I smeared banana over my cheeks and lips and pretended like I was having fun. Pretty soon, she copied me and started eating.

7 Do you think couples have a responsibility to society to raise a family?

That's not easy to answer. On one hand, the birthrates in developed countries are dropping. That's bad news for us when we retire. Who will carry on the next generation? On the other hand, there are so many split families and orphaned children. Do we really need more of them?

8 What does DINK mean?

DINK means "Double Income No Kids." It refers to a working couple who are either waiting to have kids or have no intention of having any kids.

4 **spout** a pipe through which a liquid may be poured   5 **squirt** to shoot a liquid
6 **life-altering** life-changing; dramatic   7 **smear** to wipe

*The older my own kids get, the more
I miss having a baby in the house.*

06

Bargains

I love a good bargain. I will shop and shop until I find the right item at the right price. One of the things I LOVE about Korea is the ability to haggle¹. In America, people look at you like you are crazy if you try to get them to lower the price of an item. If an item has a price tag on it, there isn't much you can do to change it. Here, haggling can be the best part of the shopping experience. I have a secret weapon when I haggle. I'll tell you if you promise to keep it a secret. Okay, here it is: I make the seller laugh. If I can get her to laugh, she often drops the price. So before you go into a store, try to put a smile on your face.

Instead of shopping at a department store, I shop at discount clubs. I don't mind buying in bulk. I like to buy clothes at discount clubs also. In America, many people shop at thrift shops[2]. There is no stigma[3] or shame in wearing secondhand clothing there. Often, vintage clothing is considered cool. I just don't like to buy clothing that is ripped[4] or stained even if it is cheap. I want to look dignified[5]. A lot of people back home think it's cool to wear ripped jeans. More and more often, I see that becoming a trend here.

TALK ABOUT IT

1   What is the best bargain you have ever found?
2   Do you like to buy brand-name items or generic[6] ones? Explain your choice.
3   Do you like shopping at department stores or at discount clubs? Explain which you like better.
4   Describe a time you thought you got a great deal but later found out it wasn't such a good deal after all.
5   What steps do you take before you head out[7] shopping to ensure you get the best deals possible?
6   Do you like haggling? Explain why or why not.
7   Would you wear secondhand clothes? Why or why not?
8   Do you tell your friends about the bargains you found? Describe how they normally react. Are they jealous or happy for you?
9   Do you like shopping in general?
10 What do you usually buy?

1 **haggle** to argue to agree on the price of something   2 **thrift shop** a store that sells secondhand goods often donated by the public at low prices   3 **stigma** a mark; a shame; a disgrace   4 **ripped** torn   5 **look dignified** to appear distinguished; to look classy   6 **generic** general; standard; lacking a brand name   7 **head out** to go out

1   What is the best bargain you have ever found?

I found a leather jacket at this flea market[8] once. It was selling for $10. Ten bucks! That jacket was easily worth $150. But I guess the guy selling it just wanted to get rid of it in a hurry. Every time I put it on, I felt like a million bucks.

2   Do you like to buy brand-name items or generic ones? Explain your choice.

Hmm, I just wear what feels comfortable. I don't go out of my way to buy brand-name clothes or to avoid them. For a long time, I wore overalls because I felt they were super comfortable. Some of my friends made fun of[9] me, but I really didn't pay them much heed[10]. Comfort is king[11] in my book.

3   Do you like shopping at department stores or at discount clubs? Explain which you like better.

I just like going where it's not crowded. I have a membership at one of those discount clubs, but I don't go there all that often. The reason is that it always seems too crowded there. Malls seem to be dying off[12]. Really, they are like dinosaurs. So many people buy stuff online that a lot of retail malls are empty. So I like going to them to shop. I can find all sorts of bargains, and I don't have to compete with so many other shoppers.

4   Describe a time you thought you got a great deal but later found out it wasn't such a good deal after all.

That happened just recently. I found this cigarette lighter with a cool design embossed[13] on it the other day. See, I collect unique lighters. When I went home to check the price online, I saw that I had way overpaid[14]. Next time, I'll remember to bring my phone with me and to check the price online before I buy something I think is a bargain.

5   What steps do you take before you head out shopping to ensure you get the best deals possible?

Like I said, I normally bring a wireless device with me when I shop so that I can check on pricing.

6   Do you like haggling? Explain why or why not.

No, that makes me nervous. I just tell the seller that I could get the item elsewhere. Either he drops the price, or he doesn't. I don't like to get into drawn out[15] negotiations with him.

7   Would you wear secondhand clothes? Why or why not?

Yeah, sure. Used clothes are often more comfortable than new ones.

8   Do you tell your friends about the bargains you found? Describe how they normally react. Are they jealous or happy for you?

Sure, I tell people. I don't brag or anything, but I'll tell them if I found a spot where they can find good stuff that is reasonably priced.

9   Do you like shopping in general?

Sure, I like shopping. It gets me out of my apartment and lets me look at new things. Sometimes I just go to stores so that I can do some window shopping.

10   What do you usually buy?

My wife works a lot, so I do most of the grocery and clothes shopping. What I really like shopping for is books.

8 **flea market** a place where individuals sell various items; an outdoor market   9 **make fun of** to laugh at   10 **pay heed** to pay attention to; to listen to   11 **king** the best; the most important thing   12 **die off** to become extinct   13 **embossed** imprinted; stamped   14 **way overpaid** having spent too much money on something   15 **drawn out** extended

I will shop and shop until I find the right item at the right price.

07

Birthdays

Every year, my father gives me a handmade birthday card. Making unique cards is his specialty[1]. He starts with a piece of flat cardboard and covers it with stickers and pictures that he cuts out of magazines. He creates a collage of images that depict[2] his feelings for the card's recipient.

I love making cards and presents. I have a whole collection of stamps that I use to make unique cards. These are not the stamps you put on an envelope to mail but the rubber kind you press on an inkpad[3]. I don't much like cutting out pictures from magazines, so I use the stamps instead. I often color in parts of the images that I stamp onto the page. Of course, it's next to impossible[4] to make birthday cards for all the important people in our lives.

The last birthday I really celebrated was my twenty-first. After that, I really didn't want to get any older. However, my thirteenth birthday was HUGE! In Jewish tradition, thirteen is the age a boy becomes a man. For that reason, my father pulled out all the

stops[5]. Ah, I wish every
birthday was like that
one.

1   What is your favorite birthday memory?

2   What is the most interesting gift you have given someone on his or her birthday?

3   Who is the most difficult person to buy a birthday present for? Why is buying something for that person so difficult?

4   Have you ever made a birthday present for someone? If so, how did it differ from buying a present? Have you ever been given a handmade birthday gift or card?

5   Have you stopped looking forward to having your birthday? If so, why? When did you first start to feel that way?

6   Describe your most disappointing birthday memory.

7   What was the best or most unexpected gift you ever received for your birthday?

8   What does "It's the thought that counts" mean? Do you agree?

9   Do you think gift-giving is a good idea? Why or why not?

1 **specialty** a unique talent or ability   2 **depict** to show   3 **inkpad** a pad that has ink for stamps   4 **next to impossible** virtually impossible   5 **all the stops** everything

1   What is your favorite birthday memory?

When I was four or five, I think, my dad got me a white toy horse. It had silver hair. I loved that horse more than any other toy I've ever had. From the moment I saw it, I loved it. I slept with it in my arms until I was almost ten. I named it Silver.

2   What is the most interesting gift you have given someone on his or her birthday?

Hmm. An interesting present? I made a doll for my niece once. I used a sock, and I stuffed it with corn kernels[6]. I like making presents for other people. It's much more personal than just buying something at a store. Sadly, most people don't take the time to give something that is personal.

3   Who is the most difficult person to buy a birthday present for? Why is buying something for that person so difficult?

My stepmom! No matter what I get her, she complains. I ask people what she likes just to make sure I get the right thing. But it never matters. I stopped trying. I just give her cash.

4   Have you ever made a birthday present for someone? If so, how did it differ from buying a present? Have you ever been given a handmade birthday gift or card?

Yes. Like I said, I make presents every now and then. But, truthfully, I'm too busy to do that very often. I make cards all the time though. A friend of mine showed me a paper shop not too far from my house. I buy colored sheets of paper, fold them, and attach stickers.

5   Have you stopped looking forward to having your birthday? If so, why? When did you first start to feel that way?

Sure. I think after, say, eighteen, I didn't want to get any older. Certainly, after twenty-one, I wanted to stop aging. Who doesn't?

6   Describe your most disappointing birthday memory.

I had a date set up for my birthday one year. I must have been twenty-six at the time. He never showed. It was a total disaster. I felt old and unloved.

7   What was the best or most unexpected gift you ever received for your birthday?

When I was 7 years old, I got a bicycle for my birthday. I was so excited and happy when I got it. I was also a bit surprised because I remember my mom telling me that I was too young to ride a bicycle. I think maybe my dad changed her mind. I don't know for sure, but I've always suspected that he did.

8   What does "It's the thought that counts" mean? Do you agree?

It means that the fact that the person remembered to give you something—not the price of the gift—is important.

9   Do you think gift-giving is a good idea? Why or why not?

For children, it may be a good idea. For adults, I think treating them to a nice dinner or something like that is more appropriate. Money is not a good idea though. It shows no thought at all.

6 **kernel** an individual piece of grain, such as corn

The last birthday I really celebrated was my twenty-first. After that, I really didn't want to get any older.

08 Budgets

Each of us makes budgets[1] every day. We budget[2] our time, energy, and money. We have limited resources. We must carefully allocate[3] what we have, or we will run out of it. Many of the budgets we make are mental. Sometimes, however, we actually sit down and write a formal budget[4]. I do that with my wife at least once a year.

When setting any type of budget, I always consider which items are the most important. That's not always so easy. What may be important one month may not be so important the next. My wife and I can also disagree on what we each believe is important. When she first said that we needed to budget money for the kids to attend after-school institutes, I thought that that time and money could be better spent on traveling.

When the leaders of a company or a government meet to set a budget[5], there are often significant disagreements about priorities. In California, for instance, there are many deadlocks[6] over the budget. Different sides are unwilling to compromise about how they wish to set the budget, so none gets set at all for months. Imagine trying to run a house that way.

TALK ABOUT IT

1 What do you consider most important when you budget your money? Why?

2 When you budget your time each day, how do you usually budget it? What do you choose to spend the most time doing?

3 Have you ever had disagreements with loved ones about the family budget? What did you disagree about?

4 Have you ever been involved in setting a business budget?

5 How would you change the way your government spends the national budget?

6 What do you do when you are over budget[7]?

7 Have you ever been under budget with a plan or activity?

8 What are some good ways to discuss budgets with your coworkers or loved ones?

1 **make a budget** to set a spending limit for oneself   2 **budget** to plan how to use something   3 **allocate** to assign; to apportion   4 **write a formal budget** to create a budget for work or another official duty   5 **set a budget** to make a budget   6 **deadlock** an impasse; a standstill; a tie   7 **over budget** having spent too much money

1 What do you consider most important when you budget your money? Why?

Health is the most important thing. At least I think it is. So I always put health first when I do anything. I budget money for organic food and for activities like the gym. They're certainly health related. Well, I guess I'd put the health club membership lower on the priority list though.

2 When you budget your time each day, how do you usually budget it? What do you choose to spend the most time doing?

Time? I guess I don't really budget it the same way that I budget money. I just deal with issues that come up. I'm not really proud to admit that. It's just the way I am. I'm more reactive[8] than proactive[9].

3 Have you ever had disagreements with loved ones about the family budget? What did you disagree about?

Yeah, we argue about money all the time. She wants to save more. I want to set money aside for a vacation each year. I mean, what's the point of living if you don't enjoy it? She certainly doesn't think that way.

4 Have you ever been involved in setting a business budget?

Yeah, I do that all the time. We have an annual review at our Sales Department where we look over the budget for the coming year. I make suggestions all the time. You know, it's so much easier to manage a company budget than to manage my own personal finances.

5 How would you change the way your government spends the national budget?

I would encourage the government to spend less money everywhere. Our government spends way too much money, so the national debt is increasing rapidly. I'd like to see all government spending decrease by a lot.

6 What do you do when you are over budget?

I charge a lot of things that I buy on my credit cards. Who doesn't? I mean. I'm not proud of it. But I do that if I have to.

7 Have you ever been under budget with a plan or activity?

Yes, one time I went Christmas shopping for presents for my whole family. I budgeted a certain amount for all of the gifts, but when I was done shopping, I discovered that I had a lot of money left over. I decided to take them all out for a family dinner together with the money.

8 What are some good ways to discuss budgets with your coworkers or loved ones?

The first thing you need to do is brainstorm with the other parties involved. Look for common concerns. Those are probably the most important things that should be budgeted. Make those your top priority. After that, try to compromise on the rest. Make allowances for one of their concerns if they make allowances for one of yours. It seems simplistic, but negotiating is about give, take, and mutual respect.

8 **reactive** reacting to things that happen rather than doing something first   9 **proactive** taking action to make changes before they need to be made

We must carefully allocate what we have, or we will run out of it.

Camping

My favorite memory of Boy Scouts is camping in the rain. The wind was howling[1], and I was huddled[2] in a small tent with two other scouts. All of our clothes were sopping wet[3]. I was chilled to the bone. The fire we built had been blown out long ago. We were far from home. It was the adventure of a lifetime.

Camping is a great bonding experience. There are few distractions, so campers usually spend time talking, singing, and telling stories to one another. We used to break into teams to play tag or other games. That was a ton of fun. And my favorite part of all was making stew over an open fire. I was always the stew-master. I became famous for miles

around because of the stew I made. Truthfully, it wasn't all that special. But when you are hungry and cold, anything tastes good.

I really enjoy making fires. There is a certain art to making a fire that will light easily and burn long into the night. Whenever we have family reunions, I arrive early and build the type of fire I learned how to make while camping.

1 What is your favorite camping memory?
2 What is your worst camping memory?
3 Do you like sleeping outdoors? Why or why not?
4 Do you find that camping brings you closer to others or draws you further apart?
5 Do you like cooking outdoors?
6 What sort of activities do you do when camping? Which is your favorite?
7 How often do you go camping?
8 Do you bring all of your own food, or do you fish as well?

1 **howl** to scream; to make a loud yowling sound   2 **huddle** to gather together closely
3 **sopping wet** soaked; totally wet

1   What is your favorite camping memory?

Honestly, I'm not really the outdoors type. Unfortunately, my father was. He grew up at a time when people had more contact with nature. So he was always dragging our family off camping. My sister and I both hated it. Once, however, we camped near a river. The water was so cold. I collected some smooth rocks in the river and really enjoyed the trip.

2   What is your worst camping memory?

It's hard to say because they all were pretty bad. Once, the wind was so strong that it blew away our tent. We all had to scrunch[4] into the car and sleep. That was one of the worst times.

3   Do you like sleeping outdoors? Why or why not?

No, I don't enjoy sleeping outdoors at all. Even if we tried camping in our own backyard, I still didn't like it. I simply don't feel safe and comfortable outdoors.

4   Do you find that camping brings you closer to others or draws you further apart?

It brought my sister and me closer. But I think it pushed me further from my father. So that's kind of a tough question to answer.

5   Do you like cooking outdoors?

Sure, that was the only part of camping I always liked. Somehow, eating around a campfire makes the food taste better.

6   What sort of activities do you do when camping? Which is your favorite?

Like I said, eating is my favorite activity. And I suppose that telling stories is always fun. My sister and I would often try to freak each other out[5] with scary stories. Stargazing[6] is pretty cool, too. Sometimes we would open the top of the tent, stare at the sky, and have a contest to see who would be the first to see a falling star. But with all the bugs and mosquitoes, we didn't do that very often.

7   How often do you go camping?

I don't go camping very often anymore. I guess I have gone just a few times over the past ten years or so. I have a friend back home that likes the great outdoors, so we have camped together a few times over the years when I visit him.

8   Do you bring all of your own food, or do you fish as well?

We usually brought our own food, but we also went fishing. It's a good thing we brought food because we almost never caught any fish.

4 **scrunch** to crumple; to move closely together   5 **freak each other out** to try to frighten one another   6 **stargaze** to look at the stars

Camping is a great bonding experience.

Cars

Where I grew up in California, I was surrounded by car enthusiasts[1]. It is not uncommon there to see people working on their cars all weekend long. They often hand-wash them with tender[2] care and then polish and tune them to perfection[3]. In many ways, car people treat their vehicles the way a master musician treats his instrument.

Because the weather is so good in California, there are many vintage[4] cars from the fifties and sixties still in excellent condition. People bring their vintage cars to shows on weekends or drive them in parades. I love the looks of older cars much more than I do the looks of modern cars.

Even though I am not much of a car person, I have always liked muscle cars[5]. My dream was to rent a Mustang convertible[6] and then to drive it up and down the coastal road with the hood[7] down. So I did just that with my best friend one summer. I felt like a movie star. After a while, however, the strong winds became very annoying[8]. It felt like I was riding on the back of a hungry snow leopard.

My father calls his car "the machine." He might say, "Oops, I left my briefcase in the machine." I always get a kick out of that. It shows that he views his car as a tool, not an object to be tinkered with lovingly.

TALK ABOUT IT

1 What is your favorite type of car? What makes you like that model so much?
2 Do you consider yourself a car person?
3 What is the first car you owned or the first car your family owned?
4 Do you enjoy working on cars? Why or why not?
5 Do you like to drive or be driven? Explain your preference.
6 Do you consider cars works of art?
7 Have you ever ridden in a convertible?
8 Do you think that some people take their cars too seriously?
9 Do you prefer going somewhere by car, or do you prefer taking public transportation instead?

1 **enthusiast** a person who enjoys doing something   2 **tender** mild; soft   3 **perfection** precision; excellence   4 **vintage** classic; traditional   5 **muscle car** a car with a powerful engine   6 **convertible** a car with a removable top   7 **hood** the folding roof of a convertible car   8 **annoying** bothersome

1   What is your favorite type of car? What makes you like that model so much?

I like the 1971 Chevrolet convertible Impala[9]. I like it because it is a retro[10] car from the 70s. The first time I drove one, I felt like the king of the road. I felt so powerful. They call cars like that muscle cars. Now I understand why. You press the gas pedal[11], and that baby just flies.

2   Do you consider yourself a car person?

No, not really. I don't subscribe to[12] car magazines like some of my friends do. When I see a neighbor working on his engine, I don't stop by and shoot the breeze[13]. And when my car needs maintenance, I take it to the shop rather than do it myself.

3   What is the first car you owned or the first car your family owned?

The first car my family owned was an old Toyota. That car lasted for eight years. It wasn't beautiful, but it sure got the job done. Some of my friends made fun of me because it was such an old car, but it never broke down.

4   l

No, like I said, I don't like doing that. I guess I'm afraid that I'll mess something up. I don't mind paying a little to get it done right by experts who know what they are doing.

5   Do you like to drive or be driven? Explain your preference.

I like to drive. I get nervous when someone else is driving. That's one reason I don't enjoy taking cabs. Who knows where this guy learned to drive? No, I want to be behind the wheel[14] at all times.

6   Do you consider cars works of art?

Yes, I do because the car is planned and designed carefully by the designer. I used to have car posters on the wall next to my bed when I was a kid.

7 Have you ever ridden in a convertible?

Yes, as I mentioned, I drove an old Chevy Impala convertible. My father has a convertible, too, but it's a much newer car than the Impala. It's amazing how much the technology has changed over the years. With the old Impala, it took two people more than 10 minutes to put the top up or to take it down. Newer cars do it automatically in less than a minute.

8 Do you think that some people take their cars too seriously?

Not really, I guess. I mean, it's really up to the individual. We all take some things that we own very seriously. For me, it is not my car, but for others, it is. I don't think it's a bad thing to take good care of something you own.

9 Do you prefer going somewhere by car, or do you prefer taking public transportation instead?

If I'm in a hurry, I prefer going by car. If not, buses and subways are far cheaper. If I'm going out of town, I really like bullet trains like the KTX. They're fast, clean, smooth, and comfortable.

9 **Impala** the name of a type of car   10 **retro** old-fashioned   11 **gas pedal** the pedal one pushes down on to accelerate a car   12 **subscribe to** to pay money to receive a magazine or newspaper on a regular basis   13 **shoot the breeze** to chat; to gab   14 **behind the wheel** driving

Even though I am not much of a car person,
I have always liked muscle cars.

11

Celebrities

Recently, I was hired to act as the MC for a huge entertainment company that was putting on some children's concerts here in Korea. Although I was a "talent," I acted like any other member of the crew: I helped set up and do the little things that help make the show run smoothly. That was when someone gave me one of the best compliments[1] I have ever received. He said, "You act like such a normal guy. You are not like a celebrity[2] at all."

Perhaps because I grew up in Berkeley, the home of radicals, I don't believe anyone should be treated more special than anyone else. We are all equal. We are all gifted in our own way. In fact, I am much more interested in the lives of normal people than I am in the lives of celebrities. I listen to radio podcasts about the everyday doings of regular people. Their struggles and their victories inspire me.

That's not to say that I don't get excited when I meet a celebrity. When I go on a show with big-name celebrities, I often feel nervous. I am frequently impressed by their unique styles, particularly how they dress and how they act.

TALK ABOUT IT

1 Which celebrity do you admire the most? What about that person makes you admire him or her?

2 Who is the most famous person you have ever met?

3 Do you think that the media unfairly scrutinizes[3] celebrities?

4 If you were a celebrity for a day, what would you do?

5 If you could spend a day with your favorite celebrity, what would you do?

6 Do you think society's obsession[4] with celebrities is healthy or unhealthy? Explain.

7 Do you think celebrities should act more responsibly as role models?

8 Do you think it is difficult being a celebrity? Why?

9 Do you think celebrities like being recognized all the time?

1 **compliment** praise 2 **celebrity** a famous person 3 **scrutinize** to examine very carefully
4 **obsession** a fascination; a passion; something that a person thinks about all of the time

1 Which celebrity do you admire the most? What about that person makes you admire him or her?

I really admired Christopher Reeve, the actor who played Superman in several movies. I didn't think much of him before he had an accident that left him paralyzed. But, after that, wow, he really moved me. He lived the last years of his life with such dignity and strength. He really became Superman! He gave speeches. He tried to live a normal life. And he raised lots of money for people with spine injuries.

2 Who is the most famous person you have ever met?

I was having dinner in New York City when Michael J. Fox came in. He is the guy in the Back to the Future movies. He is much smaller than he looks on film. When he walked by, the entire room became silent.

3 Do you think that the media unfairly scrutinizes celebrities?

Yeah, they have no privacy at all. It's terrible. Becoming a celebrity can be a curse[5] for some people. Look at what happened to Princess Diana. The media kept poking around in her life and wouldn't leave her alone. They were even following her on the night that she died, and some people have accused them of causing the car accident that killed her.

4 If you were a celebrity for a day, what would you do?

Hmm. I guess I'd try to raise money for my kid's school. I know that sounds weird, but her school needs money so badly. I would host some sort of fundraiser and sign autographs to help raise money.

5 If you could spend a day with your favorite celebrity, what would you do?

I'd pick my favorite musician. And I would go to a private recording studio and have him play some music. That would be heaven.

6 Do you think society's obsession with celebrities is healthy or unhealthy? Explain.

I think it's unhealthy. It seems like so many people are trying to imitate the lives of their favorite celebrities these days. And other people know more about the lives of various celebrities than they do the lives of their own family members. That's just wrong.

7 Do you think celebrities should act more responsibly as role models?

Well, being a role model should make a person behave more responsibly. That is true. While many celebrities would prefer to shun the limelight, they are unable to. It is also unfair to force people into a situation just because they have become famous doing something they love to do.

8 Do you think it is difficult being a celebrity? Why?

It depends on the individual. If the person values his or her privacy, then it can be very difficult. The press loves to see celebrities make mistakes. If you don't really care or you don't feel any responsibility as a public figure, it could not only be easy but also fun.

9 Do you think celebrities like being recognized all the time?

Once again, it depends on the person. Some crave attention and really advertise their presence. Others try to have private lives. Being in the public eye has destroyed many people's lives.

5 **curse** an annoyance; a pest

When I go on a show with big-name celebrities, I often feel nervous.

12

Collections

Ever since I was young, I have collected coins. Whenever I travel to a new country, I grab a handful of change so that I can add those coins to my collection. If I have time, I head to a bank to pick up a set of uncirculated[1] currency. My father used to collect stamps. He would go to the post office each month and visit the philatelic[2] window to buy newly issued stamps. He views each stamp as a miniature work of art. Dad sold his stamp collection when he was nineteen to pay for a trip to Europe. My brother sold his stamp collection to pay for some parking tickets.

My nephew collects action figures based on the art of *Spawn*, a comic book. He has a whole closet full of them. He doesn't take the toys out of their packaging because doing so would hurt their value. It must be difficult to have so many toys but not to be able to play with them. Some wealthy people collect cars or wine. Some people collect things because the objects that they collect bring them joy. Others collect things because they hope their collections will make them money.

It really is hard to keep a collection safe. Stamps get wet. Parents throw away your trading cards[3]. And you drink your prized bottle of wine when guests come over. When times get rough, you may need to sell your collection. At least our collection of memories is safe.

TALK ABOUT IT

1 What do you collect now, or what did you collect in the past?
2 Why do you collect that particular thing?
3 Do you hope to make money off your collection some day?
4 Do you collect just for pleasure?
5 What are some objects that are wise to collect?
6 Did a family member ever throw away part of your collection?
7 Did you ever copy what one of your friends collected?
8 Did your parents ever collect anything? If so, what?
9 Would you or do you encourage your kids to collect? Should they collect different things so that they don't compete with one another?
10 Describe the item in your collection that you value the most.
11 How much do you spend on your collection each month?
12 How much is too much to spend on your hobby?
13 Do you belong to any special club associated with your interest?

1 **uncirculated** not in general use 2 **philatelic** related to stamp collecting 3 **trading card** a card with a picture printed on in, collected and traded by children

1 What do you collect now, or what did you collect in the past?

When I was young, I collected comic books. They cost ten cents back then. Each month, I would get the new Spiderman and Batman comic books. Back then, the corner drugstores sold them. Now, only specialized stores sell them, or you can buy them over the Internet. I lost my collection when I moved many years ago. I don't collect much of anything these days. I don't like clutter[4].

2 Why do you collect that particular thing?

Well, my comic books made me feel like I had treasures. They also made me feel close to my superhero friends.

3 Do you hope to make money off your collection some day?

I never sold any of my comics. That wasn't the reason why I collected them at all. I just wanted to enjoy them. I know plenty of people who collect stuff to sell. But I'm not one of them.

4 Do you collect just for pleasure?

Yes, like I said, my collection was for my own enjoyment. Of course, I showed it to friends, but I was always worried that they would rip[5] the pages. You know how friends are. They don't care much about other peoples' stuff, especially at that age.

5 What are some objects that are wise to collect?

Wise? I'm not sure. I guess things that appreciate in value over time, like stamps or coins, can be wise to collect, but those sorts of collections always seemed boring to me.

6 Did a family member ever throw away part of your collection?

Yes! I'm sure that's how my collection got lost. My mother probably thought it was a box of junk when we moved. So she just tossed it out[6].

7 Did you ever copy what one of your friends collected?

Yeah, sure. That's only natural. When I'd see my buddy's baseball card[7] collection, I'd want to collect cards, too. But I never really collected anything seriously other than comic books.

8 Did your parents ever collect anything? If so, what?

Well, my father had a collection of murder mysteries. I was a little spooked by the covers when I was young. Maybe looking at those crime novels got me into comic books. I don't know. Mom never collected anything that I know of.

9 Would you or do you encourage your kids to collect? Should they collect different things so that they don't compete with one another?

It doesn't matter what I tell my kids. They are going to collect whatever they want. I simply want them to be happy and not always to do what I tell them to do. And, no matter what, they are going to compete with one another.

10 Describe the item in your collection that you value the most.

I had a first-edition Batman that was the prize of my collection. The color of his cape[8] was the most vibrant[9] blue I have ever seen. I loved that one so much.

11 How much do you spend on your collection each month?

I collect fantasy books nowadays. I spend about sixty dollars a month purchasing them.

12 How much is too much to spend on your hobby?

Common sense should apply. Look at your budget. Also, look at the cost of your collection or hobby. If you are sacrificing important things or skipping paying bills, you are overspending.

13 Do you belong to any special club associated with your interest?

No, I don't belong to any clubs because I don't have enough time. But I think it would be fun to join a club or two.

4 **clutter** litter   5 **rip** to tear   6 **toss out** to throw something away   7 **baseball card** a trading card with a picture of a baseball player   8 **cape** a cloak   9 **vibrant** lively

Crisis

Think back to the past. Have you ever been in a situation that was some kind of an emergency or crisis? It could have been a death in the family, or it just could have been your car breaking down on the side of the highway in the middle of the night.

A crisis is pretty much anything that forces you out of your normal rhythm. It forces you to make decisions that could have serious consequences. Some people enter a very serene[1] state during a crisis. It's as if their unconscious mind takes over.

There were times when I panicked during a crisis. I'm not proud of how I acted; I just acted out of instinct. Fire in particular scares me. We had a fire outside our house when I was really young, and I ran and hid from it. I think it's only normal for a child to panic during a crisis. A child just doesn't have the emotional tools to deal with a crisis situation.

I was once on a fishing boat that had a fire in the engine room. That was a full-blown[2] crisis. We were in the middle of nowhere[3], the seas were rough, and there was a fire raging! Fortunately, we put the fire out before anything seriously bad could happen.

When I look back on my life, most of the crises involve illnesses or sicknesses. When one of my children gets sick, it can create a crisis situation. Thankfully, my wife keeps a cool head in crisis situations.

TALK ABOUT IT

1 What is the worst crisis you have ever faced?

2 How do you normally act in crisis situations?

3 Who do you admire the most because of his or her ability to handle crises?

4 What does that person do differently than you during a crisis that makes you look up to him or her?

5 Give a specific example of when you were unable to handle a crisis well. How would you have acted differently?

6 When did you handle a crisis particularly well?

7 Are there any ways you can think of that can help prevent a potential crisis?

8 Have you ever seen someone save another person's life?

9 What do you think courage is?

1 **serene** peaceful; calm 2 **full-blown** complete; total 3 **in the middle of nowhere** in a place far from civilization

1   What is the worst crisis you have ever faced?

I was in a car accident soon after I got my driver's license. I was driving home from school after a night game, and I lost control of the car on an icy road. Thankfully, my friend and I were okay even though the car was wrecked.

2   How do you normally act in crisis situations?

Actually, I get calm. My thinking slows down, and I carefully consider ways to get out of the crisis.

3   Who do you admire the most because of his or her ability to handle crises?

My father is very calm under fire. He served in the army. That's where I think he got his nerves of steel. He always seems to know what the best thing to do is during a difficult situation.

4   What does that person do differently than you during a crisis that makes you look up to him or her?

Dad asks a lot of questions during a crisis. He doesn't jump to any conclusions. He thinks things through very carefully and then acts.

5   Give a specific example of when you were unable to handle a crisis well. How would you have acted differently?

I got behind[4] on this project once. It was a programming job. Instead of asking for help when I had the chance, I let things get to the crisis stage. Then, I tried to hide how bad it really was. If I had communicated better, it never would have become a crisis in the first place.

6   When did you handle a crisis particularly well?

When I was a kid, my younger brother broke his arm while we were outside playing. I managed to calm him down and get him back to the house. Then, since my parents weren't home, I called emergency services and had someone send an ambulance to my house. After that, I called my parents and told them to meet us at the hospital. I thought that I handled that crisis particularly well.

7 Are there any ways you can think of that can help prevent a potential crisis?

Some things can't be avoided. That's for sure. Accidents happen, but I think that we can minimize them by taking certain precautions. For example, we should avoid getting on a boat when there are stormy seas, and we shouldn't ride our bikes during the rain.

8 Have you ever seen someone save another person's life?

Yes, one time I saw a person fall into the ocean and start to drown. Luckily, someone that was nearby saw it happen. He dove into the water and brought the guy back to land. He gave him CPR repeatedly, and the person started breathing again. It was a really scary moment, but I was so happy to see that the person survived.

9 What do you think courage is?

Courage is doing what has to be done even though you may be scared out of your mind.

4 **get behind** to be late doing something

A crisis is pretty much anything that forces you out of your normal rhythm.

$|^{14}$ Dangerous Things

Some people love taking risks. I don't. I had a friend in high school that used to love driving at night with the car lights off. We lived in a hilly area, and each time we went around a curve, I thought we would crash. But this guy loved danger. Needless to say, I stopped riding with him. It just wasn't worth the risk to me.

I often see people racing past me on the highway when I commute to and from work. I don't understand that at all. Why risk your life to get home a few minutes early? My cousin drives like that. He has one of those souped-up[1] racing cars. He has three kids and a loving wife, but once he is in that car, his love of danger takes over.

My brother-in-law loves rock climbing. It may be safer than it looks, but I still consider it far too dangerous a hobby. One of my daily goals is to make it through the day in one piece.

With modern technology, in some ways it is harder to behave in a dangerous manner. The car warns you to put on your seatbelt. And some cars warn you if you speed. It would be nice to have that sort of warning all the time to avoid danger.

TALK ABOUT IT

1. What is the most dangerous thing you have ever done?
2. Do you enjoy the thrill that comes from doing dangerous things? Why or why not?
3. Describe a time when you did your best to avoid a dangerous activity.
4. Who do you know who loves the thrill of danger? Why do you think that person acts that way?
5. Have you ever had a confrontation[2] when someone you felt was acting in a reckless manner? What was the result?
6. When you were a child, did you enjoy going on roller coasters? Describe your favorite thrilling memory from childhood.
7. Has anyone ever put your life in danger by doing something dangerous?
8. Have you ever tried extreme sports? Which ones?
9. Do you like dangerous animals such as sharks and tigers?

1 **souped-up** modified so that it has become more powerful   2 **confrontation** an argument; a fight; a disagreement

1   What is the most dangerous thing you have ever done?

I once went skydiving. Wow, it was such a thrill. Skydiving is something that I always wanted to try. And I finally did it. I took a few lessons first, of course. And I was scared out of my mind when I jumped. But it was such a great experience.

2   Do you enjoy the thrill that comes from doing dangerous things? Why or why not?

I generally like the feeling I get doing dangerous things. I feel alive. I love the rush of adrenaline. I love it when my heart beats so loudly that I can hear it in my ears. Life is short. So I want to live to the max[3].

3   Describe a time when you did your best to avoid a dangerous activity.

Well, I don't like reckless driving. I like thrills, but I don't like recklessness. I think there is a difference. Driving recklessly is just plain stupid[4]. I have several friends who died in car accidents. There is no way that I'm going to be like them.

4   Who do you know who loves the thrill of danger? Why do you think that person acts that way?

My younger brother likes to live on the edge[5]. By this, I mean that he takes crazy risks. When he was in high school, he used to play chicken[6] with other drivers. That's just nuts[7]. At first, I thought he wanted attention. But he still acts that way when he is alone. I think it fills an emptiness he has inside.

5   Have you ever had a confrontation when someone you felt was acting in a reckless manner? What was the result?

Sure, I've fought with my brother over his behavior. I've taken his car keys away from him at times. But, no matter what I do, he hasn't changed. I fear that something bad will happen to him one day.

6   When you were a child, did you enjoy going on roller coasters? Describe your favorite thrilling memory from childhood.

Are you kidding? I loved roller coasters when I was young. I still do.

When I was a kid, my family used to travel down to Santa Cruz to spend a week at the amusement park there.

7 Has anyone ever put your life in danger by doing something dangerous?

One time, when I was riding in a car with my brother, he started driving way too fast. He was not just going over the speed limit; he was driving dangerously fast. I got angry at him, but he wouldn't slow down. We had a very close call with another car on the road.

8 Have you ever tried extreme sports? Which ones?

I usually like to play things safe. So while I enjoy watching extreme sports, I have never actually done any of them.

9 Do you like dangerous animals such as sharks and tigers?

I am fascinated by dangerous animals. I don't like to get too near them, but I am amazed by them.

---

3 **to the max** to the greatest amount   4 **plain stupid** very dumb; a very bad idea   5 **live on the edge** to live a dangerous life; to take part in dangerous activities   6 **play chicken** to play dangerous games to discover who is the bravest   7 **nuts** crazy; insane

One of my daily goals is to make it through the day in one piece.

|15 Directions

When I was eleven, we took a family trip to Boston. My aunt drove, and I was the copilot. During the entire trip, I had a map on my lap and acted as the navigator. You could hear me saying, "Turn left here," or, "Turn right at this light." It was pretty stressful to be responsible for not getting lost. Once or twice, I did get lost, and I was so scared that I would be scolded. But my aunt was pretty understanding. When we got lost, we had to ask strangers for directions. We tried to find a gas station to ask directions at, but sometimes there wasn't one close by. Getting lost is a great way to meet strangers.

After I graduated from grad school, I worked for a time in the help department of a computer company. People would call, and I would try to guide[1] them through whatever problems they had. I had to speak very slowly, and I often had to repeat myself many times. It is not easy giving technical directions to other people.

Nowadays, most cars have navigation systems that will tell you how to get to your destination. It is so convenient and hard to get lost. I have a pretty good sense of direction. I usually know where I am and how to get from one place to another. But, occasionally, it takes me a while to find where I parked in a large parking lot. Maybe scientists will invent small navigation systems to help you find the larger navigation systems!

TALK ABOUT IT

1 Describe a time you got lost and had to ask someone for directions.

2 Describe a time someone else was lost and that person asked you for directions.

3 Have you ever acted as the navigator during a road trip? How did that responsibility make you feel?

4 Describe a time you became frustrated trying to follow directions that someone was giving you or that someone had given you.

5 Describe a time you suspected that the person giving you directions had no idea what he or she was saying but was unwilling to admit ignorance.

6 Why do you think people would rather mislead you than admit they don't know the correct directions?

7 Do you use a navigation system in your car? Do you find it helpful?

1 **guide** to lead; to instruct

1 Describe a time you got lost and had to ask someone for directions.

That happens more often than I'd like to admit. My car doesn't have one of those fancy GPS devices[2], so I still have to find places the old-fashioned way.

2 Describe a time someone else was lost and that person asked you for directions.

One time, I was at a stoplight, and this really cute guy pulled up next to me. He motioned for me to roll down my window. I did, and he asked me directions to some place. I forgot where it was. I think he was just hitting on me.

3 Have you ever acted as the navigator during a road trip? How did that responsibility make you feel?

Yeah, I really didn't like that one bit. It's a lot of responsibility. Even with printouts and maps, it's so easy to get lost.

4 Describe a time you became frustrated trying to follow directions that someone was giving you or that someone had given you.

I had a dentist's appointment, and I couldn't find the place. So I called the dentist's office to get directions. The receptionist got me there, but it was still very frustrating.

5 Describe a time you suspected that the person giving you directions had no idea what he or she was saying but was unwilling to admit ignorance.

I pulled over to ask this lady where the closest post office was, and she gave me directions. But I could sort of tell she was making them up. It took me a really long time to get there even though it was just a few blocks away from where I had been.

6 Why do you think people would rather mislead you than admit they don't know the correct directions?

I guess they are afraid to admit that they just don't know the answer.

7   Do you use a navigation system in your car? Do you find it helpful?

I don't have one in my car, but I have friends that use them in theirs. I guess they are helpful, but I remember a couple of times when the system gave us the wrong information, so we ended up lost because of it.

2 **GPS device** an electronic device that provides locations on maps as well as directions to different places

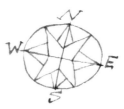

It is not easy giving technical directions to other people.

Dreams

I remember my dreams. Sometimes, I don't want to, but I still do. When I was younger, I kept a dream journal. I would write down my dreams quite regularly. Now, however, I don't write them down that often. I only write them down if they seem especially meaningful.

In college, I had a good friend who studied Jung, a psychologist who wrote about dream interpretation. For a while, I read every book that I could about dream interpretation. But I soon found that different books disagreed about the same images. One person wrote that if a candle appears in a dream, that's a good sign. Another writer wrote that it is a sign of danger to dream about a candle.

I think that dreams mean whatever you want them to mean. I try to give positive meanings to my dreams. There seems to be no point to getting worried or bummed out[1] about my dreams. I just enjoy them like I do a good movie. I always feel good about myself when I wake up. I say, "Wow! I must be a creative person to have dreamed such a weird, yet interesting dream." And it's true. Each of us is so creative. We direct our own dreams each night. We should all get Oscar awards for best director.

1. What is the best dream you have ever had?
2. What is the worst dream you can remember?
3. Pick an image or symbol from one of your dreams and explain what it means to you.
4. Describe a time when you asked someone to help you interpret a dream. Did you agree or disagree with that person's interpretation?
5. Has anyone ever asked you to interpret his or her dreams?
6. Are you reluctant[2] to interpret dreams for other people? Why or why not?
7. Have you ever experienced the sensation that you are experiencing something in real life that you have dreamed about? Explain.
8. Why do you think we dream?
9. Have you ever flown in your dreams? What do you think it means to fly in your dreams?
10. Have you ever seen your own face in one of your dreams? Why do you think it's so rare to see ourselves in our dreams?
11. Do you believe dreams hold special meanings or can tell us something about ourselves?
12. Do you think animals can dream? Which ones?

1 **bummed out** very sad or upset   2 **reluctant** unwilling or hesitant to do something

1   What is the best dream you have ever had?

I once dreamed that I found a bag of huge gold coins on the side of the road. The coins were so big that I could barely carry them.

2   What is the worst dream you can remember?

There was this one dream that I can remember so clearly. It happened on Halloween. I was out trick-or-treating with my friends, who were all dressed up in monster outfits. Suddenly, they turned into real monsters and started chasing me through my neighborhood. It was such a frightening dream, and I still remember it clearly.

3   Pick an image or symbol from one of your dreams and explain what it means to you.

Well, that dream I told you about. The one with the coins. I don't really think that the coins represent money or wealth. I think they represent children. I thought about that for a long time. Children are heavy like the coins in my dream. And they are the most valuable things in life.

4   Describe a time when you asked someone to help you interpret a dream. Did you agree or disagree with that person's interpretation?

One time, I asked my mom to explain a dream to me. This happened when I was really young. But I could tell she was sort of making up the explanation. She told me the meaning of the dream was that I should listen to her and obey her more.

5   Has anyone ever asked you to interpret his or her dreams?

One of my coworkers is always asking me to interpret his dreams.

6   Are you reluctant to interpret dreams for other people? Why or why not?

Yes, I would say I am reluctant. I think dreams are very personal. It's like looking into someone's sock drawer[3]. I really don't want to know so much about some people. If they tell me their dreams and ask for an explanation of them, I start to feel a bit awkward.

7   Have you ever experienced the sensation that you are experiencing something in real life that you have dreamed about? Explain.

All the time. I think dreams warn us about the future. I know that sounds sort of farfetched[4]. I sure can't explain it, but I believe that it's true. Many times, I'll walk into a shop and suddenly realize that I've seen that exact shop in a dream. Or I have a conversation and think to myself, "Hey, I had this conversation in a dream before!"

8 Why do you think we dream?

I think we dream to sort out[5] what happened to us during the day. It's a chance for our minds to put all of our memories and experiences in the right place. When the mind doesn't know where to put something, we have nightmares.

9 Have you ever flown in your dreams? What do you think it means to fly in your dreams?

I flew in my dreams twice. Once, a bridge was broken. So I got out of my car and flew over it. The second time, something was chasing me. I took off and flew away before it caught me. So I would say that flying means escape.

10 Have you ever seen your own face in one of your dreams? Why do you think it's so rare to see ourselves in our dreams?

Yes, I make a point of trying to see my face when I dream. I stop at mirrors in my dreams all the time. Seeing yourself in a dream means you have self-awareness.

11 Do you believe dreams hold special meanings or can tell us something about ourselves?

I believe that sometimes dreams can have special meanings. Sometimes they are just you coping with the past. Dreams are difficult to understand, and symbols vary from culture to culture.

12 Do you think animals can dream? Which ones?

Scientists have proven that cats and dogs can dream. It is probably that other creatures can dream as well.

---

3 **sock drawer** the drawer in a dresser where a person keeps his or her socks   4 **farfetched** unlikely; implausible   5 **sort out** to organize

Driving

I started to drive when I was fourteen. I was living on a big farm in California at the time, and my uncle taught me how to drive a tractor. In the country, many young people need to operate farm equipment to help their families run their farms. The first car I drove didn't have power steering, and it was very hard to turn. It also had a stick shift, so it was extra challenging.

In high school, I took a driver's education course. It was really helpful. The instructor of that course taught me to predict the actions of other drivers. That type of driving is called "defensive driving." What other drivers do is often as important as what you do. The instructor also taught me to keep a good distance between the car in front of me and my car.

I feel very uncomfortable when someone else drives. I can feel every time the person presses the gas pedal. I have to keep myself from shouting, "Watch out!" or, "Slow down!" I don't like it when people speed or drive recklessly. A few times in my life, I have even made an excuse to get out of the car when I thought the person was driving dangerously.

New York drivers are some of the most aggressive in the world. If I have a choice, I don't drive in New York City. I don't like taking cabs there either. I prefer to take the subway when I am there.

I don't often go out driving for pleasure. I think the reason is that I commute to and from work each day by car.

TALK ABOUT IT

1   Are you a good driver? Why or why not?

2   Are you an aggressive or defensive driver?

3   What is your best driving experience? Your worst?

4   Have you driven in other countries or been driven there? How did your experience there differ from your experience on Korean roads?

5   Do you feel it's important to follow traffic laws even at 3:00 in the morning?

6   Have you ever received a ticket while driving? What was the infraction[1]?

7   Have you ever been involved in a traffic accident? What happened, and whose fault was it?

8   What is the most difficult part of driving in your opinion?

1 **infraction** a violation

1 Are you a good driver? Why or why not?

Sure, I drive well. Or at least I think I do. People seem comfortable when I drive with them in the car, so I guess I'm a good driver.

2 Are you an aggressive or defensive driver?

I'm not that aggressive at all. I spent a summer in Los Angeles back in college. I took some classes at UCLA. While I was there, I saw some road rage[2]. People would go psycho over stupid moves that other drivers made. After that, I became far more defensive. You just never know when a driver near you is going to snap[3].

3 What is your best driving experience? Your worst?

My best driving experience happened when I took a trip to the countryside with some of my friends. The scenery there was so beautiful. We all rolled the windows down so that we could breathe the fresh air. We weren't going anywhere in particular, so we just cruised around slowly all day long.

4 Have you driven in other countries or been driven there? How did your experience there differ from your experience on Korean roads?

I took a trip to France once and rented a car while I was there. It wasn't really different driving there than it was driving back home. The only problem was that the road signs were in a foreign language. Some of those signs took me a while to figure out.

5 Do you feel it's important to follow traffic laws even at 3:00 in the morning?

Yes. I've read plenty of stories where a drunk driver ran a red light in the middle of the night. Why not be a little patient and follow the rules all the time? So perhaps I arrive a few minutes later than I could have. At least I arrive in one piece[4].

6 Have you ever received a ticket while driving? What was the infraction?

I've been stopped a few times, but I have never gotten a ticket. I guess I have been lucky. I made a turn on a red light once when I wasn't supposed to. That was the first time I got stopped. The second time, I'd rather not talk about.

7 Have you ever been involved in a traffic accident? What happened, and whose fault was it?

I got into a small fender bender[5] a few years ago. But it was nothing serious. I just backed up into a parked car at a parking lot. The owner of the other car and I sorted it out without calling the police or anything.

8 What is the most difficult part of driving in your opinion?

The most difficult thing for many people is parking. Maybe it shouldn't be, but most people are so careless when they park. People often bump into and scratch other people's vehicles while they are parking.

2 **road rage** a condition where people get extremely angry and sometimes violent while they are driving 3 **snap** suddenly to get upset 4 **in one piece** safely 5 **fender bender** a minor car accident in which no one is hurt and the car suffers very little or no damage

I don't like it when people speed or drive recklessly.

18

Exhaustion

Many times, I feel exhausted. And I know I'm not alone. When I'm on the subway, I see people dozing off. Sometimes, when I lecture, I see members of the audience falling asleep. I hope that's not because my class is boring! I think we are so exhausted because we push ourselves so hard from morning until night. We simply don't seem to be getting enough sleep.

Being exhausted can be dangerous. Sometimes I work until very late at night. A few times, when I was driving home, I caught myself nodding off at the wheel. When I am tired, I open the windows and play the music very loudly to stay awake. I often

stop to get popcorn to munch[1] on. If I'm eating something, I'm less likely to fall asleep. I even take my shoes and socks off to wake up. If I am REALLY tired, I stop at a rest stop and sleep. I have a sleeping bag in my car.

If I fall asleep at work, I could get in

trouble. Once, I worked for three days straight with very little sleep. On the fourth day, I had a very important recording to do. It started off fine. A little way through it, however, I felt someone shaking me. The producer was asking me, "Isaac, are you okay?" I had started a sentence and then fallen asleep before I finished it!

One of my friends plays a certain online game. He often pulls all-nighters[2] in order to play that game. When I see him at work, he has dark circles under his eyes, and he looks like something that the cat dragged in[3].

TALK ABOUT IT

1 Can you think of a time when you were so exhausted that you fell asleep on a train, during class, or at work?

2 What do you do to keep awake when you have to stay up?

3 What excuses do you make for not sleeping? Is it obligation or hobbies that keep you up?

4 Do you have regular sleep habits?

5 Has your work ever suffered because of your exhaustion?

6 Do you have trouble turning your mind off[4] after a stressful day? If so, how do you eventually put yourself to sleep?

7 Have you ever tried taking any type of sleeping pills? Were they effective?

8 Do you use energy drinks or espresso drinks to help stay awake?

9 How many hours of sleep do you need a night?

1 **munch** to eat something, typically a snack   2 **all-nighter** the act of staying up all night long
3 **look like something that the cat dragged in** to look awful, often after having stayed awake all night long   4 **turn one's mind off** not to think of anything

1   Can you think of a time when you were so exhausted that you fell asleep on a train, during class, or at work?

That's not difficult to recall at all. It happens all the time. I mean, I work two jobs and have a family to care for. So I'm bushed[5] day in and day out. I know it's terrible to admit, but I've fallen asleep at the wheel before. Yup, it's true. I almost drove clean off the road[6]. Luckily, someone honked, and I came to[7] in time. I stopped taking the train because I kept missing my stop because I was asleep.

2   What do you do to keep awake when you have to stay up?

I keep the windows open when I drive. The cold air slamming into me keeps me up. I try to stay on my feet as much as possible. If I sit down when I'm tired, I go out like a light bulb[8]. I drink so much caffeine that it doesn't really help me stay awake. I even pinch[9] myself when I'm really tired.

3   What excuses do you make for not sleeping? Is it obligation or hobbies that keep you up?

When I was younger, it was cool to stay up. Some friends and I tried to stay up as long as we could. I lasted three days. My head was so light, I felt like I was floating. You know, when you are young, you think of all sorts of reasons to stay up. It's sort of a tug-of-war[10]; parents are trying to get kids to go to sleep, and kids are trying to stay up. But now it's work that keeps me up. I crave[11] every opportunity to rest.

4   Do you have regular sleep habits?

Um, no, not really. I can't control what sort of problems come up at work. You see, I'm a network troubleshooter[12]. I fix problems with our company's computers. Most of the work I have to do is when the office is closed at night. I can't tell what sort of problems will arise. Sometimes I can fix them quickly and get home at a reasonable time. Other times, they take me all night to fix.

5   Has your work ever suffered because of your exhaustion?

I'm not going to lie to you. Sure, I do my best to mask[13] it. But when

I'm exhausted, I make mistakes that I have to go back and fix. Luckily, I've never made any major mistakes because of my exhaustion.

6 Do you have trouble turning your mind off after a stressful day? If so, how do you eventually put yourself to sleep?

Yeah, sometimes I get really wired[14]. I can't turn my mind off. I keep replaying a problem or a conversation in my head over and over. I drink herbal tea to calm down. I wash my face in warm water. Or I take a bath. I'll read a good murder mystery. Reading always seems to tire me out[15].

7 Have you ever tried taking any type of sleeping pills? Were they effective?

I usually drink chamomile tea in the evenings to help me settle down before going to bed. It's natural and healthy, and it often works. I also take a sleeping pill from time to time that is a natural enzyme. You can buy it at any drugstore or vitamin shop, so it is safe, and there are no potentially dangerous side effects. I don't think I would ever take any sleeping pills that you need to get a prescription for.

8 Do you use energy drinks or espresso drinks to help stay awake?

Energy drinks and caffeine-based beverages work fine if your body isn't used to a high amount of caffeine. They won't work well if you drink three or four cups of coffee a day.

9 How many hours of sleep do you need a night?

Most people need around seven to nine hours of sleep a night. I can get by on five or six hours a night, but, after doing that for a few days, I usually wind up sleeping for ten hours on the weekend.

5 **bushed** very tired; exhausted 6 **drive clean off the road** to have an accident in which one drives off the road 7 **come to** to wake up after having fainted or passed out 8 **go out like a light bulb** to be unconscious or asleep 9 **pinch** to squeeze 10 **tug-of-war** a game in which two sides pull on a rope 11 **crave** to want something very badly; to desire greatly 12 **troubleshooter** a person who solves problems 13 **mask** to cover; to hide 14 **get really wired** to be highly stimulated 15 **tire someone out** to make someone feel extremely tired

19

Fads

The earliest fad I can remember was the hula-hoop. I must have been in the third or fourth grade at the time. All of a sudden, everyone seemed to have a hula-hoop. If you didn't have one, you were considered to be a loser. It was scary how quickly this fad spread. During recess, everyone—and I mean everyone— was playing with one.

When I was in high school, a certain shock-resistant[1] watch became trendy. Suddenly, all of the guys were wearing them. Looking back on it, I see how silly we all must have looked wearing the same exact watch. But fads are like that.

When smartphones came out, everyone I knew went out and got one. I finally got one too. I am usually slow when it comes to technology. I guess I am not that smart! The truth is that I just need my phone to make phone calls. I don't need all of the other gadgets and games. I am sure I will get excited about all of the other functions soon.

People who follow fads are sometimes called lemmings[2]. They follow what everyone else is doing because they don't want to be left out. I guess fads show the power of peer pressure[3]. Not all fads are silly though. The health fad that has swept Korea in recent years is an example of a fad that is quite beneficial.

1 What is the first fad you remember?

2 What is a fad you participated in?

3 What do you think kills fads off?

4 Do you consider yourself a person who follows fads or a person who resists them?

5 Have you ever tried to start your own fad?

6 How do you think fads spread so quickly?

7 Do you see fads in a positive or negative way?

8 Who do you think usually start fads? Why?

1 **shock-resistant** able to withstand shock 2 **lemming** an animal known for mindlessly following others of its kind 3 **peer pressure** pressure from people one's own age to do something that one does not particularly want to do

1   What is the first fad you remember?

Cabbage patch dolls. Remember those? They were sort of ugly. But everyone had to have one. There were fights at toy stores between parents. It was unbelievable. I think it was pretty crazy really.

2   What is a fad you participated in?

I guess it was one of those playing card games where you battle each other. I liked the cards because of the fantasy artwork[4] on them. I was never any good at the game. But I would trade other people for cards that I thought looked beautiful.

3   What do you think kills fads off?

New fads kill off old fads. Or people simply get bored with them. In fashion, it's always the new designs that kill off the old styles.

4   Do you consider yourself a person who follows fads or a person who resists them?

I'm embarrassed to admit that I sort of go with the flow. I don't want to be seen as standoffish[5]. When a new dress comes out and everyone rushes to get it, I usually buy one as well. Perhaps I'm insecure[6] that way. But it makes me feel more comfortable and safe when I fit in.

5   Have you ever tried to start your own fad?

No. Like I said, I'm not really the leader type. And I wouldn't even know where to start. How would I even start a fad? I don't think that I'd know what to do.

6   How do you think fads spread so quickly?

Well, nowadays, with the Internet and cell phones, fads can spread like wildfire.

7   Do you see fads in a positive or negative way?

I guess I don't see them in a negative or positive light. I think they are inevitable. People like to follow and don't like to feel left out, so they will always follow fads.

8 Who do you think usually start fads? Why?

Big marketing firms are usually in the mix somewhere. People are like sheep and constantly crave a new sensation or a new fix. For many people, the latest gadget, song, movie, or snack food is the only excitement they crave. My high school economics teacher asked us once, "Who here thinks that big businesses tell us what to like or dislike on a daily basis?" I was the only one who raised my hand. It changed how I saw my classmates and society in general.

4 **fantasy artwork** art that shows fantasy scenes   5 **standoffish** cold; aloof; distant
6 **insecure** unconfident; unsure of oneself

*They follow what everyone else is doing
because they don't want to be left out.*

20

Family Traditions

Each family has its own unique traditions. Each family, in fact, has its own vocabulary. If you listen carefully when you visit your friends, you will notice that they call each other by certain nicknames or that they refer to things in their own unique ways. We eat meals in our own special ways. In our house, we have a tradition each dinner to go around the table and say something good that has happened that day. Or we take turns and say something kind that someone else in the family did for us that day. It is always nice to say something positive during dinner. It certainly helps with digestion.

We also tell bedtime stories in unique ways. Every night, one of the children gets to choose what sort of story they want me to tell. The story picker of the night also gets to pick the names of the characters in the story and gets one "reverse." That means that if the story picker doesn't like the way I tell the story, he or she can put the story in reverse, and then I have to tell the story in a different way.

When my brother and I were young, we used to swim a lot in a local lake. We came up with the name "cushy-coshy" for the algae[1] that floated on the surface of the lake. That was our own private name—our own little tradition. A few of our friends picked up that expression, but that's about it. Whenever I use that word, it brings back many good memories.

TALK ABOUT IT

1 What sort of traditions do you have in your family?
2 Which traditions do you like, and which do you dislike?
3 Do you have any special words that you call objects?
4 Do you call each other nicknames that you made up?
5 Do you celebrate holidays in a unique way? Do you mix and match holidays from different nations or cultures?
6 Do you want to pass on[2] your traditions to the next generation? Is it important that your children learn your traditions?
7 Is this generation more or less interested in maintaining traditions?
8 Do traditions hurt or help a family? Can you give an example of a time when a tradition has gotten in the way of relationships?
9 Do you and the other members of your family argue about which traditions your family should follow?
10 When are nicknames okay, and when are they not?

1 **alga** a type of green plant that often grows on the surface of water   2 **pass on** to transmit from one person to another

1   What sort of traditions do you have in your family?

There are certain games we play in the car during road trips. There are also various songs that we always sing. And we sometimes change the words of a few Christmas carols. Stuff like that. Oh, and the entire family always gets together on Thanksgiving, but lots of families do that.

2   Which traditions do you like, and which do you dislike?

Yeah, we always had to hold hands at the dinner table when we said grace[3]. I thought that was rather nice since it made us all feel like we were connected to one another.

3   Do you have any special words that you call objects?

I called my baby blanket "Arms." I have no idea how that started. I just always remember calling it that. But, besides that, I don't really have any special names for things.

4   Do you call each other nicknames that you made up?

Sure. We call my brother Randy "Randman." And we call my brother Giles "fly boy" because he always wanted to be a pilot.

5   Do you celebrate holidays in a unique way? Do you mix and match holidays from different nations or cultures?

I don't think that my family does anything different for holidays. We're a pretty traditional family. And we don't celebrate holidays from other cultures, but we often know a little about them.

6   Do you want to pass on your traditions to the next generation? Is it important that your children learn your traditions?

I think kids naturally pick up the traditions they like. I don't expect them to be as close as our generation is. Like I mentioned earlier, we gather together every Thanksgiving. But I really can't see the next generation doing that. I bet you they will have a "virtual" Thanksgiving where they all meet online instead.

7 Is this generation more or less interested in maintaining traditions?

Well, they have their own traditions. I know they are different than ours, but I don't know if they are stronger or weaker.

8 Do traditions hurt or help a family? Can you give an example of a time when a tradition has gotten in the way of relationships?

I think traditions bring a family together. A time they hurt? Well, every now and then, there are fights around the holidays. So-and-so[4] doesn't like so-and-so, and when they meet for the holidays, there are sparks[5].

9 Do you and the other members of your family argue about which traditions your family should follow?

It has mostly been up to our parents. We started rotating Christmas dinner when it became a burden for Mom to do all the cooking.

10 When are nicknames okay, and when are they not?

Nicknames are great unless they truly upset a person. Then, no matter how amusing the nickname may seem, it has to go.

3 **say grace** to pray   4 **so-and-so** some person   5 **sparks** arguments; disagreements

Each family has its own unique traditions.

21

Field Trips

The best thing about school was the field trips. It was a chance actually to escape from school with your friends and not be punished.

My favorite field trip each year was to the corn maze[1]. I love mazes. Just the idea of getting lost in a maze both frightens and excites me. A local farmer near our school created a huge maze out of one of his cornfields and invited all the local school children to come and explore it. I loved that farmer so much. He must have really loved us kids too to have let us run all through his fields like that.

I enjoyed the field trips to the zoo also. Even though we weren't supposed to feed the animals, of course I always sneaked[2] food in with me. I

would throw peanuts to the elephants and sometimes even got the goats to eat out of my hand. Feeling a goat lick[3] the palm of my hand was such a weird feeling.

I can't remember a field trip that I didn't like. Even the trips to the museum, which were normally boring, somehow became fun if they were done as a field trip. I'd rather go on a field trip and learn something than study in a classroom!

TALK ABOUT IT

1 What was the best field trip you ever took?
2 What did you like the most about taking field trips?
3 Was there anything about field trips that you didn't like?
4 Did you ever get in trouble while you were on a field trip? What happened?
5 Did one of your parents ever go with you on one of your field trips?
6 Did you ever get lost or hurt while on a field trip?
7 Do you think field trips are useful educational experiences?
8 What is your ideal field trip?

1 **corn maze** a maze cut into the high corn 2 **sneak** to move in a way that no one can hear or see 3 **lick** to use one's tongue to touch something

1   What was the best field trip you ever took?

I remember going to a play when I was in the fourth grade. I don't remember the title of the play. But I felt like an adult sitting there in the theater. It was a special performance for the school kids. Some students were noisy, but the experience was still wonderful.

2   What did you like the most about taking field trips?

Just being with my best friends outside of the classroom was great. And the teachers seemed like normal people outside the classroom. Our school was small, so the teachers or parents had to drive when we went on a field trip. Somehow, sitting in the back seat of my teacher's car with my best friends on either side of me was a great bonding experience.

3   Was there anything about field trips that you didn't like?

Hmm. I thought some of the places we went on field trips were dumb. Like city hall. Who wants to visit city hall? But, overall, I'd say that the field trips were fun.

4   Did you ever get in trouble while you were on a field trip? What happened?

I never got in any big trouble. I just got scolded for talking during a musical performance. It wasn't serious though. After all, when you get a whole bunch of kids outside the class with only a few adults watching, it's very hard to avoid getting in trouble.

5   Did one of your parents ever go with you on one of your field trips?

Luckily, no. I would have been very embarrassed. All of my friends who had parents come with us felt so embarrassed.

6   Did you ever get lost or hurt while on a field trip?

No, but we lost one of our classmates for an hour when we visited a theme park[4]. We were supposed to rendezvous at a certain spot at the end of the day, but she never showed up. Finally, we found her. It was pretty scary at the time.

7   Do you think field trips are useful educational experiences?

I think field trips can be useful if you have both the right teacher and the right class. If the teacher is just killing time or the kids have no interest, you might as well stay in the classroom. But if you have a real teacher who loves what he or she does and a group of curious students, the sky's the limit[5].

8   What is your ideal field trip?

My ideal field trip would be to Hong Kong during Chinese New Year. The sights, sounds, smells, and tastes would send my mind to another world.

---

4 **theme park** an amusement park   5 **the sky's the limit** there is no limit to what something or someone can achieve

I'd rather go on a field trip and learn something than study in a classroom!

First Impressions

In my business, I have many opportunities to make first impressions. It seems like I meet new people just about every day of the week. It's critical that I give people a good first impression of myself. That may be the last chance I have to make a good impression. So I take many steps to be cautious about the impression I make. I monitor my tone of voice, how I look at someone, the way that I dress, and the way that I act.

I find that laughing is almost always a good way to ensure a good first impression. And when laughing is not appropriate, I at least offer a big smile. Also, I usually pick bright, playful ties when I dress each morning. My nickname is "Happy Isaac" because I want to bring happiness to people and I want to be happy. The first impression we give ourselves when we look in the mirror before we start the day is important.

Naturally, I get good and bad first impressions of other people. But I try not to rely on these because they can be wrong. There is an idiom in English: "All bark and no bite." This refers to a mean-looking dog that is actually quite meek[1]. Another common expression is this: "You can't judge a book by its cover." Just because someone seems a certain way doesn't mean he or she really is that way. I try to keep that in mind when I get an impression of someone. Perhaps the person was just having a bad day or was stressed out. I want to believe that each person has a loving nature underneath the sometimes cold and hard surface layer.

TALK ABOUT IT

1   Give an example of a good first impression you got from someone.

2   What do you look at the most to get an impression of someone that you are meeting for the first time?

3   Give an example of a bad first impression you got from someone.

4   Do you rely on your first impressions of other people very much?

5   Discuss a time when you were wrong about a first impression you had of someone else.

6   Discuss when your initial good first impression of someone was wrong.

7   Has anyone ever told you that he or she had a bad first impression of you?

8   What do you do to change people's impressions of you?

9   Do you care what sort of impression you make on people?

10   What kind of image do you think people have of you?

11   Are you comfortable with that image?

1 **meek** timid

1 Give an example of a good first impression you got from someone.

When I went for a recent job interview, the woman who interviewed me seemed so... together. All interviewers, or at least most I've met, are sharp. But this woman seemed so professional. She was probably younger than me, but the way that she acted made her seem like a much older authority figure.

2 What do you look at the most to get an impression of someone that you are meeting for the first time?

The hair. For sure. If a person's hair is neat, I feel good about that person.

3 Give an example of a bad first impression you got from someone.

I had a trainee² work with me. The first day he came in, he had crumbs³ on his jacket. After that, I just assumed he would be sloppy⁴ in his work.

4 Do you rely on your first impressions of other people very much?

I hate to admit it, but I do. Can you really blame me? I have to make decisions all the time on very little information. How people dress and act when I first meet them helps determine how I treat them.

5 Discuss a time when you were wrong about a first impression you had of someone else.

I had a roommate in college who I thought was a total mess. Well, she was a mess, but, intellectually, she was brilliant. I just assumed that because she kept her side of the room messy, she would be dumb.

6 Discuss when your initial good first impression of someone was wrong.

Oh, that's easy. I met this guy that I thought was a total gentleman. He looked perfect—the whole nine yards⁵; perfectly dressed, well-spoken, you name it. But it turned out that he was very jealous. And when he got angry, he got violent. I was so wrong about him.

7 Has anyone ever told you that he or she had a bad first impression of you?

I've had people tell me they initially thought I was stingy[6] but then later realized I can be generous. I'm just cautious about how I spend my money. I can see how some people could interpret that as stinginess[7].

8 What do you do to change people's impressions of you?

Hmm. Nothing really. I just stay true to myself. Either people adjust their image of me, or they don't. I'm not going to go out of my way to change people's minds.

9 Do you care what sort of impression you make on people?

Sure. I care if people like or dislike me. But, like I said, all I can do is be true to myself.

10 What kind of image do you think people have of you?

I think I come off a bit odd. I don't fit into any traditional mold. I'm not a jock, brain, or musician. Any friends I've kept over the years tend to be a bit odd as well. Some people are uncomfortable with me while others find me interesting for those same reasons.

11 Are you comfortable with that image?

I used to want to be part of some groups. Now, I'm proud to be different from others.

2 **trainee** an employee who has just started working and is learning how to do his or her job
3 **crumb** a tiny particle, such as from bread   4 **sloppy** messy   5 **the whole nine yards** everything   6 **stingy** greedy; miserly   7 **stinginess** the act of being greedy or miserly

It's critical that I give people a good first impression of myself.

23

Fishing

I grew up on a farm that had three lakes. Three! My Uncle David, who is a sea captain[1], would often take me out to the lake that was the best for fishing. I would save my money to buy the newest lures[2]. I love the colors and shapes of lures. I guess in that sense, I'm just like a fish. I love how they sparkle in the sunlight and have soft, rubbery[3] tails. My Uncle David didn't like lures at all. He just liked to attach a worm to a hook and fish that way. Even though I would attach a bright, shiny lure to my line, he always caught more fish with his simple worm and hook.

Speaking of worms, we had a worm farm back then. We would pour compost[4] in a box in one part of the garden and put all the worms we dug up there. Then, when we went fishing, we just took a cupful of dirt from that box.

Believe it or not, I once caught a huge rainbow trout without even using a rod and reel. That's no fish tale[5] either! I was wading[6] in a river one time when I saw a fish nearby. My brother and I chased the fish into some shallow water. Then, we got a bucket and caught it.

I like freshwater fishing[7] much more than I like deep-sea fishing. I can't stand getting seasick.

TALK ABOUT IT

1 Why do you think people like to fish?
2 Do you have relatives that like to tell exaggerated fish stories?
3 What is your favorite fish to eat?
4 Do you prefer freshwater or saltwater fishing?
5 Do you prefer to fish with others or alone? Why?
6 Do you like to throw the fish you catch back or take them home to eat?
7 Do you have the patience to fish for more than a very short time?

1 **sea captain** the captain of an oceangoing ship   2 **lure** an artificial form of bait for fishing
3 **rubbery** being like rubber   4 **compost** manure; fertilizer   5 **fish tale** a story that is not true
6 **wade** to walk in water shallow enough that one does not need to swim   7 **freshwater fishing** fishing in a river, stream, lake, or pond

1   Why do you think people like to fish?

I guess it's really relaxing for some folks. And then there is the excitement of catching something. It's a pretty good feeling to know that you have just caught your dinner for the evening.

2   Do you have relatives that like to tell exaggerated fish stories?

Sure, my dad used to. He still does every now and then when everyone in the family is together. We know all of his stories by heart[8], but we don't mind hearing him tell them.

3   What is your favorite fish to eat?

I like tuna, but I hear that it's becoming endangered[9]. So I feel guilty about eating it. I'm not talking about the white tuna you get in a can. I'm talking about the beautiful red tuna you get at nice Japanese restaurants.

4   Do you prefer freshwater or saltwater fishing?

I've been on a few saltwater fishing trips, and I really enjoyed them. Granted[10], they were on pretty big boats, so I didn't get too sick. I love the smell of salt water. I also like feeling alone out there on the vast ocean.

5   Do you prefer to fish with others or alone? Why?

It doesn't matter to me. Sometimes I go fishing by myself, and other times I go with one or two of my friends.

6   Do you like to throw the fish you catch back or take them home to eat?

If they are small, I throw them back. Otherwise, I take them home.

7   Do you have the patience to fish for more than a very short time?

Oh, sure. I really enjoy sitting out on a boat and relaxing while I have my line in the water. It can be soothing[11] and therapeutic[12], especially when the weather is beautiful.

8 **know something by heart** to know something well enough to memorize it
9 **endangered** in danger of extinction 10 **granted** you use granted at the beginning of a clause to say that something is true 11 **soothing** having a calming effect 12 **therapeutic** curative; healing

Believe it or not, I once caught a huge rainbow trout without even using a rod and reel.

Games

When I was young, we played outdoors, and we often played in the dirt. My friends and I played a game called "dirt-clod wars." We would find clods[1] of dirt and throw them at one another. Of course, hide-n-seek[2] was a family favorite as well as capture the flag[3].

When I got a bit older, the game Dungeons & Dragons came out. That was a complete revolution in gaming. This game changed me more than any other game I have ever played. It reshaped my imagination. It pushed me to be far more creative. And it introduced me to many new friends. I don't think that I would be able to stand in front of people and do the creative work that I do if I had never played Dungeons & Dragons.

These days, I mostly play indoors. My kids also mostly play indoors. I have trouble trying to get my kids not to play too many hours of video games. The graphics of today's video games are so incredible[4] that they seem lifelike. Sometimes, I feel that these games are so addictive[5] that they may be doing harm to my children. Because I don't go outside to play as much as I used to,

I have put on a little weight. Instead of going out and throwing the ball around, I often stay indoors and play some kind of board game with my children. For that reason, my body and my mind do not get enough exercise.

What can we do about this? In our house, we don't let our children play computer games until they have done all their homework and done some reading as well. And we also limit the amount of time that they can play computer games. That seems like a good balance.

TALK ABOUT IT

1 What sorts of games did you play as a child?
2 Do your children or young relatives play the types of games you used to play?
3 How have the games you played shaped your personality or way of thinking?
4 How do today's games shape today's children?
5 Are videogames good or bad for young people?
6 How can education compete with gaming for children's attention and interest?
7 Should games be integrated[6] into classrooms?
8 Do children spend enough time playing outside?
9 Do you like games? What kinds?
10 What are the good points of games?
11 What are the bad points of games?

1 **clod** a big lump, often of dirt 2 **hide-n-seek** a children's game in which one child tries to find all of the others, who are hiding 3 **capture the flag** a children's game in which two teams try to capture their opponents' flag 4 **incredible** amazing; remarkable 5 **addictive** causing or tending to cause addiction 6 **integrated** incorporated into something else

1   What sorts of games did you play as a child?

I was a tomboy[7] growing up, so I mostly played with the boys in the neighborhood. We used sticks as swords. And I remember playing with cardboard boxes a lot. We made forts[8] out of them. And we used them to slide down hills. It's pretty amazing the number of things you can do with a simple cardboard box.

2   Do your children or young relatives play the types of games you used to play?

No, they are into high-tech games. We used to play with pretend guns[9] back then. Now, they have all these high-tech guns that shoot pellets[10] and soft darts. In some ways, it's great to be a kid these days. But, in other ways, I think kids are less creative.

3   How have the games you played shaped your personality or way of thinking?

Well, playing games got me to go outdoors, which has shaped my personality. I don't like to sit still. I don't like to wait for things to happen. I like to make them happen.

4   How do today's games shape today's children?

I think games today make kids too passive. I really do. And they've become much more isolated than we used to be. Most games today don't require much interaction with others. You just sit in front of a screen and play. When I was younger, we needed other people to play games with.

5   Are videogames good or bad for young people?

I really don't know. I'm no expert[11] on child psychology. Perhaps it prepares children for a high-tech world. But it still seems a bit sad and empty.

6   How can education compete with gaming for children's attention and interest?

I'm not sure it can. It certainly hasn't done a very good job so far. My nephews do very poorly in subjects that require reading because they just don't read much.

7   Should games be integrated into classrooms?

If there were a way to integrate them without them becoming a distraction, then I'd say yes.

8   Do children spend enough time playing outside?

It depends on how you define playing. I don't think kids spend enough time just being kids. I think today's games make them grow up too quickly. All these online games put pressure on kids to compete just like adults do.

9   Do you like games? What kinds?

I play card games and board games, but I really love role-playing games. I started playing them many years ago, and I still love them to this day. When I play them, I can escape to another world for a few hours.

10   What are the good points of games?

Gamers tend not to get into fights, abuse alcohol, or get into any kind of trouble. They also tend to be interested in history and computers.

11   What are the bad points of games?

On the negative side, gaming has become more computer based, and people seldom meet face to face.

7 **tomboy** a girl who acts like a boy   8 **fort** a base; a camp   9 **pretend gun** a fake gun
10 **shoot pellets** to fire small ammunition from a children's gun   11 **expert** a professional

*I have trouble trying to get my kids not to play
too many hours of video games.*

25

Getting Lost

When I was seven,
I went Christmas
shopping with the
rest of my family.
I remember that night
very clearly. One moment,
I was with my family.
The next moment, I
was lost. I panicked[1] as
soon as I realized I was
lost. Although there
were hundreds of people around, I felt completely alone.

Another time, I was skiing with my brother at Lake Tahoe. It was getting late, and we were going down the mountain for the last time. We must have taken a wrong turn[2]. Pretty soon, we were in a steep ravine[3] with no one else around us. There was no way out of the valley we were in. We tried to climb out, but it was very hard because we were wearing ski boots and carrying skies. My brother threw his skies away, and I carried him on my back. It was almost midnight by the time the ski patrol found us.

When I think about getting lost, I don't just think about getting physically lost. I used to use a Macintosh computer while I was in college. It was an early version. When I switched over to[4] an IBM-compatible[5] computer, I felt totally lost. When I took physics, there were times I felt pretty lost also. The good news is that I have no shame. By that I mean that when I am lost, I freely admit it and ask for help. My hand sure went up a lot in that physics class!

TALK ABOUT IT

1 Describe a time you were physically lost. What did you do? How did you feel?
2 Describe a time when you felt lost using new technology.
3 Describe a time you were lost trying to find a place for the first time.
4 Are you good at following directions? Are you good at giving directions?
5 Do you like when other people rely on you as a copilot[6] so that you don't get lost?
6 Describe a time you got lost in a foreign country.
7 Describe a time you got lost reading a new book. You couldn't figure out what the author was writing about, so you felt lost.
8 Describe what it feels like to finally find your way after being lost.

1 **panic** to worry very much   2 **take a wrong turn** to get lost   3 **ravine** a very narrow valley   4 **switch over to** to change to something else   5 **compatible** matched; able to use something   6 **copilot** an assistant pilot

1   Describe a time you were physically lost. What did you do? How did you feel?

It feels dreadful[7] to be lost. It practically feels like drowning[8]. My heart speeds up. I panic. I can feel the blood rush to my head. I look around wildly. Sometimes, I talk to myself.

2   Describe a time when you felt lost using new technology.

Sadly, that happens quite often. I bought one of those handheld digital personal assistants not too long ago. All I wanted to do was set up the alarm clock. That's it. But I simply couldn't. I was so irate[9] I almost tossed it out[10] right then and there.

3   Describe a time you were lost trying to find a place for the first time.

You know, I'm pretty adept at finding new places. I'd say that I have an innate[11] sense of direction. Sure, I get turned around[12] a bit, but I inevitably find my destination.

4   Are you good at following directions? Are you good at giving directions?

Yes to both. It's as if I can draw a map in my mind. Even when I was younger, back in art class, I was good at following directions. The teacher would say, "Draw a certain shape," and I was able to do that. I see directions as shapes in my mind.

5   Do you like when other people rely on you as a copilot so that you don't get lost?

Sure. Who doesn't? It makes me feel important.

6   Describe a time you got lost in a foreign country.

I visited Japan once on business and got totally lost. Somehow, my normal sense of direction was out of whack[13] that day. Perhaps it was the jetlag[14]. I needed to stretch my legs a bit, so I went for a walk. I was determined to find my way back to the hotel, so I refused to take a cab. Well, after three or four hours, I got so tired and frustrated that I had to give in and hail a cab[15].

7   Describe a time you got lost reading a new book. You couldn't figure out what the author was writing about, so you felt lost.

If the book has too many characters, I can get lost pretty easily. Some murder mysteries, for instance, have so many suspects that I forget who's who.

8   Describe what it feels like to finally find your way after being lost.

It feels great. I feel safe again. I feel exhausted though as all the stress drains[16] from my body.

---

7 **dreadful** worrisome; frightening   8 **drown** to die in the water because of a lack of oxygen
9 **irate** angry; upset   10 **toss something out** to throw something away   11 **innate** inborn
12 **get turned around** to get confused; to get lost   13 **out of whack** confused   14 **jetlag**
tiredness one gets after flying through several different time zones   15 **hail a cab** to call a taxi
16 **drain** to leave; to depart; to go out

I panicked as soon as I realized I was lost.

Ghosts

Even though I'm known as "Happy Isaac," I can get scared sometimes. Ghosts, for one[1], frighten me.

Of course, I don't know for sure if ghosts exist, but ghost stories and movies about ghosts really scare me. When I was in the Boy Scouts, we used to go camping all the time. We would gather around the campfire late at night, and kids would take turns telling ghost stories.

I don't really like to be frightened, but my friends do. If they want to watch a horror movie, I do something else. I don't understand what's so fun about being scared. My brother used to read lots of Stephen King books when he was young. I would read adventure books or spy novels instead.

Halloween is still not that popular in Korea. And perhaps it never will be. In America, it is a huge holiday. Many kids dress up as ghosts because it is the cheapest and simplest costume to make: All it takes is a pair of scissors and an old sheet[2].

When I was in the eighth grade, our class hosted a "fright night" at school on Halloween. We built a haunted house in the school parking lot. When the younger kids would pass through, we eighth graders would pretend to be ghosts and grab their arms and legs. We also wailed[3] and made other spooky[4] noises. Some of the kids were so scared that they cried. That was the last time I ever pretended to be a ghost.

TALK ABOUT IT

1   Do you believe in ghosts?
2   What is your favorite ghost story?
3   What is your favorite ghost movie?
4   Have you ever seen a ghost?
5   Why are movies about ghosts so popular?
6   What frightens you?
7   What about ghosts makes them so frightening?
8   What is parapsychology?

1 **for one** for instance; for example   2 **sheet** a bedspread   3 **wail** to moan; to cry out
4 **spooky** scary; strange; eerie

1   Do you believe in ghosts?

Sure. I mean, I don't believe that life is over when we die. I think our spirits go somewhere. And the spirits of bad people sometimes hang around[5] and haunt[6] places. I think that if people die suddenly, they may haunt that place.

2   What is your favorite ghost story?

Two kids had to stay late after school. On their way home, in order to save time, they decided to take a shortcut through a graveyard. Of course, because they were very scared, they decided to run through as fast as they could. As one of the girls was running, a hand reached up from a grave and tripped her. She screamed, but her sister didn't stop running. Several ghosts surrounded the fallen girl. They dragged[7] her kicking and screaming under the soft earth. The young girl was never seen again.

3   What is your favorite ghost movie?

I like movies about possession[8]. You know, those movies where a ghost or a demon[9] takes over someone's mind and controls him or her. The Exorcist is one of the classic possession movies. When I saw it the first time, I slept with a crucifix[10] next to my bed for a month. And I'm not a Christian or anything. I just wanted to play it safe.

4   Have you ever seen a ghost?

I've seen strange shadows around the house late at night. Sometimes, I feel like there is someone else in the room with me. I can't see the person, but I know that someone is there.

5   Why are movies about ghosts so popular?

I think people want to believe in a spirit world. Just like I said earlier, people want to believe there is an afterlife[11]. And ghost stories and movies are exciting. They are mysterious.

6 What frightens you?

Being possessed. I believe I have a strong mind. But is it strong enough to keep a demon out? I don't know, and I'm afraid to find out. Once people die, they must miss having a body. So, I'm sure they go looking for bodies to take over. I just hope that they don't choose mine!

7 What about ghosts makes them so frightening?

They seem so real. Every country has ghost stories. So many people see ghosts. It doesn't seem like they can all be faking[12].

8 What is parapsychology?

Parapsychology is the science of supernatural occurrences. Some scientists think it's rubbish while some universities have departments dedicated to it.

---

5 **hang around** to be someplace doing nothing important; to hang out   6 **haunt** to disturb a place like a ghost does   7 **drag** to pull on the ground   8 **possession** an event when a demon or ghost takes control of a person's mind and body   9 **demon** a devil; an evil spirit   10 **crucifix** a cross   11 **afterlife** the place where a person's soul goes after he or she dies; the other world   12 **fake** to act; to pretend that something is real when it is not

Ghost stories and movies about ghosts really scare me.

$|^{27}$ Goals

I was once doing poorly in a certain class in college. I'm not going to tell you which one because it is sort of embarrassing[1]. Well, okay, I'll tell you. It was Korean. So I went to the Korean professor's office after class, and I asked her how I could improve. Her answer surprised me. She didn't tell me to memorize more words. She didn't tell me to spend more time in the language lab. She told me to set goals each night before I go to sleep—goals for the next day. That's it. Pretty simple, right? The goals don't necessarily have to be academic, she said. Just make goals each night and try to achieve them the next day.

So I took her advice. I started with goals I knew I could achieve, like eating three meals. No more and no less. Because I was more disciplined in my everyday life, I naturally became more disciplined in my academic life. I progressed to slightly harder ones, like sitting in the front row of class. I used to sit in the back of the classroom and not pay a lot of attention. Before I knew it, my grades in that class started to go up.

The process of making goals and working on them each day has made a big difference in my life. I make a point of making real simple goals. I later asked her why I should make goals at night instead of in the morning. She said, "So you can start to work on them in your dreams." I thought she was crazy at first, but then I realized what she meant. You need to visualize a goal before you can achieve it. That's why it helps to make simple, concrete[2] goals.

TALK ABOUT IT

1   What is a daily goal you should set for yourself?
2   Do you make goals at the start of the New Year?
3   How often do you reflect on your goals or try to visualize them?
4   What is a goal that you set for yourself that you were able to achieve?
5   What are some life goals that you have yet to achieve?
6   Do you get advice from others when setting goals? What sort of advice do they give you?
7   Have you ever adopted someone else's goal and made it your own?
8   Is a dream the same as a goal?

1 **embarrassing** awkward; upsetting   2 **concrete** solid

1   What is a daily goal you should set for yourself?

Make my bed! I know it sounds silly, but when I take the time to make my bed, I normally have a good day. If I rush and don't make my bed, it seems like I'm playing catch-up³ all day long.

2   Do you make goals at the start of the New Year?

Yeah. I used to do that religiously. I would set lots of goals for the new year. But I've disappointed myself too many times, so now I just make one or two goals that seem reasonable.

3   How often do you reflect on your goals or try to visualize them?

Not very. I know. I know. It's not good. I really should stop and think clearly about where my life is headed. Every successful business leader says the same thing, "Set goals and think about them often."

4   What is a goal that you set for yourself that you were able to achieve?

Well, I really wanted to lose weight after my first son was born. I felt uncomfortably fat. And I started to think of myself as being unattractive. So I set a goal of losing a pound a month. That seemed very reasonable. And it really was. I lost twelve pounds, and I felt great about what I had accomplished.

5   What are some life goals that you have yet to achieve?

I want to get a master's degree so that I can become a teacher. I have always wanted to teach. I'm very good with kids, and I think it would be very fulfilling⁴ to be a teacher.

6   Do you get advice from others when setting goals? What sort of advice do they give you?

People give me all sorts of advice, most of which I don't want. They tell me to find another man. They tell me to try a new fashion. They tell me all sorts of nonsense. I stopped listening to other people trying to manage my life.

7 Have you ever adopted someone else's goal and made it your own?

Hmm. I guess I took some of my grandma's goals as my own. She said, "Live a simple life." I really like that goal, so I made it one of my own goals.

8 Is a dream the same as a goal?

I think they're a little different. Goals are often something that you can achieve, but I think of dreams as being something much more difficult.

3 **play catch-up** to be behind but to attempt to be at the level at which others are   4 **fulfilling** satisfying

You need to visualize a goal before you can achieve it.

Hair

One of my friends is in his fifties. A while ago, he noticed that some of his hair was starting to turn gray, so he immediately decided to dye it black. Why did he do that? Well, he wants people to look at him as if he is youthful and energetic, and he just didn't feel that having gray hair would convey that image. As for me, I have sometimes thought about dying my hair some kind of outrageous color, like platinum blond. I think that would look kind of cool. My wife, on the other hand, doesn't think so. And she has to look at my hair a lot more than I do.

Thankfully, my hair is naturally curly, so I never have to perm it. I really can't stand the smell of the chemicals they use to perm hair.

Once, when I was in college, I shaved all my hair off. I wanted to make a new start, and cutting off my hair seemed a perfect way to express that new start. It was such a refreshing feeling[1] having the wind blow against my exposed scalp[2]. If I ever begin to lose my hair, I may decide to shave my head again. I think bald is a pretty sexy look! Hey, it's better than being partially bald. I really wouldn't want to have hair on both sides of my head yet be bald on top.

I use wigs a lot for the television shows that I do. At EBS, there is a whole closet full of them. Wearing a wig allows me to role play and to be someone else entirely. It also allows me to make fun of myself. I think that's important to do. If we take ourselves too seriously, we stop having fun. Try wearing a wig sometime, or change your hairstyle. You may fall in love with the new you.

TALK ABOUT IT

1   What is the craziest thing you have ever done with your hair?
2   Do you sometimes color your hair? What is your favorite color?
3   Do you perm your hair? Do you prefer your hair curly or straight?
4   Do you have a close relationship with a certain hairdresser?
5   Do you reveal secrets to your hairdresser or barber that you don't reveal to your significant other?
6   Which movie star has hair that you admire?
7   Do you sometimes wish you had been born with a different hair color or style?
8   When do you change your hairstyle?
9   Does changing your hairstyle affect how you feel about yourself?

1 **feeling** how something feels   2 **scalp** one's bare head

1   What is the craziest thing you have ever done with your hair?

Each year, we had spirit week in high school. One of the days during spirit week was called "crazy hair day." Whoever had the wildest hair would earn points for his or her class. Well, I dyed[3] my hair like a tie-dyed[4] shirt: purple, red, blue, green, and orange. I didn't win, but I sure shocked my mom!

2   Do you sometimes color your hair? What is your favorite color?

Sure. All the time. I like burgundy[5] red. It is such a classy[6] color. Some of my favorite movie stars had burgundy hair, and they always seemed so stylish and romantic.

3   Do you perm your hair? Do you prefer your hair curly or straight?

Yeah, I perm it. It depends on the time of year. During summer, I like to keep my hair short. I usually perm it with slight waves. In winter, I like long, straight hair.

4   Do you have a close relationship with a certain hairdresser?

I used to when I lived in New York. I'd go to a stylist once a month or so. We talked about everything. She was really one of my good friends. I went there for the companionship[7] more than the cut.

5   Do you reveal secrets to your hairdresser or barber that you don't reveal to your significant other?

Like I said, I can get close to someone cutting my hair. It's such a personal service. It's almost like getting a massage. Well, it really is the same thing. Someone I can't see is touching my skin. I've had hairdressers I couldn't stand, but I find most of them easy to talk to.

6   Which movie star has hair that you admire?

I like Julia Roberts' hair. She is such a magnificent woman. She always seems so together and so perfect. I would die to have her hair[8].

7 Do you sometimes wish you had been born with a different hair color or style?

Not really. I'm pretty happy with the way that my hair looks.

8 When do you change your hairstyle?

Like I already mentioned, I often change my hairstyle with the seasons. That way, I can have a fresh, new hairstyle at least four times a year.

9 Does changing your hairstyle affect how you feel about yourself?

In some ways, yes. Cutting off a lot of my hair sometimes makes me feel as though a great weight has been taken off me. I feel freer and lighter when I do that.

---

3 **dye** to change the color of something   4 **tie-dyed** having a variety of colors   5 **burgundy**
reddish-purple; maroon; dark red   6 **classy** stylish   7 **companionship** company; friendship
8 **I would die to have her hair** I want to have the same hairstyle that she has.

Try wearing a wig sometime, or change your hairstyle.

29

Handyman

Do you consider yourself a handyman[1] or a handywoman? Well, I don't. I've never been good at fixing things. When I grew up, the father of one of my best friends owned a garage. When I passed the garage, I would often see my friend or his father under a car fixing it or tinkering[2] with it to make it better, bigger, or faster. I was always amazed that they could take apart[3] these complicated machines and then put them back together again. How could they do that without directions? They figured it out[4] on their own.

When it comes time to fixing the plumbing[5] at home, I am helpless. If I have to fix the refrigerator or other appliances at home, I break out in a cold sweat[6]. Wires especially frighten me. I have no idea which one goes where.

But that's okay. Each of us has his or her own area of expertise[7].

For me, it's English. I am a handyman when it comes to English: I can fix broken sentences but not broken toasters. I am comfortable with my limitations. You won't catch me attending any home improvement classes.

Many wives have a "honey-do" list. It is a list of all the things the wife wants her husband to do around the house. "Honey, will you do this please?" The expression is a play on the name of the honeydew[8] melon. In our house, things are usually the other way around[9]. I have a list of things for my wife to do. She is so much better at fixing things than I am.

TALK ABOUT IT

1 What are you skilled at fixing?
2 How did you learn to fix things?
3 What do you wish you were better at fixing?
4 Do you find work around the house relaxing or frustrating? Explain.
5 What do you do when you get stuck doing handiwork[10]?
6 What kinds of things have you fixed in the past?
7 Are you mechanically inclined when it comes to cars and other machines?
8 Do you think that kind of work is strictly for men?

1 **handyman** a person skilled at repairing various things   2 **tinker** to mess around with something mechanical   3 **take apart** to separate the parts of something so that they are not together
4 **figure it out** to solve a mystery, question, or puzzle   5 **plumbing** the pipes that carry water in a building   6 **break out in a cold sweat** to begin to sweat, often because of fear or some other negative emotion   7 **expertise** knowledge; skill; experience   8 **honeydew** a kind of melon
9 **the other way around** the opposite   10 **handiwork** a creation; something that a person has made

1   What are you skilled at fixing?

I'm pretty good at fixing my computer. At first, I was rather intimidated[11]. But it's rather simple. There really aren't that many pieces.

2   How did you learn to fix things?

Well, I go online a lot and watch "how to" videos. There are tons of those on pretty much every subject imaginable. I also like to tinker with stuff. I guess I'm not afraid to make mistakes. I've always been pretty good with my hands[12].

3   What do you wish you were better at fixing?

My relationships. No, I guess my car. I've never been very good with cars. I'm lost when it comes to plumbing also.

4   Do you find work around the house relaxing or frustrating? Explain.

Who likes chores? I guess some people do, but I don't. If fixing things is a hobby, then it's fun. If it's related to chores, then it's a drudge[13].

5   What do you do when you get stuck doing handiwork?

I go online and see if there are any sites that can help me. I'll call a buddy if I get really stuck. I know a few guys from work who are very handy[14]. The building manager is a walking encyclopedia when it comes to fix-it issues. If that doesn't work, I hire someone to come over and fix the problem.

6   What kinds of things have you fixed in the past?

Besides the computer? The TV. And some of the other electric things around the house. I'm pretty adept[15] at wiring. I like all those color wires. It sort of reminds me of defusing[16] a bomb in a James Bond movie.

7   Are you mechanically inclined when it comes to cars and other machines?

I'm not at all mechanically inclined. Everyone else in my family is though. My father, nephew, and brother-in-law are all amazing when it comes to any kind of machine. I wish I could be more like them.

8 Do you think that kind of work is strictly for men?

This is the twenty-first century. My wife takes care of those kinds of jobs while I cook.

---

11 **intimidated** awed; frightened   12 **be good with one's hands** skilled in doing things manually   13 **drudge** a grind; a difficulty   14 **handy** useful with one's hands   15 **adept** skilled   16 **defuse** to stop from exploding, as in a bomb; to halt; to put out

Each of us has his or her own area of expertise.

30 High School

For some, high school was the best time of their lives. For others, it was the worst. I guess I fall somewhere in the middle. I didn't really fit into any of the cliques[1]. I was good at sports but didn't try to fit in with the other jocks[2]. I was pretty good at studying, but I didn't make much of an effort to get along with the nerds[3].

I tried my hand in school politics but was defeated in an election for class president. And I didn't have a car like many of the other high school students, so I felt pretty left out[4].

My best friends during my high school years actually went to other high schools. I never hung around[5] my school after class. No way. I was more eager to go home or to meet my friends at their homes. Some people go back to their high schools for reunions[6] every five or ten years, but I have never returned to my school. Not once.

What I did like about my high school was that it allowed me to be myself. No one cared what I wore to school or how I cut my hair. People pretty much left me alone, and I liked that. Most importantly, I had some great teachers in high school. In some ways, they inspired me to be a teacher.

TALK ABOUT IT

1   Describe your high school.
2   Did you belong to any cliques? If so, which ones?
3   What was your best high school experience? Your worst?
4   Who was your best friend in high school? Do you still keep in contact with that friend?
5   Which clubs did you belong to in high school?
6   Who was your favorite high school teacher?
7   How would you say your high school experience shaped you?
8   Did you fit in?
9   Is fitting in important?

1 **clique** a circle; a select group of people   2 **jock** a slang term for an athlete   3 **nerd** a slang term for an intelligent yet nonathletic person who has very few social skills   4 **left out** rejected or ostracized from a group   5 **hang around** to be someplace yet doing nothing of importance
6 **reunion** a get-together of old friends, family members, or classmates

1   Describe your high school.

It was pretty large. It had more than 2,600 students in it. It wasn't anything special. It was just a normal urban school. There were outstanding students, and there were losers. What can I say?

2   Did you belong to any cliques? If so, which ones?

I guess for a while I was part of the "in" crowd. I was a cheerleader in my sophomore year. So, yeah, I was pretty popular.

3   What was your best high school experience? Your worst?

My first love. That would be my best. And when he dumped me, that was the worst.

4   Who was your best friend in high school? Do you still keep in contact with that friend?

Yeah, I'm good that way. I keep in close contact with my old friends. Jill was also on the cheerleading squad⁷. She and I stayed in touch through college and still meet every now and then.

5   Which clubs did you belong to in high school?

I know it sounds weird, but I was in the debate club. It was sort of a lark⁸ that I joined. Someone called me an "airhead⁹" for being a cheerleader, and, to prove to him and to myself that I wasn't, I joined the debate club. It was fun. We would argue about politics and school issues.

6   Who was your favorite high school teacher?

I had a crush on¹⁰ my gym teacher, Mr. Schwartz. Man, he was a hunk¹¹.

7   How would you say your high school experience shaped you?

Hmm, that's hard to say. I guess it made me more open. I was pretty shy before I started high school. But with cheerleading and debate and stuff like that¹², I became pretty confident. Overall, I'd say it had a positive impact on me and helped me prepare for my adult life.

8 Did you fit in?

Sure. Since I was a cheerleader, people liked me. That made it easy for me to fit in with others.

9 Is fitting in important?

I think it can be important for lots of people. After all, who wants to be a loner or an outcast? But it's still important for a person to be himself or herself.

7 **squad** a team   8 **lark** a joke; a trick   9 **airhead** a person, usually a woman, who is attractive but not smart   10 **have a crush on** to like someone   11 **hunk** a man who is good looking and has a very nice body   12 **stuff like that** that kind of thing

For some, high school was the best time of their lives.

Hiking

One similarity between my native California and Korea is the abundance¹ of hiking trails in both places. In both places, hiking seems to be one of the most popular ways for the young and old alike to stay fit².

My all-time³ favorite place to hike is Yosemite National Park in California. The views of the rock formations there are breathtaking⁴. There are some trails that wend⁵ along waterfalls. Some people climb to the top of snow-covered mountain peaks. When I was a child, I went there with my father. He would give me a piggyback ride when I got tired.

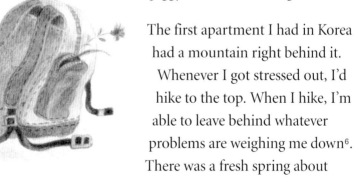

The first apartment I had in Korea had a mountain right behind it. Whenever I got stressed out, I'd hike to the top. When I hike, I'm able to leave behind whatever problems are weighing me down⁶. There was a fresh spring about halfway up that mountain. The taste of crystal-clear water after a long hike is so refreshing. Food tastes much better after a hike as well. Hiking unclogs[7] all my senses.

Some people find hiking too strenuous[8]. I can certainly understand why. You have to carry some supplies, like water and food, usually on your back. And the trails can be steep. Perhaps because of my years in the Boy Scouts, I don't fear hiking. We used to go on hikes that would last all day. Those could be frightening at times. The hikes I take these days are for pleasure.

TALK ABOUT IT

1 Where is your favorite place to hike?
2 Do you like to hike alone or with others?
3 Have you ever belonged to a hiking club?
4 Do you have a special routine you follow when you hike? Is there a certain place you often stop at?
5 Does hiking help you relieve stress[9]?
6 Have you ever gotten lost[10] hiking?
7 Have you ever traveled somewhere special to go hiking?
8 What are some reasons people go hiking?

1 **abundance** a large amount of something   2 **stay fit** to keep in shape   3 **all-time** forever
4 **breathtaking** inspiring; beautiful   5 **wend** to go one's way; proceed   6 **weigh someone
down** to be a burden to someone   7 **unclog** to clear; to free   8 **strenuous** difficult; stressful
9 **relieve stress** to get rid of one's stress   10 **get lost** not to know where one is

1 Where is your favorite place to hike?

There is a trail at Point Lobos on the California coast that is my favorite. It is usually cold there. You can taste the salty sea breeze as you walk. You can see and hear huge waves crash[11] against the rocky shore. It makes me feel the power of nature. No matter what we humans do, nature is more powerful than us.

2 Do you like to hike alone or with others?

I like to go with my family. We usually make a day trip out of it. We drive down early in the morning to beat the traffic[12], stay for a nice lunch after the hike, and then go back home late at night.

3 Have you ever belonged to a hiking club?

No. I've hiked with plenty of friends before, but I wasn't in a formal club or anything.

4 Do you have a special routine you follow when you hike? Is there a certain place you often stop at?

I stretch before I start. I also make sure that I have enough water and energy bars[13] in case I get stranded[14] or lost. When I go on my favorite walk, there is a rock I stop at that has a breathtaking view of the ocean. I usually sit there for a while and rest up[15]. It's sort of my good-luck rock. I can tell that other people must agree with me because the rock is well-worn[16] from use.

5 Does hiking help you relieve stress?

It sure does. It connects me to nature. It gets me to forget my work-related problems. Even when I hike with my family, we seem to treat each other better.

6 Have you ever gotten lost hiking?

No, thankfully I haven't. I stick to very well-traveled paths. I'm not really the adventuresome[17] type.

7 Have you ever traveled somewhere special to go hiking?

Yes, I went to Nepal to go on a three-week trek in the Himalayas many years ago. It was easily the most amazing trip I have ever gone on, and, to this day, I can still remember the breathtaking views I saw. It was a very strenuous trek, and I felt exhausted at times, but I am glad that I did it.

8 What are some reasons people go hiking?

There are countless reasons people go hiking. They include exercise, socializing, relieving stress, getting close to nature, picnicking, and getting away from the pollution of the cities.

11 **crash** to hit something in a noisy or violent way   12 **beat the traffic** to get to one's destination before there are too many cars on the road   13 **energy bar** a high-calorie bar that people may eat while out in the wilderness   14 **get stranded** to be stuck somewhere   15 **rest up** to relax; to regain one's energy   16 **well-worn** worn out; used   17 **adventuresome** thrill-seeking; exciting

When I hike, I'm able to leave behind whatever problems are weighing me down.

Hospitals

I don't have many good hospital memories.

The first time I went to the hospital was when I broke my arm. I was climbing in a tree in the local park, and I fell.

A few years later, a good friend got into a car accident, and I visited him at the hospital every day for two weeks. I have visited other family members in the hospital, too. Thankfully, I have had pretty good health my whole life, so I have mostly avoided going to the hospital for myself. Knock on wood[1]. I sure hope that continues.

Of course, I have some good hospital memories as well. I was there at the hospital when all my children were born. Those visits were a bit stressful, but are still great memories. Two of my children were born in America and two in Korea.

In American hospitals, the food is notoriously[2] bad. That's not the case here in Korea. On the whole, Korean hospitals try much harder to make the patients' stays as comfortable as possible, and

they largely succeed. Many Korean hospitals—
or at least the fancy ones—have pianos in the
lobby. Some even have art galleries. Staying at
an American hospital is MUCH more
expensive than staying at a Korean hospital. I
still want to avoid them, but if I were to get sick,
I'd much rather stay at a Korean hospital than
an American one.

TALK ABOUT IT

1. When was the first time you visited a hospital? When was the most recent occasion[3]?

2. Do you have any happy memories of hospitals?

3. If you were designing a hospital, what would you add to make it more comfortable for patients?

4. What's the best meal you ever had at a hospital?

5. What is your favorite hospital? Least favorite?

6. What was the longest you ever had to stay in a hospital?

7. What could be done to improve health care in hospitals?

1 **knock on wood** an expression people say after wishing for something good to happen or for something bad not to happen 2 **notoriously** infamously 3 **occasion** an event; a happening

1 When was the first time you visited a hospital? When was the most recent occasion?

I got food poisoning when I was very young. I think a can in our pantry[4] was partially opened, and the food inside got tainted[5]. Well, my parents say I nearly died. I don't remember it all that well because I was only five at the time. My most recent visit? I had to get some stitches[6] in my hand. I was using a knife, and I slipped and cut myself. It just looked bad but wasn't so serious.

2 Do you have any happy memories of hospitals?

I can't say that I do. They seem like cold, sterile[7] environments. People seem so despondent[8]. They walk around whispering, crying, and talking to themselves. No, I try to avoid hospitals unless I have no choice at all.

3 If you were designing a hospital, what would you add to make it more comfortable for patients?

I'd make it more like a resort. I'd put in a pool, have outdoor seating, and make it bright and relaxed. I'd have brightly colored sheets and towels. I'd have the nurses and doctors wear floral patterns. I'd paint each room a fun theme. You name it. I'd find ways to lighten the atmosphere.

4 What's the best meal you ever had at a hospital?

Food? I hate hospital food. I'm normally too sick to eat. It's usually bland[9] and tasteless anyway.

5 What is your favorite hospital? Least favorite?

I can't say that I have a favorite or least favorite. To me, they all fall into[10] the least favorite category. Some are more modern than others. Some seem a bit cleaner than others. But they all depress[11] me.

6 What was the longest you ever had to stay in a hospital?

I had to stay in a hospital for eleven days once a few years ago. I tore a ligament in my knee playing sports and had to get surgery on it. It wasn't much fun having to be in a hospital for that long.

7   What could be done to improve health care in hospitals?

There are many ways that hospitals could be improved. I think one way would be for the doctors to spend more time with their patients. I know that they are busy, but it just seems like a lot of doctors often rush from patient to patient while spending little time with all of them.

4 **pantry** a cabinet in the kitchen   5 **get tainted** to go bad, as in food   6 **get some stitches** to have to get part of one's body sewn back together after being cut   7 **sterile** germ-free; very clean   8 **despondent** dejected; very sad   9 **bland** having no taste   10 **fall into** to be categorized as   11 **depress** to make sad; to sadden

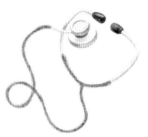

I don't have many good hospital memories.

33 Hotels

For several years, my brother was a sales manager at a hotel in New York City. So he would always try to get me a free room when I visited. For my thirtieth birthday, he got me a suite with a balcony. I was able to step out into the cool spring air and see the Empire State Building. I felt like a king that night.

Because I often travel to do shows, I got a chance to stay at all sorts of hotels. I really don't like to complain. I try to be grateful for whatever I get. But, when my room smells too much like cigarette smoke, I ask the front desk for a new room. I have trouble with smelly carpets, too. I don't mind peeling¹ wallpaper.

I remember when I first discovered room service. I was in Yosemite at a very nice hotel. I picked up a menu in the

room and asked my father, "They will bring all this food right to the room?" When he said yes, I was amazed. I love room service. I was never allowed to eat in my room when I was young. Well, if I was sick, I was allowed to. But, in a hotel, you can eat in the room anytime you want. Unfortunately, it's not cheap!

Those little mini bars in hotel rooms are rip-offs². One tiny can of juice is six or seven dollars. Hotels also make money on the room phone. Even if you use a calling card, the hotel often charges you just to use the phone. I try to be careful about room charges. And I dispute those that I disagree with. Even though hotels are wonderful, there is no place like home!

TALK ABOUT IT

1. What was your best hotel experience?
2. What was the worst hotel room you ever stayed at?
3. How do you normally book³ a hotel room?
4. What is the most important factor you look for when you book a hotel room? Size? Price? Location? If it has a swimming pool?
5. If you could work at a hotel, what job would you choose to do? Why would you choose that job?
6. Have you ever complained to the front desk about your hotel room? What did you complain about?

1 **peeling** flaking; shedding; coming off 2 **rip-off** a bad deal; something that is not a bargain
3 **book** to reserve

1   What was your best hotel experience?

On our honeymoon in Hawaii, everything was just perfect. Perhaps because we were so in love at the time, things seemed perfect. Our room was literally feet from the ocean. All we had to do was step out of our room, and we could almost dive into the water. The staff was so courteous. They knew we were honeymooners, so they did everything they could to make our stay comfortable.

2   What was the worst hotel room you ever stayed at?

This one place in Chicago. I was there for a convention[4]. I booked my room at the last minute, so I didn't really have much of a choice. Well, the only place I was able to get was a total[5] dive[6]. The lights in the halls were burned out[7]. There were even stains on the rugs. It was simply awful.

3   How do you normally book a hotel room?

Back in the day, I used to use a travel agent. Now I just book rooms online.

4   What is the most important factor you look for when you book a hotel room? Size? Price? Location? If it has a swimming pool?

I read what previous guests have said about a place. I'd rather stay at a three-star hotel that has great reviews than a four-star hotel that has terrible reviews. The purpose of my stay also determines what sort of place I look for. If I am traveling on business, I look for a hotel with a location that is convenient to my meetings. If I'm on vacation, I almost always pick a hotel with a pool. I like to swim each morning.

5   If you could work at a hotel, what job would you choose to do? Why would you choose that job?

You know, I would work in the catering department[8]. I've always wanted to be a party planner. I'd help arrange weddings and other events. I think it would be a lot of fun.

6 Have you ever complained to the front desk about your hotel room? What did you complain about?

For sure. Mostly about the bill. Some hotels try to sneak in[9] all sorts of charges. They charge a daily "towel fee." Or they charge you for the coffee in your room even if you didn't drink it. A few times, I've complained about the noise in the adjacent[10] room. But the front desk can't really do anything about that.

4 **convention** a conference; an exhibition; a large meeting or gathering   5 **total** complete
6 **dive** a low-class establishment   7 **burned out** all used up; no longer having any power or energy   8 **catering department** a department that provides food for others   9 **sneak in** to add on without being seen   10 **adjacent** next to

*Even though hotels are wonderful,
there is no place like home.*

34

Instruments

One of the worst memories of my childhood was being forced to learn the piano. While all my other friends were playing outside, I was stuck indoors practicing. I practiced on a grand piano. When the lid was open, it looked like the mouth of some terrible beast. I was angry, scared, and miserable. Now I feel sorry for my piano teacher, but, back then, I couldn't stand him. The day of lessons I would pray that his car would break down or he would get sick and be unable to come. I know that's terrible to admit, but it's true.

Even though I suffered so much learning an instrument, I am having my children learn instruments. Hmm, does that make me a good father or a bad father? Why is it that we make our kids do the very things we hated to do as children? At least I make sure that my kids and I like the teacher. So much depends on a good teacher.

Learning an instrument is supposed to help strengthen your brain. I've heard it's equivalent to learning a new language. I admire people that can play music well.

I wish I had learned the guitar instead. That way, I could easily entertain others and myself. I know it is never too late to pick up an instrument, but it is so hard to find the time these days. Perhaps I'll get a good teacher to help me. I wish learning were easy. I know it takes a long time and a lot of practice. Learning a language is the same!

TALK ABOUT IT

1 Can you play an instrument? If so, which one?
2 Do you have fond[1] memories or bad memories about learning an instrument growing up?
3 Do your children learn any instruments? Do you plan to have your children learn how to play any instruments?
4 How do you think learning an instrument helps children?
5 If you could do things over, which instrument would you learn? Why?
6 Which musician do you admire the most?
7 Would you force your child to learn an instrument? Why? Which one? For how long?

1 **fond** pleasant; happy

1 Can you play an instrument? If so, which one?

I used to play the violin. But I'm not so sure I can play it very well now.

2 Do you have fond memories or bad memories about learning an instrument growing up?

I actually liked my violin teacher. She was very sweet. I looked forward to her coming over twice a week. She was patient, too. I wish I were that patient with my own children.

3 Do your children learn any instruments? Do you plan to have your children learn how to play any instruments?

I don't have kids, but it would be up to them[2]. I think it is a good skill to have, but there are more essential skills for them to acquire, such as knowledge of computers. I'd much rather they learn to program computers than learn a new instrument. But that's just my opinion.

4 How do you think learning an instrument helps children?

I haven't read any studies on the subject or anything, but I hear that it helps their brains. For me, it helped me become more disciplined[3]. I had to practice several hours a day, and I did.

5 If you could do things over, which instrument would you learn? Why?

You know, I always wanted to play the drums. What a great way to release[4] stress!

6 Which musician do you admire the most?

I enjoy Sting's music. He's a great singer and a great musician.

7 Would you force your child to learn an instrument? Why? Which one? For how long?

I would not force my children to learn an instrument. I would encourage them to try for a few weeks, but, if they didn't enjoy it or wanted to stop, I would let[5] them.

2 **be up to someone** to be someone's responsibility; to be dependent on someone
3 **disciplined** well-behaved; regimented 4 **release** to relieve; to get rid of 5 **let** to permit;
to allow

Learning an instrument is supposed to help strengthen your brain.

35

Intelligence

A coworker recently sent me a link to a free IQ test. I deleted the email.

I have never liked the idea of an IQ. Some people are good at taking tests, and they will naturally score higher on an IQ test. What about people who are poor test takers? If they score poorly on an IQ test, they may go through their lives thinking that they are not so intelligent. I have met many "smart" people who act like they are smarter than other people. They use their intelligence like a weapon.

There are so many different types of intelligence. My father sent me a book a while back dealing with emotional intelligence (EQ). EQ measures a person's ability to deal well with others. If you can read other people well and know how to act in different situations, then you have a high EQ. That seems like a much more significant gauge[1] than IQ.

Sadly, most people I know who have very high IQs seem unable to deal well with people. I think you can have a high IQ and a high EQ. But you have to work hard to develop them both.

TALK ABOUT IT

1. Do you consider yourself a smart person? Why or why not?
2. Do you consider yourself to have a high EQ? Why or why not?
3. Who is the smartest person you know? Describe how that person acts. Do you look up to[2] that person?
4. Who do you know that has the highest EQ? Give an example of how this person has demonstrated[3] EQ.
5. Do you think computers can be taught EQ? Why or why not?
6. What ways do you try to make yourself smarter?
7. Have you ever taken an IQ test? If so, what kinds of questions do you have the easiest time with?
8. If you could devise a test to measure intelligence, what sorts of questions would you put on it?
9. If you were told you had a high IQ or EQ, would you act any differently?
10. What would you do if your IQ or EQ were low?

1 **gauge** a measure: 2 **look up to** to respect; to revere   3 **demonstrate** to show proof of

1 Do you consider yourself a smart person? Why or why not?

I feel so comfortable around numbers and computers, so I guess I feel smart.

2 Do you consider yourself to have a high EQ? Why or why not?

I'm not as good at solving people as I am at solving problems. I'm really not sure why that is. Sometimes I seem to have problems dealing with people.

3 Who is the smartest person you know? Describe how that person acts. Do you look up to that person?

My physics professor back in high school seemed like a genius to me. And he was also very patient. He didn't get upset when people made mistakes. I really admired that quality in him.

4 Who do you know that has the highest EQ? Give an example of how this person has demonstrated EQ.

My wife has a very high EQ. She solves problems with the kids all the time. Even our kids' friends come to her for advice because she is so wise. I can think of plenty of examples. I wanted to confront[4] a coworker over a memo he had written, but she convinced me to try another less confrontational approach. And she was right. It was just a misunderstanding.

5 Do you think computers can be taught EQ? Why or why not?

No, I don't. That is a uniquely human quality.

6 What ways do you try to make yourself smarter?

I read books and articles related to my work. A few years ago, I fell in love with some math-related games like Sudoku.

7 Have you ever taken an IQ test? If so, what kinds of questions do you have the easiest time with?

Yeah, I've taken a few. I am good at analogy[5] questions—pretty much any type.

8 If you could devise a test to measure intelligence, what sorts of questions would you put on it?

I would use more word questions that describe real-world situations. The types of questions on many tests are too hypothetical[6]. I would use problems that people might actually face in their daily lives.

9 If you were told you had a high IQ or EQ, would you act any differently?

I don't know. I think I would feel a burden to use my gift to the best of my ability.

10 What would you do if your IQ or EQ were low?

I would be disappointed, but I don't think I would give up. You don't have to have a high IQ or EQ to be successful after all.

4 **confront** to come face to face with, especially with defiance or hostility   5 **analogy** a comparison; an inference   6 **hypothetical** imaginary; theoretical; supposed

There are so many different types of intelligence.

Interesting Architecture

I was driving home the other day, and I saw a new building going up on the side of the highway. It was a boxy¹ structure like the hundreds of other boxy apartment buildings I see each day. I was very disappointed. Why not try something new?

I live in one of those boxy apartment buildings. There are so many talented, creative people out there. Why don't we see more creative work being done?

Sure, I see an interesting structure every now and then, but those are the exceptions, not the rule².

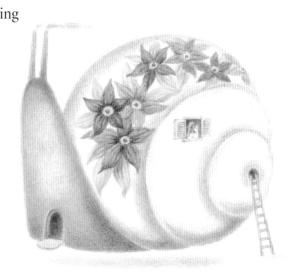

Let's let our imaginations run wild. Let's push the envelope³ of possibility. We only live once, so let's live and work in buildings that bring out the best in us. Let's do away with old, stale[4] thinking. Buildings can be functional and beautiful.

Just like wearing fancy clothes can make us act with dignity, living in a creative building may make us more creative people. I grew up in a house that an architect built for himself and his family. It was very unconventional. He replaced some of the walls with huge glass panels. It could get cold, but it was wonderful to look out into the garden. I think the interesting house I lived in helped shape me into the person I am today.

TALK ABOUT IT

1. What would you like to change about the space you live in to make it more interesting and fun?
2. What would you change about your office to make it a more stimulating environment?
3. Describe your favorite building and say what you like the most about it.
4. Why do you think architects keep building such uninteresting structures?
5. How do you think buildings will look in fifty years?
6. Did you ever build any interesting structures when you were a kid?
7. Did you ever dream of becoming an architect when you were young?
8. Do you know what the Chinese art of Feng Shui is? Do you believe in it?

1 **boxy** shaped like a box   2 **the exception, not the rule** something that is not common or usual   3 **push the envelope** to go further than the usual limits   4 **stale** old; out-of-date

1   What would you like to change about the space you live in to make it more interesting and fun?

I wish it had a recreational room[5] in the basement. When I was growing up, my best friend had a rec room in his basement. I always wanted to go over there and play. In the summer, it was cool down there, and in the winter, it was warm.

2   What would you change about your office to make it a more stimulating environment?

Actually, our office is pretty cool. The people who run the company are creative people. They brought in some professional design people who set up the desks, art, plants, and office equipment in a unique way.

3   Describe your favorite building and say what you like the most about it.

I've always admired the Chrysler Building in New York City. I love the Art Deco style. It reminds me of a simpler time in American history. It was a time of innocence[6].

4   Why do you think architects keep building such uninteresting structures?

I have no clue. I guess it's a lot cheaper to do it that way.

5   How do you think buildings will look in fifty years?

You know, I think about that every now and then. I used to read a lot of sci-fi[7] novels when I was a kid. They would describe floating cities. I think buildings will have more curved shapes than they do now.

6   Did you ever build any interesting structures when you were a kid?

Yeah, I used to love building cities and towers out of Lego blocks. I built one that was taller than me. It had walkways[8] and side towers. Man, I loved building it.

7   Did you ever dream of becoming an architect when you were young?

I never really dreamed of being an architect, but I always loved looking at cool buildings. Even today, I sometimes like to look at magazines with specially designed houses in them. It's nice to dream about living in places like that.

8 Do you know what the Chinese art of Feng Shui is? Do you believe in it?

Yes, I do. It's very fascinating. I am unsure if Feng Shui is real, but it can't hurt. Basically, it's about making the best use of sunlight, running water, mirrors, and plants in your home and office space. How can that be a bad thing? I'd love to have more sunlight, one of those ornamental fountains, and a few plants. Those things might make my home look and feel a lot better.

---

5 **recreational room** a room in a house where people may play games or relax   6 **innocence** purity; virtue   7 **sci-fi** short for science fiction; pertaining to fictional works that involve matters of science   8 **walkway** a sidewalk; a path

Living in a creative building may make us more creative people.

Internet

The Internet is a friend and an enemy. At home it is usually my enemy. I'm sure many other parents feel the same way. My kids are hopping on the Internet every possible chance they get. All of their games and game systems are connected to the Internet. It seems like the Internet controls their lives.

So I fight the Internet for control over my kids. And, sadly, it seems like I lose most of the time. When my kids are not in the house, there is no possible way I can defeat the Internet. It seems like there is a PC room on almost every street in Korea, so unless I walk them to and from school, they are going to go online[1].

Even though I trust my kids, I don't trust everyone else on the Internet. So I feel like my kids are vulnerable[2]. That makes any parent feel uncomfortable. We have had to make a lot of rules about using the Internet at home.

However, the Internet has its uses. I use it to research[3] topics all the time. I use an Internet phone to make cheap international calls. So I have to admit that the Internet has benefitted[4] my life in many ways. I even teach online classes. The Internet is a window to the universe.

However, there are some things on it that people just should not be looking at. So, I think I will always be at war with[5] it.

TALK ABOUT IT

1 In what way has the Internet benefitted your life? How has the Internet hurt your life?
2 How do you defend yourself and your family against the Internet?
3 How do you think the Internet will change the future of communication?
4 Does the Internet make us smarter? Why or why not?
5 How would a typical day be different if there were no Internet?
6 Are you addicted to the Internet?
7 Do you find yourself thinking about the next time you will go online?
8 Do you find it hard to get off the Internet?
9 Do you think the Internet brings us closer together or make us more impersonal?
10 What do you use the Internet for?

1 **go online** to log on to the Internet 2 **vulnerable** defenseless; weak; helpless 3 **research** to study something in detail 4 **benefit** to assist; to help 5 **at war with** fighting or struggling against someone or something

1   In what way has the Internet benefitted your life? How has the Internet hurt your life?

It makes my life so convenient. I can find whatever I want whenever I want it. I'm a pretty wired[6] person, so I use it all the time. I can't think of any ways it has hurt my life. Well, I guess I spend too much time on it. So you can say it takes me away from other more important activities.

2   How do you defend yourself and your family against the Internet?

We have a standard firewall[7] to keep unwanted people out. And we use parental controls to keep the kids from going to websites that they shouldn't.

3   How do you think the Internet will change the future of communication?

Well, it is shortening communication for sure. Everything is shorthand[8]. Instead of writing, "I see," people just type "ic." Things like that.

4   Does the Internet make us smarter? Why or why not?

I'm not so sure it is making us smarter. In some ways, it prevents us from focusing. People have multiple windows open at a time and are easily distracted. It seems like kids these days have a much harder time staying focused on one thing. And it hurts people's reading skills. I really believe that. No one reads books anymore.

5   How would a typical day be different if there were no Internet?

I think that people would interact with each other a lot more. But they would also do things like watching more television and reading the newspaper. After all, people get so much news from the Internet these days. So, if the Internet were not around anymore, they would have to do something else to get all of their information.

6   Are you addicted to the Internet?

I wouldn't say that I am addicted to it, but I sure do use it a lot. Still, I'm not one of those people who simply can't live without it.

7   Do you find yourself thinking about the next time you will go online?

Well, there are some times that I definitely look forward to going online, especially if I am expecting an important email from someone.

8   Do you find it hard to get off the Internet?

Yes, I often look up from my computer screen, and it's like one or two in the morning.

9   Do you think the Internet brings us closer together or make us more impersonal?

In some cases, the Internet can bring us closer together. Now I can make friends from all over the world. But a lot of people just use the Internet to play games and stuff, so they don't have very good social skills. In that regard, the Internet has definitely made them more impersonal.

10   What do you use the Internet for?

I use the Internet to get news, to chat with my friends, and to send and receive email.

1^{38} Investments

Each of us makes investments every day. Right now, you are choosing to invest your time to learn English. I happen to think that is a wise investment. Other people spend their time on financial investments like stocks and bonds.

At different times in your life, what you consider to be the best investment may change. That is natural because our priorities change. When you are young and unmarried, education may top the list of most important investments. Later in life, when you have a family and kids to care for, you may change your priorities to make your children's education and their well-being your top investments. For me, that is certainly the case.

Whenever you consider any investment, you must also consider the risks involved. Many investments offer a high return[1], but those types of investments are often very risky. For example, the state of California issues bonds to raise money. The rate of interest on those bonds is higher than the rate offered by other states because they are much riskier. California could go bankrupt and be unable to repay[2] the money that people lent it.

My father shuns[3] risk. He doesn't mind a very low return on his investments as long as he has peace of mind. Often, when you open a new stock account, your broker will ask you what your ideal rate of return is and how much risk you are willing to take to get that rate.

One final consideration is maturity[4]. No, I don't mean emotional maturity. When it relates to investment, maturity means when your investment pays you back. Bonds have a clear maturity date. Other investments are not so clear-cut[5]. You must decide if your investment has paid you back. I think education is probably the best investment.

TALK ABOUT IT

1 What do you feel is the best investment for your future? Continuing your education? Buying a home? Learning a new skill?

2 How do you measure success or failure in your investments?

3 How do your colleagues and friends invest their time and energy?

4 How much should your money earn each year for you to consider it a worthwhile[6] investment?

5 How long are you willing to wait for your investment returns? Are you willing to wait eight years for a PhD, or do you need more immediate returns for it to feel worthwhile?

6 What do your friends, parents, colleagues, and siblings feel is a good investment for you? Do they encourage you to invest your money a certain way?

7 Describe a time when you had a conflict over an investment strategy.

---

1 **return** the money that one earns on an investment   2 **repay** to give back a person the money that one borrowed from him or her   3 **shun** to avoid   4 **maturity** the period of time by when an investment will repay its investor   5 **clear-cut** obvious   6 **worthwhile** useful; advantageous

1   What do you feel is the best investment for your future? Continuing your education? Buying a home? Learning a new skill?

Well, I'm still young, so education is most important for me. Plus, I don't have any of my own money to invest, so that's not an option. Learning new skills is important, too.

2   How do you measure success or failure in your investments?

Grades are a pretty clear measure of success or failure. But they aren't everything. If I finish a class and feel like I really gained something, then I consider it to have been a good investment.

3   How do your colleagues and friends invest their time and energy?

Many study as well. I know their parents invest in real estate and play the stock market. I have one buddy[7] who has a stock investment club at school, but it's just with play money.

4   How much should your money earn each year for you to consider it a worthwhile investment?

I am pretty happy with safe returns. Even something such as three or four percent is adequate[8] as long as there is no risk.

5   How long are you willing to wait for your investment returns? Are you willing to wait eight years for a PhD, or do you need more immediate returns for it to feel worthwhile?

I can't afford to wait eight years. No way. I need to get a job as soon as I finish school. I hope by then that my investments in time and energy will pay off[9].

6   What do your friends, parents, colleagues, and siblings feel is a good investment for you? Do they encourage you to invest your money a certain way?

Well, my parents want me to get a "proper" job. I think they just want me to get a job that pays well. I'm still pretty undecided about what I want to do with my future.

7 Describe a time when you had a conflict over an investment strategy.

My parents had a big fight as to whether or not to buy a certain investment property. My mom thought it was too expensive. Dad thought it would keep going up in value.

7 **buddy** a friend   8 **adequate** sufficient; enough   9 **pay off** to benefit from

Whenever you consider any investment, you must also consider the risks involved.

Killing Time

Although killing time is a form of wasting time, killing time usually happens while you are waiting for a specific event to occur. For example, *many people kill time at work waiting for the work day to end.* When I think back to high school, I can recall many times when I was sitting in a boring class just waiting for the bell to ring. I kept my eyes on the teacher and nodded every now and then, but I was just killing time doodling[1] on the paper in front of me.

Sadly, for so much of our days, we are killing time. These days, many American companies put restrictions on Internet use at work because so many people simply surf the Internet[2] instead of doing their work.

With all these amazing gadgets[3] we have these days, I often find myself

killing time instead of getting productive work done. Of course, TV is a common time killer[4], but more and more often, my time gets killed by fun programs I can download for my handheld[5] music device. Because many of them are word-related puzzle games, part of me justifies playing them by saying, "Hey, I'm increasing my command of English. And that's my job." But I'm really just killing time. I find this problem especially difficult because I am my own boss. Unless I monitor my own use of time, I can easily waste an entire day.

1   What is your favorite method to kill time?

2   Have you ever gotten caught by an authority figure[6] like your parents, boss, or teacher while you were killing time?

3   Did you ever discover that something you were doing to kill time actually turned out to be useful or beneficial in some way?

4   If the workday were shortened, would you still feel an itch[7] to kill time at work? Why or why not?

5   Do you think today's generation kills more time in a day than previous generations did? Explain.

6   Have you ever been in an authority position where you were trying to stop other people from killing time? Explain how effective you were.

7   Do you think it is okay to kill time at work when you do not have any actual work to do?

8   What do you think the most effective way to avoid wasting time is?

1 **doodle** to write or draw nothing in particular; to sketch   2 **surf the Internet** to go online; to use the Internet   3 **gadget** a tool; a widget; a piece of equipment or machinery   4 **time killer** something a person uses or does to spend time   5 **handheld** able to be held in a person's hand; portable   6 **authority figure** a person in a position of importance   7 **itch** a restless desire

1   What is your favorite method to kill time?

I just gossip[8] with my girlfriends over the phone. I can wile away[9] the whole day that way.

2   Have you ever gotten caught by an authority figure like your parents, boss, or teacher while you were killing time?

My boyfriend gets upset when I take calls while he is at home. But he is hardly an authority figure. Back when I was living with my parents, they always got upset at me because I was hogging[10] the phone. That's one reason I moved out and got my own place.

3   Did you ever discover that something you were doing to kill time actually turned out to be useful or beneficial in some way?

Hmm, not really. I am not that good at multitasking[11]. Some people knit when they watch TV and give the clothes away[12]. I was never good with my hands anyway.

4   If the workday were shortened, would you still feel an itch to kill time at work? Why or why not?

I'm sure that, no matter how short my workday ever became, I would sometimes find a way to kill time, especially if I were working on a boring project.

5   Do you think today's generation kills more time in a day than previous generations did? Explain.

We sure have a lot more ways to kill time. Think about it. We have portable games, music, the Internet—and that's just on the go. There are so many ways to waste time. In the old days, people simply could not afford to space out[13]. They would starve if they didn't work hard. Think about the farmers. They had to work from dawn to dusk[14]. But we have so much time because our lives are so convenient.

6   Have you ever been in an authority position where you were trying to stop other people from killing time? Explain how effective you were.

Well, I was the group leader of a project back in school once. When some of the members started to goof off and to waste time, I told them that they needed to focus more on the project or else we were all going to get failing grades.

7   Do you think it is okay to kill time at work when you do not have any actual work to do?

I guess it would be okay. But I think that someone with nothing to do should ask his or her boss for some work. Otherwise, the person's boss might wind up firing him or her for doing no work.

8   What do you think the most effective way to avoid wasting time is?

I like to make lists of the things that I have to do. I can add or delete items from the list at any time. That way, whenever I look at my list, I will see all of the things to do, and I won't waste any time.

---

8 **gossip** to chat; to talk about nothing in particular   9 **wile away** to spend time doing nothing special   10 **hog** to use too much of; to hoard   11 **multitask** to do two or more things at the same time   12 **give away** to donate; to give something to another person   13 **space out** to think about nothing   14 **dusk** the time when the sun goes down

Sadly, for so much of our days, we are killing time.

Libraries

When people ask me who I think the greatest American from the past or present is, I always reply that Benjamin Franklin was one of the greatest Americans. Of all the things he did, creating a public library system was one of his greatest achievements.

I have always loved libraries. I grew up in a very hot climate, and the library was one of the only places that was air conditioned. If I close my eyes, I can still feel the cool air of the library washing over me. The bookmobile[1] used to visit our school once a week. It was a big event when it arrived. It had such a unique-sounding horn. When we heard that horn and knew that the mobile library had arrived, we jumped up out of our desks and asked the teacher to let us out of class.

Libraries have so many services. And they are all free. If you need a job, you can visit the library to look at the community bulletin board. If you need job training, you can take out instructional DVDs or books. There are volunteers at the library who tutor both school children and adults. There are lawyers there that offer free legal advice. I believe that libraries represent the very best of our society: They encourage people to help others, and they provide places where people in need can get help.

But the really sad thing is that fewer than 5% of Americans have a library card. Fewer than 5%! Can you believe that? All the knowledge in the world is free at the library, yet many people simply don't seek it out.

TALK ABOUT IT

1. How often do you visit the library?
2. Do you think the Internet has made libraries obsolete²?
3. Describe a time when a visit to the library substantially³ benefitted you.
4. How do you feel about librarians?
5. What sort of book collection do you keep at home?
6. What sort of services do you wish libraries had more of?
7. What would you like to see at your local library?

1 **bookmobile** a traveling library, often in the form of a bus or van 2 **obsolete** outdated; no longer useful 3 **substantially** considerably; significantly

1   How often do you visit the library?

I go there after school most days. My parents don't mind if I hang out with[4] my friends at the library. They think we study there. Well, I get my homework done there—most of it at least.

2   Do you think the Internet has made libraries obsolete?

No, the library is one of the best places to use the Internet. They only let us use it for an hour unless there is no one else waiting.

3   Describe a time when a visit to the library substantially benefitted you.

Once, when I had to write a report, I went to the library to do some research. The librarian was very helpful and found several books on the topic that I was writing about. I wound up getting an A[+] on the project thanks to the research I did at the library.

4   How do you feel about librarians?

They used to frighten[5] me when I was small. They'd walk around with that serious look and make you stop talking. They would sometimes come over and tell us to quiet down.

5   What sort of book collection do you keep at home?

I have a lot of science fiction books that I collect at home. But, other than that, I basically borrow most of the books I read from the library.

6   What sort of services do you wish libraries had more of?

The library offers an art class once a week. I really enjoy that class. It's not graded or anything, so I can just be myself[6]. I wish the library offered that class and others like it more often.

7   What would you like to see at your local library?

I'd like to see more reference books at the library. I know they are expensive, but some of them can be really useful.

4 **hang out with** to be with another person or people 5 **frighten** to scare 6 **be oneself** to act the way that comes naturally to a person

All the knowledge in the world is free at the library.

| 41 Mentoring

There are many types of mentoring[1]. There is mentoring on the job where someone in a position of authority or power gives training, advice, and wisdom to a younger employee. Mentoring can certainly take place in the family. A father, mother, or more experienced sibling[2] can teach someone younger. Fundamentally, teaching is a form of mentoring: A teacher tries to give a student advice, information, and skills that will allow that student to succeed in life.

When I think back on my life, I can think of many people who have mentored me. Many people helped me along in my professional life, and many others gave me sound advice about how to thrive[3] in Korea. Many people have taken me under their wing[4] and cared for me as if I were their own son or younger brother. That really is the ideal of a mentor: someone who cares for you and guides you as if you were his own child.

Every day, I look for opportunities to help others

make constructive choices. Rather than being too direct, I offer advice in the form of questions like, "How do you think we could have done things differently?" or, "If you were in charge, how would you run things?" These questions allow me to discuss my experiences with others without making them feel that I am critiquing[5] them. The art of mentoring well takes quite an effort to learn.

A mentor may try to impose[6] his way of thinking on his protégée[7], the individual he is trying to help, without allowing the protégée to make choices for himself. That is not ideal. As a mentor, you want to give advice but not push your way of thinking onto someone who is younger.

TALK ABOUT IT

1. Who has mentored you in your life? How did that person mentor you?
2. When have you acted as a mentor toward others?
3. Do you have any regrets that you did not try to mentor someone in the past?
4. Has your attempt to mentor someone ever backfired[8]?
5. What teacher had the biggest impact on you?
6. In what way would your life be different if you had not been mentored?
7. Was there anyone you would have liked to be mentored by?

1 **mentoring** the act of guiding, counseling, or advising   2 **sibling** a brother or sister   3 **thrive** to do very well   4 **take someone under one's wing** to take care of another person; to advise another person   5 **critique** to criticize   6 **impose** to force one's will on another   7 **protégée** a student; a pupil   8 **backfire** to go wrong; not to go as one had planned

1 Who has mentored you in your life? How did that person mentor you?

My counselor in high school had a huge impact on my life. I would often go into her office when I felt alone or confused. She helped me sort out my emotional and personal issues.

2 When have you acted as a mentor toward others?

I try to mentor new employees at my company. I take them around and show them the ropes[9]. I make sure they feel my support.

3 Do you have any regrets that you did not try to mentor someone in the past?

I try not to dwell[10] too much on regrets. I could spend all day doing that. But, sure, there are plenty of people I didn't reach out to. A young man in our apartment building ran away from home recently. I often saw him sitting alone, but I was too busy or tired to stop to talk to him.

4 Has your attempt to mentor someone ever backfired?

Sure, sometimes people think you are being too pushy[11]. I made a suggestion to a girl at the office the other day about a report she wrote, and she told me to mind my own business[12].

5 What teacher had the biggest impact on you?

I have had some great teachers and also some lousy[13] ones. I had a biology professor who was so enthusiastic. She always smiled when she talked. I could tell she really loved what she did. She inspired me to find a job I loved.

6 In what way would your life be different if you had not been mentored?

It would have been harder for sure. I would have struggled much more without the guidance and support I've received.

7 Was there anyone you would have liked to be mentored by?

The first person that comes to mind is my grandma. She was such a great person, but she passed away when I was young.

9 **show someone the ropes** to teach someone how to do something   10 **dwell** to focus on; to think about   11 **pushy** forceful   12 **mind one's own business** to ignore someone else; not to notice what another person is doing   13 **lousy** terrible; awful; very bad

Many people have taken me under their wing and cared for me.

42

Motivation

I often think about motivation. Mostly, I try to motivate myself. You see, I have the freedom to set my own schedule. That means I can schedule work all day or schedule a very light workload for myself. Most days, I keep myself very busy. I am very motivated to work hard. I want to be a good provider for my family.

But that is just one part of my motivation. I'm motivated to bring joy to people each day. I love to make people smile. I love to see their faces light up with laughter. I call that part of my job "psychic[1] income." Making people happy feeds my spirit. It gives me the energy to do what I do each day. For many people, psychic income is much more important than actual income.

Unfortunately, it can sometimes be hard to motivate my kids to learn. I try to convince them that the information they are learning will be useful in the future, but that doesn't always work. Fear is not the best motivator. Threats tend to make children resentful[2]. I know that I'm never happy if I feel threatened.

There is an expression in English that to motivate people you can use "a carrot or a stick." That means that, to get a horse to move, you can either dangle[3] a carrot in front of its face or hit it with a stick. Just like animals, humans are motivated by positive rewards and by avoiding pain. I love to motivate with rewards.

TALK ABOUT IT

1 What motivates you?
2 How do you motivate others?
3 Do you believe threats are effective motivators?
4 Describe a time when you could not motivate yourself.
5 Describe a time when you reacted negatively to a threat.
6 Who is the most effective leader you know?
7 Have you ever gone to a motivational speech?
8 Have you ever woken up feeling really unmotivated? If so, what did you do to get yourself up and running for the day?
9 Do you believe you would make a good leader? Why?

1 **psychic** spiritual; supernatural   2 **resentful** upset; angry; bitter   3 **dangle** to hold something in front of another; to hang

1   What motivates you?

I teach math at a middle school, so I am motivated to help students learn the skills they need in life.

2   How do you motivate others?

I praise good work. I post excellent tests on my classroom wall. I call it the "Wall of Honor."

3   Do you believe threats are effective motivators?

No, I really don't. In all my years of teaching, I can't think of a time when threats worked. Students just get resentful if I threaten them.

4   Describe a time when you could not motivate yourself.

When I have a class that doesn't seem like it cares. That happens every now and then. I get pretty depressed and find it very hard to motivate myself.

5   Describe a time when you reacted negatively to a threat.

The director of the Math Department said that if I didn't raise the class average, my job would be in jeopardy[4]. Ever since then, we have had a poor relationship.

6   Who is the most effective leader you know?

Personally? I don't know any "leaders." I'd say the leader I admire most in history is Winston Churchill. He was able to get people to make incredible sacrifices by inspiring them.

7   Have you ever gone to a motivational speech?

Once a year, we have to attend a district-wide[5] teacher's meeting. They have several speakers there. They usually turn me off[6] because they seem so insincere[7].

8   Have you ever woken up feeling really unmotivated? If so, what did you do to get yourself up and running for the day?

Once in a while I just don't feel very energetic in the mornings. Maybe sometimes it has to do with the weather that day, I'm not sure. I guess the best way to get myself going on days like that is to think of something positive that is coming up soon. Maybe if I have plans with friends that evening, or a special thing to do, it helps me get more motivated to start the day.

9 Do you believe you would make a good leader? Why?

I'm not sure. I'd like to think so. I listen to others, but I don't have the charisma or confidence that leaders usually have.

---

4 **jeopardy** danger   5 **district-wide** across an entire area   6 **turn someone off** to make someone lose interest or become bored   7 **insincere** fake

Just like animals, humans are motivated by positive rewards and by avoiding pain.

43

Movies

My brother likes independent art house movies¹. Often, when I call him, he tells me about some surrealistic Japanese or German film he just saw. "The stranger the better" is his motto when it comes to films. He won't watch a film that was made in Hollywood or that has famous actors in it. "Those types of films are so artificial and stale²," he says.

I have the opposite taste in films. I like movies that make sense. I like movies that have happy endings. I like movies that make me feel hopeful. There is enough about the real world that is strange. When I watch a movie, I want to escape from reality, not face an alternate reality that is even more bizarre³. I like movies that star famous actors because those types of films make me feel comfortable. I feel like I am spending time with someone I know well. And it is easier to root for⁴ someone I know and like.

I normally do not read movie reviews. I like to be surprised. I actually try to lower my expectations in advance. After watching a movie, I like to talk to my friends about it.

TALK ABOUT IT

1 Do you like strange art house movies? Why or why not?

2 If you were given a budget to make a film, what sort of film would you make?

3 What is the most interesting documentary you have seen?

4 Do you like movies that star unknown actors or well-established stars? Why?

5 Do you watch many foreign movies? How would you compare them to domestic films?

6 What is your favorite movie genre? What attracts you to it?

7 Do you always hope for happy endings in movies? Or do you prefer shocking or surprising endings?

8 If someone was going to make your life story, who would you want to star as you?

9 What kinds of movies really irritate you? Why?

1 **art house movie** an art movie that is often shown in smaller theaters   2 **stale** boring; lifeless   3 **bizarre** strange; odd   4 **root for** to cheer for; to support

1   Do you like strange art house movies? Why or why not?

I guess I like a little of both. It really depends on the mood I am in. I like experiencing new things—just not all the time.

2   If you were given a budget to make a film, what sort of film would you make?

I'd make a comedy. There are so many little things I see each day that make me laugh. The way people misunderstand one another can be hilarious[5].

3   What is the most interesting documentary you have seen?

I saw one about truckers the other day. I learned that driving a truck for a living is one tough job. I have no idea how they can drive back and forth across the country like that. The film did a great job describing their struggles.

4   Do you like movies that star unknown actors or well-established stars? Why?

Generally, I go for films with unknown actors in them. It is easier to root for them and to empathize with them. Of course, I have certain favorite actors like Harrison Ford, whose films I never miss.

5   Do you watch many foreign movies? How would you compare them to domestic films?

Every now and then, I catch a foreign film. But I don't do that very often. I get distracted[6] reading the subtitles. They seem moodier[7] than Hollywood films. They seem more complex as well.

6   What is your favorite movie genre? What attracts you to it?

I really love comedies. I like to see people make fun of themselves. Too many people take life too seriously.

7   Do you always hope for happy endings in movies? Or do you prefer shocking or surprising endings?

I guess I generally prefer the typical Hollywood ending to a movie, but I have seen a few that weren't like that, and I really enjoyed them a lot.

8 If someone was going to make your life story, who would you want to star as you?

I would have to say Jack Black. We look and act a bit similar. I think he'd do a good job of portraying me on the screen.

9 What kinds of movies really irritate you? Why?

I really hate slasher movies[8]. The plots are always silly, and the movies have small budgets, so they aren't usually produced very well.

---

5 **hilarious** extremely funny   6 **get distracted** to be bothered; to be annoyed   7 **moody** temperamental; often sad   8 **slasher movie** a film in which victims are slashed with knives, razors, etc.

When I watch a movie, I want to escape from reality.

Nervousness

Well, as I write this book, I have to say that I'm a little bit nervous. I hope people like it! It may not seem like it, but every time I jump on stage to perform, I get nervous, too. I hide it by my jokes and by my other physical humor, facial expressions, and things like that. In my first conversation book, I mentioned that one habit I wanted to get rid of was cracking my knuckles. That's one way I express my nervousness. Some people lick their lips, some people bite their fingernails, and some people move one of their legs when they are sitting.

When I was in the eighth grade, I knew this one guy who would get so nervous before he took a test that he would start to shake violently. We would try to tell him it was just a test, but it was as if his brain simply shut down[1].

Needles have always made me nervous. I don't know any kid that likes to get shots at the hospital. There was a time—believe it or not—that I used to get very nervous meeting strangers.

I have found that there are certain things that I can do to lessen my worries. I try to focus on the here and now. If I do that, I don't worry about some things that might happen in the future. Also, by repeating a certain activity, I get less nervous about doing it when it comes time to do it again later. Practice is a good thing.

Needles still make me nervous
no matter how many times
I get a shot.

I try to focus on the here and now

TALK ABOUT IT

1   What situations or what environments make you the most nervous?
2   Are you more nervous now than when you were younger?
3   When you are nervous, how do you express it?
4   How do other people act when they are nervous?
5   How do you calm yourself down once you are nervous?
6   Give an example of something that no longer makes you nervous.
7   Does getting a shot at a hospital make you nervous?
8   What was the most nerve-wracking time of your life?

1 **shut down** to stop working; to close

1   What situations or what environments make you the most nervous?

Giving presentations really makes me nervous. I hate standing up in front of people and explaining something at work. Days before I have to give a presentation, I often get physically sick because I am so nervous.

2   Are you more nervous now than when you were younger?

I think I'm just nervous about different things. That's all. Back then, I didn't have to think about work. But I was still nervous going to school.

3   When you are nervous, how do you express it?

It sort of feels like I'm seasick². I get dizzy. My stomach gets very tight. I don't breathe deeply at all. My head aches.

4   How do other people act when they are nervous?

I know people who laugh a lot when they are nervous. Some people crack³ their necks. One guy in the office paces⁴ back and forth a lot. If he does that too much, I start to get nervous.

5   How do you calm yourself down once you are nervous?

I really can't. I try of course. I try breathing deeply or thinking about something else. But that doesn't work. I just have to wait till it passes like a storm.

6   Give an example of something that no longer makes you nervous.

I'm no longer nervous about driving. When I started driving, I held on to the wheel so tightly. Now, I can relax.

7   Does getting a shot at a hospital make you nervous?

Not really although I hate getting blood taken from my arm. When I was a kid, I had really bad allergies, so I had to go to the doctor every week for an allergy shot. I guess because of that, needles don't make me feel very nervous anymore.

8 What was the most nerve-wracking time of your life?

I was on an airplane once when one of the engines failed. We had to make an emergency landing at the closest city. It took us an hour to get there, and I was really nervous until we finally made it down on the ground safely.

2 **seasick** having motion sickness from being on the water   3 **crack** to make a cracking sound with a part of one's body   4 **pace** to walk back and forth

Every time I jump on stage to perform, I get nervous.

45

News

The other day, I opened the door to my home and saw the newspaper lying right in front of it. I paused for a moment and thought about whether I wanted to pick it up and read it, but I decided not to bother. It seems that there is rarely any good news, so what's the point? I don't need to read about or hear about bad news. Who does?

After college, I thought about starting a newspaper and calling it *Good News.* I planned to collect only positive, uplifting[1] stories

from all over the world. It would have articles about people who recover from seemingly deadly diseases. It would have articles about strangers giving help to someone who is brokenhearted or just broken down. I figured if people read news like that, it would inspire them to live better, more giving lives.

The truth is, I have to keep up with the news. I have radio programs where I discuss the news. But I always try to focus on some positive story that will brighten the day of the listeners. If I didn't have these sorts of programs, I would never watch the news on TV. That's for sure.

TALK ABOUT IT

1 Do you read the news each day?
2 What is your primary source of news?
3 Do you trust news reporters? Why or why not?
4 Why do you think news outlets seem to focus on negative news?
5 What is your favorite news story?
6 What part of the news do you find most fascinating? International news? Business? Sports?
7 Do you think the Internet will replace newspapers as the principal source of news?
8 Do you have a favorite newscaster or news show?
9 Would you like to go into journalism?

1 **uplifting** moving; inspiring

1   Do you read the news each day?

I'm in business, so I have to keep up with the markets. So, yes, I read the news every day.

2   What is your primary source of news?

Nowadays, it's the computer. I just don't have enough time to sit down and read the paper.

3   Do you trust news reporters? Why or why not?

No, not really. I know they are selling a product. I know they skew[2] the news whichever way they want.

4   Why do you think news outlets seem to focus on negative news?

Negative news sells. Death sells. Fear sells. Pain sells. If the news focused on happy events, people would turn it off. I don't know why that is, but it seems like human nature.

5   What is your favorite news story?

There was one time I recall reading about a homeless man. When he died, they found several hundred thousand dollars on him. What a great story. It opens up so many questions. Where did he get all that money? Why didn't he spend it?

6   What part of the news do you find most fascinating? International news? Business? Sports?

I have to watch business news, so that is hardly fascinating. I guess international affairs interest me the most. I like to learn how people in other countries live their lives.

7   Do you think the Internet will replace newspapers as the principal source of news?

It seems to be going that way. The Internet is such a faster and purer source of news. Anyone can get instant, unfiltered news through it.

8   Do you have a favorite newscaster or news show?

Not really. My schedule doesn't allow me to watch the news at regular times. But there are some news websites that I enjoy reading every day.

9   Would you like to go into journalism?

Not really. Nowadays, most people don't seem to trust many journalists since they are often biased in their writing. I don't want to go into a profession where people would assume that I am biased.

2 **skew** to slant

I don't need to read about or hear about bad news. Who does?

$|^{46}$ Order

I always put my slacks on before I put on my dress shirt. It would make so much more sense to put them on in the opposite order. That way, I would not have to undo[1] my belt to tuck my shirt in[2]. But I have been putting my clothes on in this order my whole life, and I don't suppose I'll stop any time soon. Hmm, perhaps I just want to get my pants on as quickly as possible in case someone unexpectedly comes into the room.

One of my daughters pours the milk before she adds the cereal. That order makes absolutely no sense to me, but she won't have it any other way. I read a book once about the order we are supposed to eat food in.

According to the book, we should eat fruit before a meal, not as dessert.

One of my kids eats breakfast first and then brushes his teeth in the morning. The rest brush their teeth as soon as they get up. As long as they all brush their teeth before they leave the house, I don't care what order they do things in.

Order helps give structure to our lives. It gives our day a certain familiar rhythm that is comforting.

TALK ABOUT IT

1   What is an example of a set order that you do something in? Why do you do it in that order?

2   Do you do things in an unusual order? Have other people told you that the order you do something is unusual? What was your response?

3   Give an example of a time you were annoyed[3] by the order someone else chose to do something.

4   What is the order that you start things when you get to work or when you begin your productive time at home?

5   Is the order that you do things influenced by others? Who?

6   Is the order that you do certain things influenced by superstitions? Explain.

7   Do you ever break the order you do things in? Why?

8   Is order really important? When and for what reasons?

1 **undo** to loosen; to untie   2 **tuck in** to put the bottom of one's shirt inside one's pants
3 **annoyed** bothered

1   What is an example of a set order that you do something in? Why do you do it in that order?

The first thing I do each day is go out and get the newspaper. I sit on my favorite corner of the couch and read it before the kids get up. I start with the arts section, then read the business section, and finish with the front section. This way, I read the good news before the bad.

2   Do you do things in an unusual order? Have other people told you that the order you do something is unusual? What was your response?

No, I usually keep the order I do things to myself, especially if people might consider it odd. I do things in my own unique way. Sure. I always put mascara on my left eye first, for example. I don't know why or when I started doing so.

3   Give an example of a time you were annoyed by the order someone else chose to do something.

When I eat out, I like to have my coffee with my meal. I don't like to have it arrive first and be cold when the food arrives. I tell the waitress to deliver the coffee with the food, but she often forgets. That bothers me.

4   What is the order that you start things when you get to work or when you begin your productive time at home?

I check my email first. I think most people do. Then, I prepare for any morning meetings I have.

5   Is the order that you do things influenced by others? Who?

No, not really.

6   Is the order that you do certain things influenced by superstitions? Explain.

Now that you mention it, I guess it is. My mother always taught me to set the table a certain way. I need to put the fork and spoon together on the right-hand side of the plate and the knife on the left. She said if I didn't set it that way, ghosts would come and sit at the table. I know she said that to scare me, but I still set the table that way today.

7 Do you ever break the order you do things in? Why?

I usually try to mix up my routine. I'm uncomfortable being stuck in a routine, so I make sure that I do things differently all the time.

8 Is order really important? When and for what reasons?

It is important in occupations such as the military, medicine, and law enforcement.

Order helps give structure to our lives.

Patriotism

It is very common to see "God Bless America" bumper stickers on cars in America. Whenever I see one, I mutter¹ to myself "God Bless Everyone." In other words, I don't believe God loves one country more than another. Does that make me unpatriotic²? I don't think so. I love the U.S., but I also love Korea. My wife is Korean. My kids are half-Korean. My mother-in-law lives with us, and I feel that half of my family is Korean.

Sure, I'm proud of certain aspects of America, like our Constitution. But there are plenty of things to be ashamed of as well; for example, our treatment of slaves and our treatment of Native Americans. If I were overly patriotic, perhaps I would be blind to the flaws³ of America. I know the U.S., and that's why I love it. It is my first home. Korea is my second home and I love it, too.

I'm envious⁴ of people who have dual citizenship. I wish I could simply be a citizen of the world. That way, I could come and go as I pleased anywhere I wanted. I think I would feel a closer connection to the people of every nation.

When I watch the Olympics, I usually root for[5] athletes of countries that haven't won many medals. I like to root for the underdog and am always excited to see excellence. Which country an athlete represents is not the most important thing to me.

TALK ABOUT IT

1 Do you consider yourself a patriotic person? Why or why not?
2 How do you believe a patriotic person must act?
3 Is a country strengthened or weakened if its citizens are unpatriotic? Explain.
4 What is the best quality of your nation?
5 What is the worst quality of your country?
6 Which other nation would you like to be a citizen of? What about that country do you find attractive?
7 Is today's generation more or less patriotic than past generations?
8 When can patriotism go too far?

1 **mutter** to mumble   2 **unpatriotic** not having a love for one's country   3 **flaw** a mistake; a problem   4 **envious** jealous   5 **root for** to cheer for; to support

1   Do you consider yourself a patriotic person? Why or why not?

Yeah, I'd say so. I get emotional when I hear the national anthem at ballgames. I don't go around wearing an American flag pin[6], but I think I'm pretty patriotic.

2   How do you believe a patriotic person must act?

We have to defend our country. Besides that, I don't really know.

3   Is a country strengthened or weakened if its citizens are unpatriotic? Explain.

Unless they act as spies, I don't think it really matters what people believe. Every now and then on the news, I see people burning the American flag. It makes me upset, but I don't think it weakens the country any. I think it's great that we have the freedom to express our beliefs any way we want.

4   What is the best quality of your nation?

The freedom we have. The rights the constitution gives us. Those things make me proud.

5   What is the worst quality of your country?

We get involved in too many wars. Our military budget is so huge that we don't have a lot of money for education. How can our nation be strong if we don't educate our children properly?

6   Which other nation would you like to be a citizen of? What about that country do you find attractive?

I'm happy to be American. I like to travel and all, but I always like coming home.

7   Is today's generation more or less patriotic than past generations?

I guess we are less patriotic. After 9/11, people got really patriotic, and you could see flags everywhere, but that sort of died off[7].

8   When can patriotism go too far?

It starts to go bad when you blind yourself to the truths around you and disdain anything not of your ethnic origin. No race or culture is perfect. It helps to remember that.

6 **flag pin** a pin of a flag that can be worn on one's lapel   7 **die off** to stop happening or occurring

I wish I could simply be a citizen of the world.

Personal Hygiene

As a public person, I meet many people each day. Many of them want to shake my hand. Out of habit, I often look at people's hands when I shake them. Of course I always shake someone's hand if they extend it to me. I just hope it is clean.

I can tell a lot about a person by looking at his hands. If the person has clean, well-kept fingernails, I tend to form a good impression of the person. If the person has torn, chewed-up fingernails and cuticles¹, I tend to be a bit wary² about the person.

Our personal hygiene sends many signals to others. If we look clean and smell good, it can make such a difference throughout the day. I keep a toiletry kit³ with me at all times because I want to maintain the highest standards of personal hygiene. I brush my teeth after every meal, especially after I've eaten kimchi. It shows respect for other people if you take good care of your hygiene. It's also an important health issue. Washing your hands often could help you avoid catching certain viruses.

I used to have a coworker who had terrible body odor.

Sometimes, he smelled just fine, but, other times, it smelled like he had just crawled out of a compost heap[4]. It really didn't seem like he cared how he smelled. Actually, I think he got pleasure making other people uncomfortable. I saw him smile on several occasions when people covered their noses or stepped back to avoid his smell.

My brother is obsessive[5] about his personal hygiene. He showers three or four times a day during the summer, and he washes his hands and face every few hours. He says that a shower is better than a nap to refresh his mind and body. Perhaps he is right. He always looks fresh and well rested whenever I see him.

TALK ABOUT IT

1 Do you consider yourself to have good personal hygiene?
2 What steps do you take to maintain your personal hygiene throughout the day?
3 Do you work with anyone who has bad personal hygiene?
4 Tell an embarrassing or funny personal hygiene story.
5 How do you evaluate other people's personal hygiene?
6 Of all the people you know, who has the best hygiene?
7 Do you carry any sort of hygienic items with you during the day?
8 Do you ever shower more than once a day?
9 Do you judge others on their personal hygiene?

1 **cuticle** dead skin at the base of a fingernail or toenail 2 **wary** cautious; suspicious 3 **toiletry kit** a small bag that contains everything one needs for the bathroom 4 **compost heap** a pile of decaying matter that will eventually be used for fertilizer or mulch 5 **obsessive** fanatical

1 Do you consider yourself to have good personal hygiene?

Yes, I'd say I'm on the hygienic side. I'm not obsessive like some people I know. I take care of the basics.

2 What steps do you take to maintain your personal hygiene throughout the day?

I brush my teeth twice a day. I shower once a day. If I can't shower, then I at least wash my hair in the morning. I do the laundry twice a week.

3 Do you work with anyone who has bad personal hygiene?

I work with plenty of people who have bad personal hygiene. It's not even funny. Some guys have terrible breath. It doesn't seem like they ever brush their teeth. Other guys have smelly shirts. They don't seem to care if they wear dirty, smelly clothes to work.

4 Tell an embarrassing or funny personal hygiene story.

I had to give a presentation once at a client's office. I didn't notice, but the whole time, I had some dandruff on the shoulders of my suit. When I was done with the presentation and went to use the bathroom, I saw it. I was so embarrassed.

5 How do you evaluate other people's personal hygiene?

Well, I start with smell. If they pass the smell test, I look at how clean their clothes are. It's pretty simple.

6 Of all the people you know, who has the best hygiene?

Probably my sister. She is so meticulous[6] about her body. Even when we were younger, she used to hog[7] the bathroom. She would set her alarm early and spend hours in there grooming[8] herself each morning.

7 Do you carry any sort of hygienic items with you during the day?

I usually carry a toothbrush with me during the day.

8 Do you ever shower more than once a day?

Yes, whenever I exercise at the gym, I take a shower afterwards. I take a shower every morning and also often take one in the evening if I am going out with my friends.

9 Do you judge others on their personal hygiene?

Sure I do. If a person cannot bother to take care of his or her own body, then it is hard for me to respect that person.

6 **meticulous** thorough; careful   7 **hog** to use something exclusively   8 **groom** to care for the appearance of; to make neat and trim

Our personal hygiene sends
many signals to others.

49

Personality Tests

Late last night, I downloaded a free personality test. Hey, I was bored and couldn't sleep. It asked me seemingly[1] random questions about choices that I would make in various circumstances. Once I had completed the questions, it assessed[2] my personality. I expected to disagree with what it said. After all, how could a simple test really determine much about such a complex thing as personality?

If it had said I should be a shoe salesman, it would have confirmed my doubts. But I ended up agreeing with pretty much everything it said about me. It said I should be a teacher. It also said I should be in entertainment. Well, that's what industry I am in: edutainment.

Granted, these types of tests give very generalized statements about the test taker's personality. Some statements are so broad they could apply to almost anyone. I became a bit curious after taking the test, so I looked up a longer version online. Wow! One test I found had almost 800 questions. I was too tired to answer them all, but I bookmarked[3] the site so that I could return there and have a go at it at a later date. I am always interested in learning more about myself. And it's free.

TALK ABOUT IT

1 Do you believe personality tests can reveal much about your personality? Why or why not?

2 Do you believe you have changed your personality much over the last ten years? If so, what has helped change you the most?

3 Do you feel comfortable discussing yourself with psychological professionals?

4 What have you learned about yourself by taking a psychological test?

5 Do you feel it is appropriate for companies to have prospective employees take personality tests before they start working at that company? Why or why not?

6 If you designed a personality test, what are some questions you would like to ask of a new friend to get to know him or her better?

7 Do you know anyone that chose his or her career based on the results of a personality test?

8 Do you like your personality? Is there anything about it you would like to change?

1 **seemingly** apparently 2 **assess** to determine; to rate 3 **bookmark** to save the address of a website onto one's computer

1   Do you believe personality tests can reveal much about your personality? Why or why not?

I think it depends upon how many questions the test asks. A personality test that asks five or ten questions cannot really provide that much information. However, one that asks hundreds of questions about a variety of topics can probably reveal a lot about someone's personality.

2   Do you believe you have changed your personality much over the last ten years? If so, what has helped change you the most?

The core of who I am hasn't changed much since I was young. Perhaps I'm just stubborn. I think I'm consistent.

3   Do you feel comfortable discussing yourself with psychological professionals?

No, not really. They think they know me better than I know myself. And they ask all these questions without giving any answers. They just keep asking more questions.

4   What have you learned about yourself by taking a psychological test?

I learned that tests can misread me. That's all. I've never liked tests.

5   Do you feel it is appropriate for companies to have prospective employees take personality tests before they start working at that company? Why or why not?

Hey, it's up to the company to screen people however it wants. But I would never do that. I would ask people to describe themselves. I would ask people to write down their goals. I would ask people to write down the type of work that makes them the happiest. Then, I would try to find work that matches their skills and goals.

6   If you designed a personality test, what are some questions you would like to ask of a new friend to get to know him or her better?

Like I said, I would let people answer open-ended questions[4]. I don't like multiple choice tests[5].

7 Do you know anyone that chose his or her career based on the results of a personality test?

Not really, but I do remember taking a test like that in high school. In fact, we all had to take it; I think it was the Myers-Briggs Type Indicator. That is a very famous personality test. Perhaps some of my classmates used their results when they chose their majors at college, but I can't say for sure.

8 Do you like your personality? Is there anything about it you would like to change?

I'm pretty happy with my personality. I like the person I am. However, I can sometimes be impatient, so I would love to learn how to be a more patient person.

4 **open-ended question** a question that has no right or wrong answer but may be answered in any way   5 **multiple choice test** a test in which the questions are all multiple choice

How could a simple test really determine much about such a complex thing as personality?

50

Police

When I was young, I thought the police were there only to protect me and guide me if I got lost. My parents always told me, "If you need help, go to the police." On television and in movies, you often hear the words "serve" and "protect" connected with the police. As I grew up, I watched police shows where the police always got the bad guys without getting hurt. When I grew old enough to really understand the news, I realized that it is a very difficult and dangerous job.

In Korea, police cars usually have their lights flashing all the time. I guess they are letting people know that they are around in case there is a problem. In the U.S., when the lights are flashing, that means that there is a problem. When that happens, it's best to get out of the way or pull over.

I've met very kind and helpful police officers. I've also encountered police officers that have a much tougher image and seem unkind. I know it is a very difficult and stressful profession. Many face danger, abuse[1], and risks every day. I get very emotional when I read about someone in law enforcement dying in the line of duty[2]. I feel the same way when a firefighter or a soldier dies to protect me and my freedom. Police officers have such dangerous jobs, yet many people don't appreciate them. Maybe that's why they don't smile very much.

1   What was your best experience with the police?
2   What was your worst?
3   What is your image of the police?
4   Would you consider working as a police officer?
5   Do you think the police have too much or not enough power? Why?
6   What do you think the best part of a police officer's job is?
7   What do you think the worst parts of the job are?

1 **abuse** angry offensive comment   2 **in the line of duty** doing one's job

1   What was your best experience with the police?

I had to call 911 once because my uncle was having a heart attack. The first person to arrive was a police officer. I'll never forget that. He was totally in control yet very kind.

2   What was your worst?

I was driving home late from work one night, and I must have dozed off for a second. A cop pulled me over and thought I had been drinking. He made me take a sobriety test[3] on the side of the road. It was so cold that night. I kept telling the officer that I hadn't been drinking, but he made me take the test anyway.

3   What is your image of the police?

I guess I respect them but try to avoid them. They scare me a little bit.

4   Would you consider working as a police officer?

No thanks. Think about what I just said. I want to avoid them. Can you imagine if people want to avoid you? I want everyone to like me.

5   Do you think the police have too much or not enough power? Why?

Maybe too much. I imagine that it would be hard to obey the law if you are the one enforcing it. If a cop breaks the law, who is going to report and stop him or her?

6   What do you think the best part of a police officer's job is?

The best part is being able to help people. Just like the motto "To serve and protect," police can do a lot of good each day. An accountant[4] or a businessman doesn't normally get the opportunity to save[5] lives each day. A cop does.

7   What do you think the worst parts of the job are?

Sometimes police officers have to put themselves into dangerous positions where they might get hurt. Some even get shot and killed in the line of duty. Additionally, the job can be pretty stressful. I know that a lot of police officers get divorced because of their jobs.

3 **sobriety test** a test one must take to determine if one is drunk or sober 4 **accountant** a person who works with numbers 5 **save** to preserve; to rescue from harm or danger

Police officers have such dangerous jobs, yet many people don't appreciate them.

Practical Jokes

I like to joke around with words, but practical jokes are fun, too. I had to be very careful growing up because my brother and I always played practical jokes on one another. When I was asleep, he would sometimes smear[1] shaving cream on my nose. Sometimes, he would put grapes inside my shoes. There are shops that sell items used for practical jokes, such as whoopee cushions[2] and fake insects.
I used to love those kinds of shops.

You have to be careful when you joke around. It is easy to hurt someone's feelings. For practical jokes, there is often a victim. I was a victim of a practical joke when someone put salt in the sugar bowl. My cereal tasted terrible! Nowadays, practical jokes tend to be related to the computer. You can manipulate a digital photo and change the face or the background.

However, it has to be in good taste and just for laughs. Some of the jokes that have been played on me on April Fool's Day have not been funny. As adults, we have to be much more careful about joking around. Not everyone has the same sense of humor that we do. But I think life is more fun if we are willing to joke around a bit. Just be prepared to laugh if the joke's on you.

TALK ABOUT IT

1 Do you like to play practical jokes on people?
2 Did your family members play practical jokes on you while you were growing up? If so, what types?
3 Is your workplace an appropriate environment to play practical jokes?
4 Do you find practical jokes funny?
5 Describe a time you got angry when someone played a joke on you.
6 Describe a time when someone got angry at a joke you played on him or her.
7 Which of your friends do you think has the best sense of humor?
8 How important do you think humor is in a relationship?
9 When do jokes go too far?

1 **smear** to wipe 2 **whoopee cushion** a cushion filled with air that makes a funny sound when one sits on it

1 Do you like to play practical jokes on people?

When I was younger, sure. Now, not so much. Everyone is always so serious. I liked it much more when people were willing to joke around more.

2 Did your family members play practical jokes on you while you were growing up? If so, what types?

Yeah, for sure. My brothers were always messing with me— sometimes in a mean way but sometimes in a fun way. They often tried to scare me. They would hide in my closet and under my bed and then jump out.

3 Is your workplace an appropriate environment to play practical jokes?

Not at all. Everyone is so uptight[3] there.

4 Do you find practical jokes funny?

Sure, I think I have a good sense of humor.

5 Describe a time you got angry when someone played a joke on you.

My brother cut my hair once when I was sleeping. I got so upset at him I started throwing things. He thought it was a simple joke, but it changed the way I looked.

6 Describe a time when someone got angry at a joke you played on him or her.

The few times I tried to play a joke on my mom, she got upset. She never laughed as much as my dad did. I glued some feathers to the bottom of her shoe once and laughed so hard when she couldn't get them off. She didn't find that funny at all. In fact, she grounded[4] me.

7 Which of your friends do you think has the best sense of humor?

My husband does. He is always playing pranks[5] on the kids. I love it. It keeps the atmosphere fun at home.

8 How important do you think humor is in a relationship?

Very. Without it, things will fall apart. There is so much stress in any relationship. Humor is the best way to relieve stress.

9 When do jokes go too far?

If someone feels humiliated rather than just laughing with you, then you've gone too far. Common sense applies to all jokes. Also, anything that could be potentially dangerous should be reconsidered as well.

---

3 **uptight** edgy; anxious   4 **ground** to ban a child from going out as punishment for his or her misbehavior   5 **play a prank** to play a joke on another person

Life is more fun if we are willing to joke around a bit.

Privacy

Even though I am a public person, I guard my privacy religiously[1]. I don't give out my phone number or my personal email address very often. I try to avoid revealing specifics[2] about my family.

These days, people post all sorts of private information on the Internet. It is hard enough to guard your privacy. Why give people the ability to easily invade it?

Advertisers are especially aggressive[3] about collecting people's private information. The more detailed the information that they have about you, the more valuable[4] it is. Many companies sell your information to others as well. For that reason, I never fill out surveys[5]. You just never know where your information will end up[6].

In Korea, advertisers are allowed to send messages to private cell phones. There are many more restrictions in America to protect people's privacy. People can register their numbers on a "Do Not Call" list. Companies cannot call your number if you have it on that list. In America, people can not record your image without informing you first. So, if stores have video surveillance[7] in place, they must clearly post notices.

Nevertheless, even with all the steps I take to protect my privacy, I still get calls from advertisers or from other unwanted companies.

I want my privacy back!

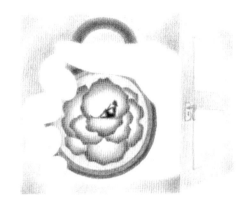

1　What steps do you take to safeguard your privacy?

2　Give an example of a time when you felt your privacy had been invaded.

3　What are some activities you engage in[8] that expose private information to others?

4　Have you ever warned someone else to take better steps to guard his or her privacy? If so, how did that person respond?

5　Do you put safeguards in place to protect your children's privacy?

6　What laws would you like to see passed to better protect your privacy?

7　Have you ever gotten angry with a telemarketer for calling you on your personal phone?

8　How do you feel when teachers ask young students for information about their parents?

1 **religiously** zealously　2 **specifics** details　3 **aggressive** very forceful; insistent
4 **valuable** precious; worth a lot　5 **survey** a questionnaire　6 **end up** to finish
7 **surveillance** observation; a watch over something　8 **engage in** to do; to take part in

1 What steps do you take to safeguard your privacy?

It's almost impossible to do that nowadays, but I still try. I have two email accounts. I use one for spam. It has totally fake [9] personal information. I give that address out when I register on e-commerce [10] sites that I know will send me spam. The other email address is one that I only give out to my personal friends.

2 Give an example of a time when you felt your privacy had been invaded.

I gave my phone number to my hairstylist so that she could call me if she needed to cancel my appointment. She gave my number to her brother. This stranger called me up and asked me out on a date. That was totally inconsiderate of her.

3 What are some activities you engage in that expose private information to others?

Almost everything! Every time I use my credit card. Every time I make a cell phone call. Every time I subscribe to a magazine or buy an item online.

4 Have you ever warned someone else to take better steps to guard his or her privacy? If so, how did that person respond?

A friend at work was posting some personal pictures on Facebook. I warned her that it wasn't a good idea. She pretty much ignored me.

5 Do you put safeguards in place to protect your children's privacy?

Most of my friends who have kids do. They limit the kinds of sites that their children can visit.

6 What laws would you like to see passed to better protect your privacy?

I don't think companies should be able to collect and keep private information. I certainly don't think they should be allowed to resell any information that they have collected.

7 Have you ever gotten angry with a telemarketer for calling you on your personal phone?

Yes, in fact I usually tell them not to bother me again and hang up the phone. I think it is totally inappropriate and an invasion of my privacy when they call me.

8 How do you feel when teachers ask young students for information about their parents?

I don't think it's appropriate for teachers to be doing that at all.

9 **fake** not real; false   10 **e-commerce** buying and selling activities that take place over the Internet

It is hard enough to guard your privacy.

Procrastination

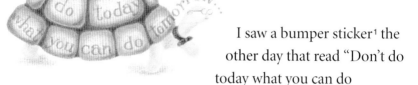

I saw a bumper sticker[1] the other day that read "Don't do today what you can do tomorrow." I had to laugh when I read that. It was encouraging people to procrastinate[2]. Procrastination is normally considered a bad habit. I certainly think of it as a bad habit. I have tried to fix my tendency[3] to procrastinate most of my life.

When I was in school, I would sometimes wait until the night before the due date[4] to start work on an essay. I would have to stay up all night to get it done. Few people like to do work. But, the longer we put off doing necessary work, the harder it becomes to actually do it or to do a good job. Plus, while we are not doing the work, we often spend time worrying about it.

Once, I procrastinated so much that I simply couldn't get all the work done that I needed to. I think it was during one summer vacation. I was assigned three books to read and was supposed to write a book report on each one. A week before the end of vacation, I started to panic. I hadn't started ANY of the books yet. And they were long. I didn't sleep much that week. And my book reports were a mess. After that experience, I vowed never to procrastinate on important matters ever again.

It would make much more sense to do the work we have to do right away. Then, we would have peace of mind. And we would have more free time to do the things we enjoy doing. But it's very difficult to force ourselves to do work when we know we can delay[5] doing it.

1 When was a time you procrastinated?
2 What steps do you take to help you overcome procrastination?
3 What types of tasks at work and at home do you put off doing?
4 Who is the worst procrastinator[6] that you know? Tell a story about that person.
5 Describe a time when your procrastination got you into trouble.
6 Can you think of a time when your procrastination helped you?

1 **bumper sticker** a sticker that people often place on the bumpers of their cars
2 **procrastinate** to delay 3 **tendency** a habit; a common activity 4 **due date** the date by which some kind of work or assignment must be completed and turned in 5 **delay** to postpone 6 **procrastinator** a person who frequently delays doing various activities

1   When was a time you procrastinated?

I procrastinate all the time. I wait until the very last moment to leave for work each day. I always do things at the last moment.

2   What steps do you take to help you overcome procrastination?

I don't really try to overcome my procrastination habit. I try to do things beforehand, but it never really works.

3   What types of tasks at work and at home do you put off doing?

Cleaning. I wait until my apartment is a total mess before I clean it up. Sometimes it gets so bad that I can't even see the floor. I also put off shopping. I wait until the refrigerator is bare[7] before I shop.

4   Who is the worst procrastinator that you know? Tell a story about that person.

My roommate in college was the worst. He was a party animal[8]. He slept during the day and went out to have fun every night. Then, right before finals, he would start cramming[9]. Somehow, he managed to graduate with decent[10] grades. I don't know how he did it.

5   Describe a time when your procrastination got you into trouble.

I planned to get a gift for my girlfriend. I was going to grab some flowers before I got to her apartment. But the shop was closed when I got there. She was rather upset when I showed up empty handed.

6   Can you think of a time when your procrastination helped you?

Yes, sure. Things change. I owned this stock once. I wasn't sure what to do with it. I was supposed to call my broker to discuss what to do, but I kept putting it off. Eventually, the stock went up. So by doing nothing, I actually made money.

7 **bare** empty   8 **party animal** a person who likes to party very much   9 **cram** to stay up all night long studying for a test   10 **decent** good or adequate

I have tried to fix my tendency to procrastinate most of my life.

I love puzzles. I don't mean the ones that have hundreds of pieces. I'm talking about word puzzles for the most part. When I have a free moment between jobs, I take out my smartphone and play a quick game of Scrabble against the computer. I have four or five word puzzles that I play. I like anagrams[1] and scrambles[2]. They force me to find words out of seemingly[3] random letters.

Besides word puzzles, I also enjoy doing maze-like puzzles. When I visited England, I went to some castles that had hedge[4] mazes in their gardens. Wow, what an amazing experience. I have to admit that I was a little bit scared trying to find my way through a few of them.

When I was young, I loved riddles[5]. On long trips, my brother and I would take turns telling riddles. The other person could ask the riddle teller only yes and no questions. A good riddle can take a long time to solve. They make time go by quickly. My kids play videogames when we go on long trips. I miss the good old days of trying to solve riddles.

I try to avoid mathematical puzzles. Those scare me. Way back[6], I thought about becoming a lawyer. I picked up a test-prep[7] book for the law school test, and it was filled with mathematical puzzles. I gave up the idea of becoming a lawyer in a hurry.

I think the ability to solve puzzles and riddles is very important. Isn't life just one big puzzle? Certainly, we are faced with puzzles that need solving each day.

TALK ABOUT IT

1   Do you find it enjoyable to solve puzzles? Why or why not?
2   What is your favorite type of puzzle to solve? Why are you attracted to that type?
3   Tell your favorite riddle.
4   Are you good at solving mathematical riddles? Why or why not?
5   What is a real-life puzzle that you were faced with? How did you solve it or try to solve it?
6   Are you good at spatial[8] puzzles like mazes? Why or why not?
7   Do you believe that any problem has a potential solution?

1 **anagram** a word, sentence, or phrase that can be formed by rearranging the letters of another word, sentence, or phrase   2 **scramble** a game in which the letters of a word must be arranged in order to spell the word correctly   3 **seemingly** apparently   4 **hedge** a row of bushes   5 **riddle** a kind of word puzzle   6 **way back** a long time ago   7 **test-prep** preparation for a test one will take in the future   8 **spatial** relating to spaces

1   Do you find it enjoyable to solve puzzles? Why or why not?

Sometimes. I'd say I do a crossword puzzle once a week. And I have a Sudoku application on my iTouch that I play when I'm bored.

2   What is your favorite type of puzzle to solve? Why are you attracted to that type?

I like a game called Kenken. It's similar to Sudoku except that it requires some basic calculating. I'm good at math, so I find this type of puzzle very attractive.

3   Tell your favorite riddle.

I like this one: The person who makes IT sells IT. The person who buys IT doesn't use IT. The person who uses IT doesn't see IT. What is IT? It's a coffin.

4   Are you good at solving mathematical riddles? Why or why not?

Yes, I'm much better at math puzzles than word ones. They are just simpler and cleaner than word puzzles.

5   What is a real-life puzzle that you were faced with? How did you solve it or try to solve it?

I face puzzles all the time. How am I going to make it through[9] the month on a limited amount of money? That's a puzzle. What's the meaning of life? That's a puzzle.

6   Are you good at spatial puzzles like mazes? Why or why not?

No. I get lost easily. I can even get lost trying to go through[10] all of the files on my computer. I normally[11] just keep all of my files on my computer's desktop[12] so that I won't forget where I put them.

7   Do you believe that any problem has a potential solution?

Yes, I do. I definitely think that there is at least one solution to every problem. It might not be easy to find, but it exists.

9 **make it through** to pass through; to succeed in dealing with difficult problems   10 **go through** to examine carefully   11 **normally** usually   12 **desktop** the background image of a computer screen on which icons and windows appear

We are faced with puzzles that need solving each day.

55

Reading Fiction

What is the last book you read for pleasure? That is one of the first questions I ask people. Many people simply don't read books for pleasure. There are so many sources of entertainment that people often ignore books. I used to have a goal to read one book for every movie I watched. Just imagine if we actually did that. Sadly, that plan lasted less than a week.

Fortunately, I happen to travel a lot, so I can easily read a book on a flight from Seoul to San Francisco. I like thrillers and suspense novels. During the Cold War, I read a lot of spy novels. But after the Berlin Wall came down, I lost interest in spy stories. I like science fiction. Not the really technical stuff that takes a degree in engineering to fully appreciate. I like novels that ask questions about the future of mankind.

I also like books that are set in exotic[1] locations like the Caribbean. At least while I'm reading them, I feel like I'm on vacation there. I'm really good at getting so absorbed in a story that I feel like I'm actually there. Because I commute² so much in my car, I listen to many audio books. I still consider that reading. Is that cheating³? For my birthday, my father recently got an electronic tablet⁴ that contains hundreds of books. He tried to give it to me, but I kindly refused. When I read a book, I like to hold a real book in my hands and turn real pages. He does, too. That's why he wanted to give it to me!

TALK ABOUT IT

1 What is the last book you read for pleasure? What made you choose that book?

2 What is your favorite book? What makes you like it so much?

3 Have you picked up a book after you watched a movie that was based on that book? Which did you prefer, the movie or the book? Why?

4 Do you prefer fiction or nonfiction books? Explain.

5 If you could be any character in a work of fiction, who would you be? Why?

6 Have you ever thought about writing your own novel? If so, what was the plot?

7 Do you think that printed books will be a thing of the past in the future?

8 What's your favorite genre?

1 **exotic** unusual; mysterious; foreign   2 **commute** to go from home to work and then back home again   3 **cheat** to not play by the rules   4 **tablet** you download books and read them on this device

1   What is the last book you read for pleasure? What made you choose that book?

I read Angels and Demons by Dan Brown. Well, I really liked The Da Vinci Code.

2   What is your favorite book? What makes you like it so much?

My all-time favorite book is A Tale of Two Cities by Charles Dickens. I read it for the first time in seventh grade. It opened my eyes to injustice[5] and tyranny[6] in the world. It is also one of the most beautiful romances I have ever read.

3   Have you picked up a book after you watched a movie that was based on that book? Which did you prefer, the movie or the book? Why?

You know, if I like a book, I don't normally watch the movie based on it. For example, I loved the book The Secret Lives of Bees so much that I didn't want to take a chance that the movie would spoil it for me.

4   Do you prefer fiction or nonfiction books? Explain.

I almost exclusively[7] read fiction. The only area of nonfiction I read is about World War II. I just enjoy fiction works more. When I read a nonfiction book, it feels like I'm back in school.

5   If you could be any character in a work of fiction, who would you be? Why?

I always wanted to be Alice from Alice in Wonderland. When I was a girl, I would look for magical holes in our backyard.

6   Have you ever thought about writing your own novel? If so, what was the plot?

I think everyone does at some point. I would write a collection of children's bedtime stories, sort of like the Grimm's Brothers' Fairy Tales. Over the years, I have told my children many bedtime stories. My kids always begged me to make a book out of these stories.

7   Do you think that printed books will be a thing of the past in the future?

No, I think people will always prefer the feeling of holding a real book in their hands. Even though e-books are becoming more and more popular, there will always be a demand for old-fashioned books.

8 What's your favorite genre?

My favorite genres are fantasy, mystery, and pulp fiction.

5 **injustice** unfairness; wrong   6 **tyranny** oppression   7 **exclusively** only; solely

Many people simply don't read books for pleasure.

Relaxation

Whenever I am stressed out or tense, I like to go into a hot tub, sauna, or steam room—or a combination of all three. Here in Korea, I can relax that way quite easily because public baths are numerous. If I feel tense before going on a show or before I make a public appearance, I go to a public spa to relax. In America, it is much more difficult to locate and get to a spa. Usually, only upscale¹ resorts have spa facilities. Often, health clubs have saunas and steam rooms, but you have to be a member to enter. So in terms of my personal means of relaxation, Korea suits² me better.

Other people relax by listening to music. I have friends who swear by³ classical music or new-age music to relax. One of my friends listens to the sounds of waves washing up against the shore to relax. Some people relax by sunbathing. Every day during their lunch breaks, some people lie in the sun for a few minutes to de-stress⁴. The feeling of the warm sun washing over their skin is exactly what the doctor ordered.

Some people can't relax while they are at home. They need to go away somewhere on vacation to truly relax. My brother loves the Caribbean. He always talks about how the combination of the sun, the warm water, the breeze, and the sound of the sand as it swirls underwater all combine to create a feeling of relaxation.

Unfortunately, I can't take vacations very often. Most people can't. So we need to find ways during our hectic[5] day to relax. I call those my "one-minute-vacations." I take those types of vacations as often as I can during the course of the day. For example, when I drink a cup of coffee in the morning, I close my eyes and take a brief vacation.

TALK ABOUT IT

1 What do you do to help you relax?
2 What do your loved ones do to relax? Do your friends and family members try different strategies to relax?
3 Do you try to be alone or around other people when you relax?
4 Do you interrupt your day with "one-minute-vacations"?
5 Why is heat so effective at helping people relax? Do you find heat relaxing?
6 What kind of music do you find relaxing?
7 Have you tried meditation or yoga to relax? If so, how effective did you find it?
8 What are unhealthy ways to relax?

1 **upscale** wealthy; expensive; exclusive 2 **suit** to fit 3 **swear by** to claim that one thing is better than another 4 **de-stress** to relieve oneself of stress 5 **hectic** very busy; frantic

1   What do you do to help you relax?

I breathe deeply and close my eyes. I stretch my neck. I rotate it in circles.

2   What do your loved ones do to relax? Do your friends and family members try different strategies to relax?

My sister loves yoga. I just don't have the patience to sit still that long. My dad walks a lot. That seems more like exercise than relaxation. If I wanted to exercise, I'd go to the gym for a swim.

3   Do you try to be alone or around other people when you relax?

I need to be alone. There's no way I could relax around other people. I get distracted or self-conscious when people are around.

4   Do you interrupt your day with "one-minute-vacations"?

No, not really. It's not scheduled[6] or formal. When I sense my body getting tight, I just stop what I'm doing and relax. If I'm really stressed out[7] and I'm at work, I go out to my car where I can be alone and listen to some music.

5   Why is heat so effective at helping people relax? Do you find heat relaxing?

I can't say I'm a big fan of heat. I guess it loosens[8] the muscles and all.

6   What kind of music do you find relaxing?

I like trance music—dance music that doesn't have any lyrics[9]. It matches my heartbeat and lets me totally escape the moment.

7   Have you tried meditation or yoga to relax? If so, how effective did you find it?

Once. My sister dragged me to one of her yoga sessions[10]. But I was so bored sitting there that I had to leave early.

8   What are unhealthy ways to relax?

Lots of people use cigarettes and alcohol to deal with stress. Those just lead to bigger problems later.

6 **scheduled** planned according to a timetable   7 **stressed out** very tense and anxious
8 **loosen** to make less tight   9 **lyrics** the words of a song   10 **session** a lesson

*We need to find ways
during our hectic day to relax.*

Science Fiction

When I was eight, my uncle gave me a telescope for my birthday. At night, I would set it up and stare at the moon and the stars for hours. I imagined that people would be living up there in the stars some day.

I started reading science fiction around that time. I have never been all that interested in science. But science fiction made future technology easy to understand. As I read these books, I traveled across the universe. I fought against aliens. I established new cities on Mars.

One reason I like science fiction so much is that it often deals with ideals. Space allows humans to start over[1]. Of course, most science fiction paints a rather bleak[2] picture of our future. I disagree. I want to believe that we can create cities that are clean and safe. I want to believe that we can use technology to strengthen our relationships with one another. I believe the future will look better than the present. I believe that humans will work out our present conflicts. At least, I hope so!

I especially like science fiction movies. Each summer, I look forward to the release of science fiction blockbusters. Many of the most popular video games are also set in the future. Sadly, those are pretty negative too, so I don't play them.

TALK ABOUT IT

1 What do you think the world will look like in several hundred years?
2 How do you think we will travel in the future?
3 Are you optimistic or pessimistic about humanity's future? Why?
4 What is your favorite science fiction movie or book? Why do you like it?
5 Do you think there is intelligent life besides humans in the universe?
6 What futuristic invention do you wish were available now?
7 Do you think machines and computers will threaten humans in the future?
8 Do you ever read old science fiction stories and marvel at what has actually come true?

1 **start over** to begin again 2 **bleak** dreary; miserable

1 What do you think the world will look like in several hundred years?

At the rate we're going[3], I don't think it will look very good. I think we will be forced to live in indoor cities because of global warming.

2 How do you think we will travel in the future?

On Earth, I think we will travel by solar-powered trains. I think individual cars will be outlawed[4]. In space, we will live in space stations. There, we will travel by trains and elevators.

3 Are you optimistic or pessimistic about humanity's future? Why?

Most days, I'm pessimistic[5]. It's hard not to be with all the terrible things we do to one another. But every now and then[6], I have hope.

4 What is your favorite science fiction movie or book? Why do you like it?

I liked the movie Blade Runner. It asks many interesting questions about what it means to be human.

5 Do you think there is intelligent life besides humans in the universe?

Aliens[7]? No, I don't. I'm open to the possibility, but I haven't seen any evidence that they exist.

6 What futuristic invention do you wish were available now?

I wish there were a machine that could make roads super fast. Road construction often blocks traffic and gives me a headache.

7 Do you think machines and computers will threaten humans in the future?

No, I think machines will continue to do what we tell them to. It seems nearly impossible to program independent thinking in computers. I don't think we can program emotions either.

8 Do you ever read old science fiction stories and marvel at what has actually come true?

That is actually quite cool. Science fiction becoming fact is one of my favorite kinds of documentaries to watch on TV channels like the Discovery Channel.

3 **at the rate we're going** at this speed; at this pace   4 **outlawed** made illegal
5 **pessimistic** expecting the worst possible outcome   6 **every now and then** occasionally
7 **alien** a creature from outer space

Most science fiction paints a rather bleak picture of our future. I disagree.

58

Sharing

One of the lessons we are
taught at a very young age is
to share with others. At
home, our parents ask us to
share our toys with our
siblings. At school, our

teachers ask us to share our toys with the other children. You
often hear children complaining to teachers on the playground,
"So-and-so is hogging[1] the ball!" That means that someone is
unwilling to share. You can expect that person to get scolded by
the teacher.

As we get older, we are asked to share our ideas. Teachers call on
us in class to participate in class discussions. In America, class
participation is a significant part of our grades in some classes.
Fortunately for me, I had no trouble at all speaking up in class.
But I had a lot harder time sharing my emotions when I first met
my wife. When people start dating, their significant others[2] often
expect them to share their feelings and to talk a lot. For some

people, doing that can be difficult.

When we enter the workplace, we often share space with many other people. It seems like, during our whole lives, we are supposed to share one thing or another. Thankfully, we are becoming more aware that we share natural resources. We all share the same air and water.

It is not always easy to share. There are some things that we want to keep to ourselves. Sometimes we want to keep our thoughts or our feelings to ourselves. Maybe we are just too tired to share. Maybe we are worried about hurting others. Or perhaps we are just being selfish. Whatever the reason, I think there is a time to share and a time to keep things to ourselves.

TALK ABOUT IT

1 When do you find it hard to share your things with others?

2 Do you find it easy or hard to share your emotions with others? Why?

3 Describe a time you made an important contribution to a conversation by sharing an idea.

4 Do you feel uncomfortable when people share their food with you? Why or why not?

5 What is one item you would never share with someone else? Why not?

6 What is something you would have no trouble sharing with someone else? Why do you find this easy to share?

7 Do you feel obligated to someone if that person shares something with you?

1 **hog** to refuse to share something; to use something exclusively for oneself   2 **significant other** one's spouse or boyfriend or girlfriend

1   When do you find it hard to share your things with others?

A lot depends on my mood. When I'm in a giving mood, I'm happy to share. When I don't feel well, I want to keep my things to myself.

2   Do you find it easy or hard to share your emotions with others? Why?

Again, it really depends. But I generally don't have any problems sharing my emotions with people I trust.

3   Describe a time you made an important contribution to a conversation by sharing an idea.

I'm the oldest of three girls, so I was often the leader when we did things. I got used to[3] making important decisions.

4   Do you feel uncomfortable when people share their food with you? Why or why not?

Not at all. I love going to restaurants with my friends and taking bites of[4] food from their plates. I think that is a great way to sample[5] many different kinds of food.

5   What is one item you would never share with someone else? Why not?

Well, I wouldn't want to share my toothbrush with anyone. That's for sure. And my diary is private as well. I definitely don't want to share that at all.

6   What is something you would have no trouble sharing with someone else? Why do you find this easy to share?

I don't mind sharing outer garments[6] like jackets and hats. They are far less personal than inner garments.

7   Do you feel obligated to someone if that person shares something with you?

I guess so. I resent being forced to give, but I have to share if someone gives something to me first.

3 **get used to** to become accustomed to   4 **take a bite of** to eat a small amount of solid food   5 **sample** to taste   6 **garment** clothing

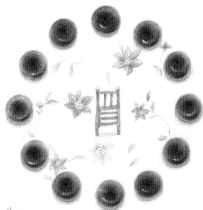

We are supposed to share one thing or another.

Superheroes

When I was young, I really looked up to Batman. He is just a normal guy with a bunch of cool gadgets[1]. He has no superpowers. He can't fly. And he gets hurt just like you and me.

Every Halloween, I would dress up as Batman. My parents wanted to buy a new costume for me each year, but I kept wearing my old one. I got bigger, and it shrank. Pretty soon, it only came down to my knees. But I still loved it.

One thing I like about Batman is that he is an inventor. What a cool job— inventing things to fight crime.

I noticed when I came to Korea for the first time that Korea has many historical heroes but few comic book superheroes. I wonder why America seems to have created so many superheroes. Interestingly, Japan has many monsters that act as superheroes.

Just as there are superheroes, there are many super villains[2]. Many of these villains are just as popular as the superheroes that fight them. Sometimes, it is not clear if a cartoon character is a hero or villain. He has both good and bad character traits.

TALK ABOUT IT

1 Who is your favorite superhero and why?

2 Who is your favorite hero from history and why?

3 Who do you look up to the most in real life?

4 If you could have one superpower, what would it be, and how would you use it?

5 Do you sometimes root for the villains to defeat the superheroes?

6 Do you think it is important for children to have heroes? Why?

7 Do you think today's children are more or less interested in heroes than children were in the past?

8 Why do you think costumes are so important to superheroes?

9 Is it healthy or unhealthy to have superheroes as role models?

1 **gadget** a thing; some kind of small piece of equipment   2 **villain** an evil criminal

1 Who is your favorite superhero and why?

I loved Wonder Woman when I was growing up. She was such a positive role model for young girls.

2 Who is your favorite hero from history and why?

From history? Hmm. I guess Florence Nightingale. She risked her life to save wounded soldiers. She was what we would consider the first modern-day nurse.

3 Who do you look up to the most in real life?

Moms in general. They do so many things to keep their families together. They are the superheroes of the world.

4 If you could have one superpower, what would it be, and how would you use it?

I would have the ability to fly. That is definitely the coolest superpower. I think I'd use that ability to fly anywhere I wanted to. I'd definitely be taking trips all the time.

5 Do you sometimes root for the villains to defeat the superheroes?

No. It upsets me when the evil guys beat the good guys.

6 Do you think it is important for children to have heroes? Why?

Sure, kids need to look up to someone. If we don't have heroes, we don't have hope that things can get better.

7 Do you think today's children are more or less interested in heroes than children were in the past?

I think less. Kids these days have other fantasy characters they know about. Like all those characters from video games. Well, I guess those are heroes to kids. It's hard to say what a superhero is.

8 Why do you think costumes are so important to superheroes?

They need to hide their identities. Otherwise, the evil guys would kill them and their loved ones. And it makes them seem a lot more mysterious, too.

9 Is it healthy or unhealthy to have superheroes as role models?

Not if you are just emulating[3] positive aspects of their personality. Take Superman for instance. I still think he's cool. I admire his physical and mental strength.

3 **emulate** to copy someone's behavior because you admire that person

Just as there are superheroes, there are many super villains.

Uniqueness

Have you ever gone to a party and been asked to demonstrate a unique ability? I'm lucky that I can wiggle[1] my ears. That's what I normally do when asked to do something unique. I can also make some animal sounds. Some people can do one-arm pushups or other interesting physical feats[2].

There are many ways that we express our uniqueness. Each of us has our own unique style. Nowadays, when I walk the streets of Seoul, I see many people with unique styles. Some people have wild hairdos[3]. Others have brightly colored T-shirts. It seems like everyone is trying to stand out[4] while still fitting in. I have a collection of beautiful bowties. I have a different bowtie to match my every mood. You have probably seen me wear them on television or the Internet. My uncle used to collect hats. He had Russian navy hats, U.S. air force hats, and African safari hats. He would wear those hats in public to feel unique.

We each have our own way of doing things. We do things to make ourselves feel unique and special. People have unique tastes in music, film, and art. Some of us even talk in unique manners. My brother has a unique way of eating ice cream cones. He sometimes bites the bottom of the cone and sucks the ice cream out from the bottom. My good friend puts mayonnaise on his French fries. THAT is unique!

TALK ABOUT IT

1 In what ways do you try to be unique?
2 Do you know people who try too hard to be unique?
3 Do you or people you know try hard to fit in instead of trying to stand out?
4 Do you have a unique ability that you sometimes show off[5]?
5 Do you think today's society puts too much emphasis on being unique?
6 Which star has the most unique style?
7 Do you have the opportunity to be unique at work?
8 Where is the best place for you to express your uniqueness?

1 **wiggle** to move back and forth   2 **feat** an accomplishment; a deed   3 **hairdo** a hairstyle
4 **stand out** to be prominent; to be obvious   5 **show off** to brag or boast in front of others

1   In what ways do you try to be unique?

The earrings I wear. The shoes I wear. How I do my hair. I don't try to look too wild, but I have my own style.

2   Do you know people who try too hard to be unique?

I think most people do. Well, I guess there are people who want to blend in[6] with the crowd. But most of my friends want to feel special.

3   Do you or people you know try hard to fit in instead of trying to stand out?

No, not really. Hmm, I guess this guy at work never tries to stand out. I mean, he always wears boring[7] ties and gray suits. His hair always looks the same. He never raises his voice[8].

4   Do you have a unique ability that you sometimes show off?

I sing well. I show off when I go to the karaoke room with my friends. I dance pretty well also.

5   Do you think today's society puts too much emphasis on being unique?

I guess. We have become pretty focused on ourselves. But is that such a bad thing? I really don't think so.

6   Which star has the most unique style?

Well, I love Brad Pitt. I love everything he does. How he dresses. How he does his hair.

7   Do you have the opportunity to be unique at work?

It's hard to. We're not really encouraged to be unique at work.

8   Where is the best place for you to express your uniqueness?

When I'm with my friends, I can fully express myself.

6 **blend in** to mix with   7 **boring** uninteresting; routine; old   8 **raise one's voice** to speak more loudly than normal especially in anger

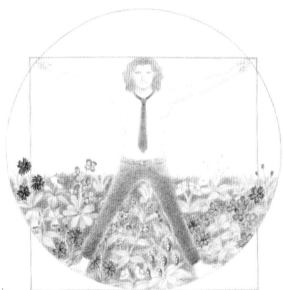

Each of us has our own unique style.

Weight... Diets

I was drinking a bottle of peach tea last weekend. It tasted great. It tasted so good I decided to look at the label to see what was in it. It had SO much sugar in it. Holy cow[1]! That's incredible! No wonder[2] it tasted so good.

If I don't watch what I eat and drink, it goes right to my waist. I'm not as active as I used to be. I often sit for hours and hours doing recordings. So I don't have many opportunities to burn off extra calories. I'm certain my metabolism[3] has slowed down. I used to be able to eat whatever I wanted and not worry about gaining weight. That is no longer the case[4].

I try not to eat fried food. I love how it tastes, but I don't like how it makes me look. I generally don't like diets. Most diets are called "yo-yo" diets because you put the weight back on after you are done with the diet. Plus, I don't like the idea of starving myself or depriving[5] my body. I just try to eat right.

Let me tell you a funny story. The first time I came to Korea to study, there was a restaurant in front of my university that had a salad bar. It was like three thousand won per plate. I would make a tower of salad layer by layer. Sometimes I would make the tower two feet high. Hey, I was a poor student back then. I love salad. It makes me feel great and look great.

I still keep a little chocolate in my backpack, however, in case I need a quick sugar fix[6].

TALK ABOUT IT

1 Have you ever tried to diet in the past? Did you have a good or bad experience?

2 What is your favorite guilty pleasure[7]—food that you love but know is bad for you?

3 Do you have a loved one who struggles with his or her weight? If so, what steps does that person take to manage his or her weight?

4 Why do you think shows like *The Biggest Loser* are so popular on TV?

5 Will obesity be less or more of a problem in the future? Why do you think so?

6 What steps do you take to eat right?

7 Do you think the Korean "well-being" campaign has been a success or failure? Why?

8 How often do you eat high-carbohydrate foods like bread and rice?

1 **holy cow** wow; that's incredible   2 **no wonder** it is no surprise that   3 **metabolism** the basic functioning of the body   4 **That is no longer the case** that is not true anymore
5 **deprive** to remove; to take away; to do without   6 **sugar fix** a sudden large intake of sugar
7 **guilty pleasure** something that a person enjoys but is not beneficial or healthy

1   Have you ever tried to diet in the past? Did you have a good or bad experience?

I used to wrestle back in high school. In order to make weight, I would drink only liquids for a day before the weigh-in. I hated it.

2   What is your favorite guilty pleasure—food that you love but know is bad for you?

I love grilled cheese sandwiches. I could eat them three meals a day. But I don't.

3   Do you have a loved one who struggles with his or her weight? If so, what steps does that person take to manage his or her weight?

Sure, I know someone: me. My ideal weight is around 150 pounds. But if I don't watch what I eat, I can balloon[8] up to 180 very quickly. I try to avoid carbohydrates as much as possible and eat a lot of proteins.

4   Why do you think shows like *The Biggest Loser* are so popular on TV?

Lots of people struggle with their weight. It's that simple. Almost everyone on that show loses weight. It's good to see. It also makes you want to exercise.

5   Will obesity be less or more of a problem in the future? Why do you think so?

It's increasingly becoming a problem. I read somewhere that it kills more than 100,000 people in the U.S. each year. Every year, kids seem to be getting fatter and fatter.

6   What steps do you take to eat right?

Like I said, I avoid "empty" carbohydrates. Instead of eating a whole sandwich, I take the bread off and just eat the meat and vegetables. When I order steak, I don't eat the potato. I try to avoid fried foods as well, but it's almost impossible because I love French fries so much.

7   Do you think the Korean "well-being" campaign has been a success or failure? Why?

Koreans certainly seem a lot more fit than Americans. They must be

doing something right. Whenever I eat Korean food, I am impressed with the variety of vegetables. But, nowadays, I think Koreans are eating more and more Western food.

8   How often do you eat high-carbohydrate foods like bread and rice?

Maybe Koreans can get away with[9] a high-carbohydrate diet. I can't. If I eat carbs[10], they go right to my stomach. One year, I lost ten kilograms. I didn't starve. I just ate carbohydrates only once a day, usually at breakfast. But it's expensive to live on a high-protein and low-carbohydrate diet.

8 **balloon** suddenly to increase greatly in size   9 **get away with** to escape the consequences of   10 **carb** a carbohydrate

I don't like the idea of starving myself or depriving my body.

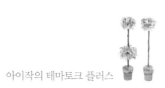

아이작의 테마토크 플러스

Isaac's Theme Talk Plus:
61 More Topics to Talk About

Comprehension Guide 해설편

01 | Addictions

중독

전 오래 전에 '메이플스토리' 라는 게임을 시작했어요. 주로 우리 아들을 도와주려고 게임을 했지요. 아들 녀석이 일주일에 몇 시간만 게임을 하도록 허락받은 건데, 제가 아들의 게임 캐릭터로 로그인해서 녀석이 황금을 비롯한 여러 아이템들을 모을 수 있도록 도와야겠다고 생각했던 겁니다. 그런데 저는 곧 게임을 그만두기가 점점 어렵다는 걸 알게 되었어요. 중독을 정의하면 이런 것 같아요. 어떤 것을 하면 할수록, 해롭더라도 그만두기가 점점 더 어려워지는 것이요.

중독은 여러 형태로 나타나요. 어떤 이들은 초콜릿에 중독되기도 하지요. 초콜릿이 너무 비싸거나 건강에 해롭지만 않다면 꼭 나쁜 것만은 아니에요. 또 어떤 이들은 담배나 술에 중독되기도 하는데, 이런 종류의 중독은 몸에 안 좋은 결과를 가져올 수도 있어요.

캘리포니아에 갈 때마다 저는 도로변에서 캘리포니아 주 복권을 홍보하는 거대한 광고판들을 보게 됩니다. 정부가 도박을 권장하고 있는 거지요. 누군가에게 중독이 될 수도 있는 행동을 정부가 부추기는 것 같아요. 여러분은 정부가 국민들이 중독될 만한 행동은 접하지 않게 도와야 한다고 생각하겠지요.

TALK ABOUT IT

1. 무언가에 중독되었다고 느껴 본 적이 있나요?
2. 그 중독에서 벗어나기 위해 무엇을 했나요?
3. 중독을 끊어 내는 데 성공했나요?
4. 무언가에 중독된 사람들 때문에 불편한가요? 설명해 주세요.
5. 본인이 중독자라는 사실을 못 깨닫는 사람들을 알고 있나요?
6. 중독자들이 중독을 끊어 내도록 여러분이나 다른 사람들이 도와주려고 한다면 그들이 화를 낼까요? 아니면 여러분의 도움을 고마워할까요?
7. 겉으로는 무해해 보이지만 실제로는 심각한 해를 끼치는 중독이 있나요?
8. 좋은 중독이라는 게 있을까요? 설명해 주세요.
9. 정부는 사람들의 중독 행동을 어떻게 이용할까요?
10. 중독의 징후에는 어떤 것들이 있나요?
11. 중독에서 어떻게 벗어날 수 있을까요?

GET AN ANSWER from Becky

1. 글쎄요, 휴대전화로 문자 보내기가 중독인 것 같아요. 저는 항상 문자를 보내고 싶은 욕구를 느끼거든요. 그게 너무 심해져서 눈을 감으면 공중에 문자들이 막 떠다니는 게 보일 지경입니다.
2. 학교 성적이 떨어지기 시작하자 저는 가장 친한 친구에게 제 휴대전화를 맡겼어요. 하지

만 그 방법은 전혀 효과가 없었죠. 그날로 휴대전화를 돌려달라고 친구에게 사정했거든 요. 정말 끔찍했어요.

3. 아니요. 친구들에게 문자를 안 보내고는 못 살 것 같아요. 문자를 보낼 수 없다면 정말 힘들 거예요. 마치 무인도에 고립되는 것과 같을 거예요.

4. 글쎄요, 꼭 그렇지는 않아요. 전 그런 사람들이 전적으로 이해되거든요. 어쨌든 우리 모두는 자기가 행복해지는 것을 해야 한다는 거죠. 제 남동생은 게임 중독이고, 어머니는 드라마 중독이에요. 아버지는 골프 중독이고요. 그게 뭐 어때서요?

5. 네, 제 친구 하나가 컴퓨터 게임에 완전 중독돼 있어요. 걔는 시간만 나면 계속 게임만 해요. 전화해서 같이 놀자고 하면 그때마다 자기가 제일 좋아하는 게임 하는 중이라 너무 바쁘다고 하죠.

6. 사람에 따라서는 다른 사람이 자기 일에 간섭하는 걸 기분 나빠하거나 화를 낼 수도 있을 것 같아요. 하지만, 한편으로 자신에게 혼자서는 멈출 수 없는 심각한 문제가 있다는 걸 깨닫는 사람도 있을 거예요. 그런 사람들이라면 친구나 가족이 내미는 도움의 손길은 뭐든 환영할 수 있겠네요.

7. 다이어트를 너무 심하게 하면 크게 해로울 수 있을 것 같아요. 많은 사람들이 살을 빼고 싶어 하죠. 그것은 뭐 좋아요. 그렇지만 다이어트를 너무 심하게 해서 살이 너무 많이 빠지면 어떻게 될까요? 몸에 좋을 리 없어요.

8. 음, 그럼요. 독서는 좋은 중독이에요. 두뇌의 힘을 키우는 스도쿠나 마인드 게임 같은 것을 하는 것도 좋은 중독이고요. 그러니까 결국 중독이라고 해서 다 나쁜 것은 아닐 거란 말이지요.

9. 정부는 복권과 같은 그런 유형의 도박을 조장해요. 또 술이나 담배 같은 물품에 높은 세금을 매기기도 하고요. 그렇게 해서 정부가 일부 사람들의 중독으로부터 돈을 벌고 있지요.

10. 중독의 전형적인 징후는 어떤 행동이나 사람 또는 어떤 것이 자기 마음 속에서 가장 중요한 것이 되는 것 같아요. 그것이 왜 그렇게 자신에게 중요한지 합리화하기 시작하고 그런 다음 그것에 끌리는 자신의 정당함을 기를 쓰고 주장하지요.

11. 첫째, 자신에게 문제가 있다는 것을 인정해야 해요. 그런 다음, 책이나 다른 사람들 또는 인터넷을 통해 다른 사람들은 동일하거나 비슷한 문제로 어떻게 싸웠는지 정보를 얻어야 해요. 그 다음에는 중독과 어떻게 싸울 것인지 계획을 세워야 하죠. 마지막 단계가 중독을 끊기 위해 적극적으로 행동하는 것이지요.

---

1 **definition** (단어의) 정의, 의미   2 **addicted** 중독된   3 **resentful** 분개하는, 몹시 싫어하는   4 **take advantage of** 조종하다, 이용하다   5 **texting** 휴대전화로 문자 메시지 주고받기   6 **tank** 급격히 떨어지다, 아주 형편없이 하다   7 **stranded** 고립된   8 **big deal** (반어적) 대단한 것   9 **resent** 분개하다, 불쾌하게 생각하다   10 **sudoku** 스도쿠(일본에서 개발된 숫자 퍼즐 게임)

Aging Parents

연로하신 부모님

인생에서 맺는 가장 중요한 관계 중의 하나가 부모님과의 관계입니다. 우리가 어릴 때는 부모님이 우리를 보살펴 줍니다. 하지만 부모님이 연로하시면 종종 그 역할이 반대가 되지요. 바로 자녀가 부모님을 보살피는 사람이 되는 겁니다. 고맙게도 캘리포니아에 사시는 우리 부모님은 행복하고 건강하십니다. 전 적어도 일주일에 한 번은 부모님께 전화를 드리고 기회 닿을 때마다 부모님을 찾아뵙지요.

몇 년째 장모님은 우리 가족과 함께 살고 계십니다. 같이 살기 때문에 우리 모두에게 좋은 점들이 많아요. 장모님께서는 우리를 보살펴 주시는 것으로 삶의 목적의식과 의미를 얻으십니다. 우리는 점점 기력이 약해지는 장모님을 돌봐 드리고요. 함께 잘 지내는 것은 장모님께서 친절하고 다정하신 분이기 때문입니다. 전 장모님과 함께 사는 것이 기쁩니다. 저는 한 번도 장모님이 누구에게 불평을 하거나 누구를 나쁘게 말하는 걸 들어 본 적이 없어요. 만약 장모님이 친절하지 않은 분이라면 어떨까요? 함께 지내는 게 지금과는 다르겠죠?

그렇지만 모든 사람들이 저처럼 운이 좋은 것은 아닙니다. 부모님과의 관계가 좋지 못한 사람들도 많지요. 미국에서는 장성한 아이들이 연로하신 부모님과 함께 사는 경우가 흔치 않아요. 연세 드신 분들 가운데는 혼자 살거나 은퇴자 공동체 같은 곳에서 지내시는 분들이 많습니다. 이 분들은 독립적이고 자유롭게 살고 싶어 하며 자식들에게 짐이 되는 것을 원치 않습니다. 그리고 장성한 자녀들 역시 대부분 혼자 살기를 원하지요.

TALK ABOUT IT

1. 연로하신 부모님을 모시는 최선의 방법은 무엇일까요?
2. 연로하신 부모님과 같이 살아서 좋은 점은 무엇일까요?
3. 연로하신 부모님과 같이 살아서 안 좋은 점은 무엇일까요?
4. 부모님께서 연세가 드시면 은퇴자 공동체로 보내 드리는 것이 적절하다고 생각하나요?
5. 여러분이 나이가 들었을 때 자녀들이 어떻게 해 주길 원하나요? 함께 살고 싶은가요, 따로 살고 싶은가요?
6. 어렸을 때 나이 든 친척 어른 중에서 가장 좋아했던 분은 누구였나요?
7. 연세 드신 부모님께 도움도 많이 드리고 잘 보살펴 드리는 분을 알고 있나요?
8. 연세 드신 부모님을 얼마나 자주 찾아뵙나요?
9. 부모님이 연로하시게 되면 부모님을 모셔야 할 의무가 있다고 느끼나요?

GET AN ANSWER from Bob

1. 잔인하게 들릴지 모르지만 저는 부모님을 은퇴자 공동체로 보내 드릴 생각입니다. 제게는 부모님의 건강을 보살필 방법이 없기 때문입니다. 저는 의사가 아니거든요. 나이 든 사람을 보살피는 것에 대해 아무것도 모릅니다. 제 아이들에게도 이건 불공평하고요. 무슨 말이냐 면, 제가 부모님을 보살피느라 시간을 다 써 버리면 제 아이들은 누가 돌봐 주

나요? 그리고 제 인생은요? 저도 제 인생을 즐길 권리가 있지 않습니까? 물론 부모님께서 저를 낳아 주셨지요. 하지만 제가 부모님께 빚진 것처럼 평생을 살 수는 없어요.

2. 연로하신 부모님은 아이를 키우는 데 도움이 될 것 같아요. 이건 특히 부부가 일을 하거나 어떤 활동을 하느라 바쁠 때 그렇겠죠. 또 부모님들이 여러 다양한 방면에서 수년간 쌓은 경험도 알려 주실 수 있을 거고요.

3. 안 좋은 점이야 너무 많죠. 일일이 열거할 수도 없을 만큼이요. 연세 드신 분들은 노쇠하여 물건들을 깨뜨리기도 하고 길을 잃기도 하죠. 그렇다고 일하다 말고 아버지를 찾으러 갑자기 뛰어나갈 수는 없습니다. 그렇게 한다면 전 직장을 잃게 될 거예요. 그리고 노인들은 지속적인 치료가 필요해요. 튜브나 주머니 같은 이런저런 것들이요. 제가 그걸 어떻게 다루겠습니까? 게다가 노인들은 고집도 정말 세지요. 잔소리하기 시작하고 아무 말이나 마구 소리 지르죠. 저는 아이들 앞에서 부모님과 싸우고 싶지 않아요. 저는 아이들이 우리 부모님을 친절하고 다정한 분으로 기억해 주길 바랍니다. 이 정도면 이유가 충분한가요?

4. 네, 앞서 말한 대로 그곳에는 노인들에게 발생하는 문제에 대처할 수 있도록 직원들이 있습니다. 긴급 의료가 필요할 때, 거기 있는 그분들이 바로 대처할 수 있어요. 그곳에서는 확실히 노인들이 길을 잃고 헤매지 않도록 하며, 제대로 식사하고 목욕도 할 수 있게 해 줍니다. 부모님께서 그곳에 가시면 저희 집에 계시는 것보다 훨씬 더 나은 생활을 할 수 있을 거라 생각합니다.

5. 저는 우리 아이들의 인생을 망치고 싶지 않습니다. 아이들이 장성하게 되면 요만큼이라도 아이들을 귀찮게 하고 싶지 않아요. 아이들이 제가 와 주기를 바란다면 물론 좋겠지요. 하지만 계속 함께 사는 거라면, 전 절대 그렇게 안 할 거예요.

6. 제게는 멋진 고모가 한 분 계셨어요. 고모는 아이들을 무척 좋아했고 우리들도 그런 고모를 좋아했지요. 우리를 보러 오실 때마다 풍선을 가져왔는데, 그 풍선을 비틀어 멋진 모양을 만들어 주시곤 했어요. 사탕도 가져오셨고요. 저는 그런 고모를 정말 좋아했습니다.

7. 예, 우리 누나가 부모님께 시간과 에너지를 많이 쏟아요. 부모님 두 분 다 많이 연로하셔서 돌봐 드려야 할 게 많거든요. 누나는 부모님과 차로 약 10시간 정도 걸리는 멀리 떨어진 곳에 사는데도 정기적으로 부모님들과 시간을 보냅니다. 진짜 대단한 딸이죠.

8. 전 부모님과 아주 멀리 떨어져 삽니다. 거의 지구 반 바퀴 정도 떨어져 있죠. 그래도 일년에 한 번은 꼭 집에 가서 부모님을 뵙습니다. 시간을 많이 내서 부모님과 함께할 수 있으니 전 운이 좋은 거죠. 매년 여름이면 한 달 동안 집에 가 있습니다. 이제부터는 겨울에도 부모님을 찾아뵐 수 있게 해야 할 것 같아요.

9. 개인적으로 저는 전혀 그렇게 느끼지 않습니다. 하지만 다른 사람들이 그들의 부모님을 돌보는 건 이해합니다. 어떤 사람들은 같이 살자며 연로하신 부모님을 이사 오시게 하기도 하지요. 저는 절대 그렇게 못하지만 그렇게 하는 사람들을 존경합니다.

---

1 **become reversed** 반대가 되다, 거꾸로 되다 2 **frail** 약한, 힘없는 3 **cruel** 신인한, 야비한 4 **go senile** (나이 들어) 쇠약해지다, 노망나다 5 **ornery** 성미가 고약한 6 **wander off** 정처 없이 걷다, 헤매다 7 **be better off** 처지가 더 낫다 8 **fabulous** 멋진

03 | Art

미술

미술은 제 삶에서 정말 중요한 역할을 해요. 아버지와 함께 여행을 할 때면 언제나 우리는 미술관에 갑니다. 그래서 저는 미술 하면 아버지가 떠올라요. 아름다운 예술 작품을 볼 때면 제가 아버지를 얼마나 사랑하는지 생각해 보게 되지요.

어렸을 때 저는 이집트 미술을 좋아했습니다. 뉴욕 메트로폴리탄미술관에는 아름다우면서도 무시무시한 이집트 미술 전시관이 있습니다. 고대 무덤에서 발굴된 미라와 다른 보물들이 전시된 곳을 지날 때면 전 아버지의 손을 꼭 잡곤 했습니다. 20년 전 샌프란시스코에서 투탕카멘 전시가 열렸을 때 저는 입장하려고 몇 시간이나 줄 서 기다리기도 했지요.

나이가 들어가면서 저는 프랑스 인상주의 미술을 좋아하게 되었습니다. 부드러우면서도 감각적인 색채의 르누아르 작품을 좋아하지요. 저는 마음을 편안하게 해 주는 미술을 좋아합니다. 우리 아들은 현대 미술을 좋아해요. 야성적인 형상과 예측 불가능한 색상의 조합 등을 좋아합니다. 하지만 현대 미술은 너무 번잡스러워서 제 취향은 아니에요. 제 동생 집에 현대 미술 작품과 조각이 몇 점 있는데, 그것들은 상당히 부드러운 느낌의 작품들이에요.

제가 재능 있는 예술가라면 참 좋을 텐데요. 저는 그림을 정말 잘 못 그리거든요. 대신 찰흙으로 무언가를 빚는 건 좋아했어요. 어렸을 때 저희 삼촌네 지하실에 가마가 있었습니다. 전 방과 후에 지하실로 내려가 여러 가지 재미있는 형상들을 만들곤 했죠. 제가 만약 일 년간 쉬면서 제가 하고 싶은 대로 시간을 보낼 수 있다면 저는 미술 수업을 받을 거예요. 저는 우리 아이들에게도 매일 미술 작품 하나씩을 만들어 보도록 권합니다.

TALK ABOUT IT

1. 가장 좋아하는 미술 작품은 무엇인가요?
2. 어떤 장르의 미술을 가장 좋아하고, 좋아하는 이유는 무엇인가요?
3. 미술 작품을 잘 만드나요?
4. 미술과 관련한 최고의 추억은 무엇인가요?
5. 시간이 흐르면서 미술 취향이 변했나요?
6. 과거 또는 현재의 화가와 함께 시간을 보낼 수 있다면 누구와 함께하고 싶나요?
7. 아무 예술가라도 될 수 있다면 어떤 예술가가 되고 싶나요?
8. 여러분의 자녀가 미술을 공부하거나 화가가 되도록 장려할 건가요?
9. 다른 종류의 예술로는 무엇을 생각할 수 있나요?
10. 예술은 뭐라고 생각하나요?

GET AN ANSWER from Trish

1. 제가 가장 좋아하는 그림은 칸딘스키의 '여자들이 있는 무르나우의 거리' 입니다. 제 컴

퓨터 바탕 화면에 그 그림이 깔려 있어요. 그림 속 핑크빛 지붕들을 보면 제가 어릴 때 썼던 부드러운 담요가 떠오릅니다.

2. 저는 표현주의 미술을 좋아해요. 제가 방금 언급한 칸딘스키가 이 표현주의 파에 속하죠. 표현주의 화가 중에서 가장 유명한 사람은 빈센트 반 고흐입니다. 표현주의 화가들은 굵고 두터운 붓질을 통해 강렬한 감정을 표현하지요. 이런 유형의 그림은 부드럽고 마음을 안정시켜 주는 인상주의 작품들과 가깝습니다.

3. 글쎄요, 저는 미술이나 공예에 소질이 있어요. 손재주가 꽤 있는 편이어서 보석 같은 실용적인 예술품을 만들지요.

4. 동료에게 귀걸이 한 세트를 만들어 준 적이 있어요. 그 귀걸이는 그녀가 가장 좋아하는 블라우스와 잘 어울렸지요. 제가 귀걸이를 주자 그녀는 너무 기뻐서 울음을 터뜨렸어요. 강렬한 예술은 이렇게 사람의 마음을 감동시키는 능력이 있는 것 같습니다.

5. 음, 어렸을 때는 유리로 만든 조각을 좋아했어요. 어머니께서 골동품을 수집하셨는데 그러다 보니 골동품 관련 잡지도 갖고 계셨지요. 저는 그 잡지에서 이탈리아산 색채 유리로 만든 조각 작품들을 봤습니다. 깜짝 놀랐죠. 유리로 만든 미술 작품이라니! 저는 어머니께 그 중 한 작품을 집에 가져오자고 졸랐지만 값이 너무 비쌌어요. 뭐, 그랬던 시절도 휙 지나갔죠.

6. 글쎄요, 저는 반 고흐를 고르겠어요. 뭐가 그렇게 반 고흐를 힘들게 했는지 물어보고 싶어요. 그래서 제가 치유해 줘서 그가 좀 더 오래 살아 멋진 미술 작품을 더 많이 만들게 하고 싶어요.

7. 전 예술가하고는 거리가 멀어요. 그렇지만 지금보다 더 창의적이고 예술적인 감각이 있으면 정말 좋겠어요. 제가 어떤 예술가가 되든 선택할 수 있다면 전 화가가 되는 쪽을 고르겠어요. 그림을 보면서 어쩜 저렇게 잘 그리고 아름다운지 항상 놀라거든요. 어떤 그림은 마치 그 속에 느낌과 감정이 살아 있는 것 같아서 그림이라기보다는 실물 사진처럼 보이기도 해요.

8. 그럼요, 물론이죠. 아이들이 미술을 좋아하고, 미술에 열정이 있다면 전 아이들이 원하는 대로 미술을 할 수 있게 격려해 줄 겁니다. 전 꿈을 좇아서 무엇이 됐든 자신이 행복해지는 것을 해야 한다고 생각하거든요. 그래서 전 아이들이 자기 꿈을 따라가는 걸 막지 않을 생각입니다.

9. 조각, 연극, 무용, 스케치, 무술, 음악이 있죠. 예술의 종류가 다양하게 많이 있네요.

10. 예술은 설명하기가 어려워요. 자기 표현의 한 형태라고 할 수 있겠네요. 귀로 들을 수도 있고 듣지 못할 수도 있어요. 다른 사람이 예술이라고 여기는 것이 여러분이나 제가 예술이라고 여기는 것과 다를 수도 있을 겁니다.

---

1 **sensual** 감각적인, 관능적인　2 **too busy for one's tastes** 너무 번잡해 취향에 맞지 않는　3 **tame** 부드러운　4 **kiln** 도자기 가마　5 **heal** 치유하다, 치료하다

04 | Awkward Situations

난처한 상황

생각해 보니 살면서 참 난처했던 순간이 꽤 많네요. 제가 한국에 처음 왔을 때는 오래 전인 1980년대였습니다. 당시에는 서양 사람, 특히 키가 큰 서양 사람들이 별로 없어서, 저는 종종 난처했습니다. 웬만한 사람들보다 제가 키가 컸기에 많은 사람들이 저를 가끔 뚫어져라 쳐다봤답니다. 요즘은 그렇게까지 심하지 않지만 예전에는 그런 일이 있을 때마다 좀 난처했었죠.

여러분들은 언제 난처했나요? 아마 여러분이 파티장에 나타났는데 그곳에 아는 사람이 아무도 없는 경우가 있었을 거예요. 저도 전에 그런 적이 있거든요. 파티에 초대받아 갔는데 저를 초대한 사람은 나타나지 않았고 거기에는 제가 아는 사람이 단 한 사람도 없었습니다. 그때가 제 인생에서 가장 난처한 시간이었다고 말할 수 있겠네요. 전 제가 거기에 왜 있는지를 모르는, 완전히 낯선 사람들을 만났던 거예요. 사람들은 계속 제게 "누구세요?", "누가 초대했어요?" 라고 묻더군요.

가끔 방송국 녹화장에 가는데, 녹화장에서 사람들이 자기가 해야 할 대사를 계속 잊어버리기도 하죠. 한번은 이런 일도 있었는데, 배우 한 명이 자기가 해야 하는 부분을 도저히 못 외워서 모든 사람들이 그 배우가 제대로 할 때까지 그 장면을 계속 반복해서 찍어야 했습니다. 2분짜리 장면이었지만 찍는 데 거의 한 시간이나 걸렸죠. 정말 난처한 상황이었습니다. 물론 저도 가끔은 대사 한두 줄 깜박한 걸 알게 되기도 해요. 그런 상황이 생기면 전 그냥 임기응변으로 넘어가서 아무도 눈치채지 못하기를 바랄 뿐입니다.

TALK ABOUT IT

1. 여러분은 정말 난처한 상황에 놓일 때 어떻게 대처하나요?
2. 여러분에게 가장 난처했던 순간은 언제인가요? 그때 무엇을 했나요?
3. 여러분은 난처해지면 얼굴색이 변하나요?
4. 여러분 가족 중에 이상한 행동을 해서 다른 사람을 난처하게 만드는 사람이 있나요?
5. 여러분을 난처하게 만든 사람과 데이트한 적이 있나요?
6. 다른 사람이 난처한 상황에 놓이면 여러분은 어떻게 하나요? 그냥 그 상황을 모른 척하나요, 아니면 당사자의 기분을 풀어 주려고 하나요?
7. 여러분에게는 여러분을 난처하게 했던 선생님이 있나요?
8. 어떤 종류의 것들이 난처한 상황을 유발할 수 있을까요?
9. 여러분은 무엇 때문에 난처해지나요?

GET AN ANSWER from Jane

1. 저는 난처할 때 크게 웃습니다. 일종의 방어 장치죠.
2. 한번은 영화관에서 영화를 보고 있었습니다. 좀 지루한 영화였죠. 저는 지루해지면 손가락을 톡톡 두드리거든요. 피아노 치는 것처럼 말이죠. 제가 제 옆 좌석 팔걸이에 손가락을 놓고 두드린 거예요. 그때 갑자기 팔걸이가 움직이더군요. 제가 다른 사람의 팔을 두드리고 있

었던 겁니다. 저는 너무 당황해서 극장에서 뛰어나오고 싶었지만 친구와 함께 왔던 터라 혼자 나올 수가 없었습니다. 영화가 끝난 후 제 옆자리를 쳐다보니 잘생긴 남자가 앉아 있더군요. 제가 미안하다고 말하자 그 사람도 그냥 웃으면서 "괜찮아요."라고 대답했습니다.

3. 네. 얼굴이 붉게 변합니다. 얼굴이 심하게 빨개지죠. 그게 참 당황스러워요.

4. 저는 외동딸입니다. 하지만 저랑 정말 친한 친구가 한 명 있어요. 제가 자매 같이 여기는 친구입니다. 그런데 그 친구는 사람들을 불편하게 만드는 걸 좋아해요. 대부분 재미로 그렇게 하지요. 예를 들면 그 친구는 남자들과 만난 자리에서 이야기할 때 지나치게 남자들 가까이에 서서 남자들이 뒤로 물러서게 만듭니다. 참 대담한 친구죠. 그 친구 옆에 있으면 참 재미있습니다. 다음에 무슨 일을 벌일지 전혀 종잡을 수가 없어요. 그 친구는 초대도 안 받고 파티에 참석하는 걸 좋아합니다. 파티에 나타나서는 마치 초대받은 것처럼 행동하죠. 저는 절대로 그렇게 못할 거예요. 아마 그만큼 용기가 없어서겠죠.

5. 물론입니다. 한 남자는 늘 너무 오랫동안 저를 껴안았어요. 몸을 빼고 싶었지만 그 사람이 계속 저를 안고 있더라고요. 심지어 두 번째 데이트하던 날에는 제게 착 달라붙어 껴안는 거예요. 또 한 남자는 술을 아주 많이 마시면 슬퍼져서 질질 우는 사람이었어요. 제 어깨에 기대어 울면서 저를 마치 자기 엄마인양 대했습니다. 정말 난처했죠. 그러곤 다음번에 만나면 그 사람은 아무것도 기억을 못했어요. 그 사람은 전혀 사과고 뭐고 해 본 적이 없어요.

6. 글쎄요. 술을 많이 마신 그 남자와 있을 때처럼 가끔은 그냥 그 상황에서 빠져 나오고 싶었어요. 최대한 빨리 그를 택시에 태워 집으로 보내 버렸죠. 만약 사무실에 새로 온 직원이 적응하느라 힘들어하고 있다면 저는 그 사람을 데리고 나가 점심을 함께하면서 마음을 더 편하게 갖도록 해 줄 겁니다. 정말 상황에 따라 다르죠.

7. 학생들이 숙제를 안 하면 늘 그 애들을 당황스럽게 만드는 선생님이 계셨어요. 학생들이 답을 모른다는 걸 아시면서도 수업 중에 그 학생들에게 계속 질문을 하시곤 했죠. 한편으로는 학생이면 당연히 숙제를 해야 했던 건데 안 한 거라서 선생님이 그렇게 하신 게 맞는다고도 생각해요. 한번은 선생님이 제게도 그러셨는데, 정말 당황스러웠어요. 물론 다시는 숙제를 깜박하는 일은 없었지만 말이죠.

8. 난처한 순간은 유쾌하지 않은 사건이나 상황에서 주로 생기죠. 당황스럽거나 유별나거나 그냥 좀 짜증 날 수도 있어요.

9. 오랫동안 못 보던 친구들을 우연히 마주칠 때 전 난처하더라고요. 그 친구들에게 정말 할 말이 없어서 말이죠. 그래서 몇 분 동안이지만 서서 그 애들과 내 삶에 대해 이야기한다는 것이 너무 어색해요.

---

1 **wing it** 즉흥적으로 하다 2 **crash a party** 초대 받지 않고 파티에 가다 3 **cling** 꼭 붙잡다
4 **weepy** 슬픈 5 **adjust** 적응하다 6 **run into** ~와 우연히 만나다 7 **stand around** 우두커니 서
있다

Babies

아기

우리 애들이 커 갈수록 저는 집에 아기가 있던 시절이 더욱 그리워집니다. 물론 밤에 깨서 기저귀를 갈고 우유를 먹이는 건 싫었죠. 그래요, 아내와 저는 교대로 아기를 봤습니다. 아기가 뭔가 새로운 것을 발견할 때마다 짓는 표정이 너무 그립습니다. 아기의 얼굴이 기쁨에 겨워 환해지잖아요. 아기 손을 잡고 거실을 걸으며 텔레비전을 보던 그때가 그립습니다. 아기가 갑작스레 터뜨리던 웃음도 그립고요. 소파 밑에 숨어 있던 아기의 작은 양말도 그립습니다.

자기 아기보다 다른 사람의 아기를 예뻐하는 게 훨씬 더 쉬운 것 같지 않아요? 저는 길에서 유모차에 탄 아기를 보면 종종 가던 길을 멈추고 아기의 예쁜 얼굴을 넋 놓고 바라봅니다. 다른 사람의 아기는 같이 놀아 주다 아기가 울기 시작하면 부모에게 넘겨주면 그만이니까요. 아기의 좋은 면을 함께하다가 궂은일은 아기 부모에게 시키면 되니 좋은 거죠.

물론 다른 사람의 아기 때문에 짜증이 나기도 쉽습니다. 저는 비행기를 탈 때마다 매번 비행시간 내내 우는 아이가 있는 줄에서 한두 줄 내에 앉는 것 같습니다.

그때마다 저는 제 아이들이 다 커서 더 이상 아기가 아닌 게 다행이라는 생각을 합니다. 요즘은 자녀를 아예 갖지 않기로 결정한 부부들이 세계 각지에 정말 많습니다. 대부분 아기를 낳더라도 하나만 낳고요. 그런데 저희 집은 대만원이랍니다. 아들 둘에 딸 둘이니까요!

TALK ABOUT IT

1. 여러분의 아기 또는 남의 아기와 관련해서 가장 좋았던 추억은 무엇인가요?
2. 언제 아기가 있었던 그때가 그리워지나요?
3. 왜 많은 나라의 부부들이 아기를 갖지 않기로 한다고 생각하나요?
4. 아기 때문에 가장 짜증 났던 경험을 말해 보세요.
5. 부모가 된 것을 후회했거나 다른 사람들이 부모가 된 것을 후회하는 걸 들어 본 경우를 말해 보세요.
6. 아기와 함께 있으면서 했던 가장 바보 같은 행동은 무엇인가요?
7. 여러분은 부부가 사회에 가족을 꾸릴 의무가 있다고 보나요?
8. '딩크' 는 무슨 뜻인가요?

GET AN ANSWER from Julie

1. 저의 가장 소중한 추억은 우리 딸을 처음 안았을 때에요. (산고에) 지쳐서 진이 다 빠져 있었죠. 바로 그때 사람들이 아기를 제 가슴에 올려 놓더군요. 아가는 혼자선 아무 것도 할 수 없었기에 저를 필요로 했고 저 또한 아기가 필요했어요.
2. 아기를 목욕 시키던 게 정말 그립습니다. 우리 집에서는 목욕을 몇 시간이나 했답니다.

딸이 고무 장난감들을 가지고 놀았거든요. 딸에게는 분수 구멍이 달린 작은 고래 장난감이 있었는데 지겨워하지도 않고 잘 가지고 놀았습니다. 아기가 저에게 물을 뿜고는 계속 웃곤 했어요.

3. 글쎄요, 제가 그 질문에 답할 사람으로는 적당하지 않네요. 저는 정말 조금도 이해가 안 됩니다. 제게는 아이를 갖는 것이 인생의 전환점이 되는 사건이었어요. 하지만 제 친구들 중에 아이 없이 사는 애들이 있어요. 너무 바쁘답니다. 하지만 저는 그 말을 전혀 안 믿어요. 어떻게 엄마나 아빠가 되는 것보다 직장 일이 더 중요할 수 있죠?

4. 남편이랑 제가 고급 레스토랑에 갔을 때였어요. 우리 옆 테이블에 있던 부부가 아주 어린 아기를 데려왔는데 거기 있는 내내 아기가 소리를 지르더라고요. 식당에서 저희는 아주 기분이 안 좋았습니다. 게다가 저희 결혼기념일 저녁 식사였는데 말이죠. 그 끔찍했던 밤이라니, 말도 마세요.

5. 가끔은 내가 부모가 된 걸 감당하지 못하는 것 같다고 생각이 들 때가 있어요. 딸아이를 데리고 쇼핑을 갔을 때였죠. 아이가 상점에서 제게서 벗어나 도망쳐 가다 물건을 깨트려서 물어 주기까지 해야 했어요. 그때 엄마가 된 것을 정말로 후회했다고 말할 수는 없지만 그 경우에는 제 딸 때문에 정말 기분이 안 좋았답니다.

6. 아기들 때문에 사람들 모두 조금씩 바보가 되는 것 같아요. 저는 제 딸아이를 웃기려고 바보처럼 춤을 춘답니다. 그 중에서도 가장 바보 같은 행동이요? 아이가 밥을 먹게 하려고 제 얼굴에 음식물을 묻히며 놀았던 걸 거예요. 어느 날 저녁엔가 아이가 도무지 뭘 먹으려고 하지 않기에 저는 제 볼과 입술에 바나나를 문질러 발라 놓고선 정말 재미있다는 듯이 굴었습니다. 그랬더니 바로 아이가 저를 따라하면서 다시 먹기 시작하더군요.

7. 대답하기 어렵네요. 한편으로 선진국의 출산율은 점점 떨어지고 있어요. 은퇴를 하는 우리에게는 반갑지 않은 소식이죠. 누가 다음 세대를 이끌어 가겠어요? 또 한편으로는 가족 해체가 빈번하고 고아가 된 아이들도 정말 많아요. 정말 그런 게 더 필요할까요?

8. 딩크는 '수입은 두 배, 아이는 없이'란 뜻이에요. 아이가 생기기를 기다리거나 아이를 가질 생각이 전혀 없는 맞벌이 부부를 일컫는 말이죠.

1 **diaper** 기저귀   2 **adore** 흠모하다   3 **in the company of** ~와 함께   4 **spout** 주둥이
5 **squirt** 분출하다, 뿜어내다   6 **life-altering** 인생을 바꾸는   7 **smear** 문지르다

Bargains

할인 구매

저는 물건을 싸게 사는 것이 정말 좋아요. 그래서 적절한 가격의 좋은 물건을 찾을 때까지 계속해서 쇼핑을 합니다. 한국이라서 정말 좋은 점 가운데 하나가 바로 흥정을 할 수 있다는 거예요. 미국에서는 여러분이 물건 값을 깎으려고 한다면 아마 사람들이 미친 사람 보듯 할 거예요. 상품에 가격표가 붙어 있으면 그걸 바꿀 수 있는 여지가 많지 않거든요. 하지만 한국에서는 가격 흥정이야말로 쇼핑의 백미라 할 수 있지요. 저는 흥정할 때 저만의 비밀 무기가 있습니다. 비밀을 지키겠다고 약속하면 제가 알려 드릴게요. 좋습니다. 바로 이거예요. 물건 파는 사람을 웃게 만드는 거요. 물건 파는 사람을 웃기면 가끔 물건 값을 깎아 주기도 합니다. 그러니까 쇼핑하러 가게에 들어가기 전에 얼굴에 미소를 띠도록 해 보세요.

저는 백화점에서 쇼핑하는 대신 할인 매장에서 쇼핑을 합니다. 한 번에 많이 구매해도 전 별로 개의치 않습니다. 저는 할인 매장에서 옷 사는 것도 좋아해요. 미국에서는 많은 사람들이 재활용 가게에서 물건을 삽니다. 거기서는 중고 옷을 입는 게 수치스럽거나 부끄러운 일이 아니거든요. 빈티지 스타일이 종종 멋스러운 옷으로 여겨지기도 하고요. 다만  저는 찢어진 옷이나 때 묻은 옷은 저렴해도 사고 싶지 않아요. 기품 있게 보이고 싶어서요. 미국에서는 찢어진 청바지를 입는 게 멋있다고 생각하는 사람들이 많습니다. 한국에서도 그것이 트렌드가 되어 가는 것을 점점 더 자주 보게 됩니다.

TALK ABOUT IT

1. 여러분이 지금까지 가장 싸게 산 물건은 무엇인가요?
2. 여러분은 브랜드 제품을 사는 게 좋아요, 브랜드 없는 일반 제품을 사는 게 좋아요? 고른 이유를 설명해 주세요.
3. 여러분은 백화점에서 쇼핑하는 게 좋아요, 할인 매장에서 쇼핑하는 게 좋아요? 어디가 더 좋은지 설명해 주세요.
4. 물건을 정말 싸게 샀다고 생각했는데 나중에 싸게 산 게 아닌 것으로 밝혀졌던 경우를 말해 주세요.
5. 여러분은 물건을 잘 사기 위해 쇼핑하러 가기 전 어떻게 준비하나요?
6. 여러분은 가격 흥정하는 걸 좋아하나요? 좋아하거나 혹은 그렇지 않은 이유를 말해 보세요.
7. 여러분은 중고 옷을 입나요? 이유는요? 입지 않는다면, 왜죠?
8. 저렴하게 구매한 것을 친구들에게 이야기해 주나요? 그럴 때 친구들의 반응은 보통 어떤지 말해 주세요. 질투를 하나요, 같이 기뻐해 주나요?
9. 일반적으로 쇼핑하는 것을 좋아하나요?
10. 주로 무엇을 사요?

1. 한번은 이 벼룩시장에서 가죽 재킷을 찾아낸 적이 있어요. 10달러에 팔고 있었죠. 10달 러라니! 150달러는 족히 될 만한 옷이었거든요. 하지만 파는 사람이 급하게 처분하려고 했던 것 같아요. 전 그 옷을 입을 때마다 기분이 끝내줬답니다.

2. 음, 전 그냥 편안한 옷을 입습니다. 브랜드 제품을 사려고, 혹은 일부러 피하려고 특별히 애쓰지는 않아요. 저는 오랫동안 멜빵바지를 입었거든요. 정말 편했거든요. 몇몇 친구들은 그런 저를 놀렸지만 저는 크게 신경 쓰지 않았습니다. '편안한 게 최고'라는 것이 제 생 각입니다.

3. 전 그냥 사람들로 붐비지 않는 곳에 가는 게 좋아요. 한 할인 매장의 회원이지만 거기에 그렇게 자주 가지는 않습니다. 거기는 늘 사람들로 너무 북적대는 것 같아서요. 쇼핑몰 들이 조금씩 죽어 가는 것 같아요. 공룡처럼 말이죠. 인터넷으로 물건을 구매하는 사람 들이 많아지면서 많은 소매 쇼핑몰들이 텅 비어 있습니다. 그래서 저는 거기서 쇼핑하는 걸 좋아해요. 거기서는 저렴하게 물건을 구매할 수도 있고 다른 쇼핑객들과 경쟁할 필요 도 없지요.

4. 최근에 그런 일이 있었습니다. 멋진 무늬가 양각으로 도드라진 담배 라이터를 며칠 전에 찾아냈어요. 보세요, 제가 독특한 라이터를 모으거든요. 집에 돌아와 인터넷으로 가격 을 알아보고는 제가 바가지를 썼다는 걸 알았습니다. 다음에는 꼭 전화기를 가져 가서 싸다고 생각하는 물건을 구매하기 전에 반드시 인터넷으로 가격을 확인할 거예요.

5. 방금 말씀 드린 대로 대개 쇼핑할 때는 가격을 확인해 볼 수 있게 무선 장비를 챙겨 갑 니다.

6. 아뇨, 안 합니다. 흥정을 하면 제가 긴장이 되거든요. 저는 그냥 파는 사람에게 제가 다른 곳에서 이 제품을 살 수도 있다고 말합니다. 그럼 파는 사람이 가격을 낮추어 주기도 하 고 그렇지 않기도 하죠. 파는 사람이랑 질질 끌면서 협상하고 싶지 않습니다.

7. 물론 입습니다. 중고 옷이 새 옷보다 더 편할 때가 종종 있어요.

8. 그럼요. 다른 사람들에게 이야기합니다. 자랑 같은 걸 하는 건 아니지만 저는 합리적인 가격에 물건을 구매할 수 있는 곳을 찾아낸다면 친구들에게 얘기해 줄 겁니다.

9. 그럼요, 쇼핑하는 것 좋아합니다. 쇼핑을 하면 아파트에서 벗어나 새로운 것들을 볼 수 있게 되잖아요. 가끔은 그냥 윈도우 쇼핑을 하러 가게에 가기도 합니다.

10. 제 처는 일이 많아서 식료품이랑 의류 쇼핑은 주로 제가 합니다. 제가 정말 쇼핑하기 좋 아하는 것은 책이에요.

---

1 **haggle** 흥정하다 2 **thrift shop** 중고품 가게 3 **stigma** 치욕, 수치 4 **ripped** 찢어진 5 **look dignified** 기품 있어 보이다 6 **generic** 일반적인, 유명하지 않은 7 **head out** ~로 향하다, 나가다 8 **flea market** 벼룩시장 9 **make fun of** ~을 비웃다, 놀리다 10 **pay heed** 관심을 기울이다 11 **king** 으뜸, 최고 12 **die off** 멸종되다, 죽어 가다 13 **embossed** 양각으로 새긴, 눌러서 도드라지게 한 14 **way overpaid** 너무 초과 지급된 15 **drawn out** 길어진, 질질 끄는

Birthdays

생일

아버지는 매년 제게 손수 만든 생일 카드를 보내십니다. 특이한 카드 만들기가 아버지의 특기지요. 일단 납작한 마분지 조각을 가지고 그 위에 스티커와 잡지 등에서 오려낸 사진을 붙입니다. 이런 식으로 콜라주 이미지를 만들어 카드를 받는 사람에 대한 아버지의 마음을 묘사하지요.

저는 카드랑 선물 만들기를 무척 좋아합니다. 특이한 카드를 만들 때 사용하는 가지각색의 스탬프들을 가지고 있어요. 편지 봉투에 붙이는 스탬프(우표)가 아니고 잉크 패드에 눌러 찍는 고무 종류요. 잡지에서 사진 오려 내는 걸 그다지 좋아하지 않아서 대신 스탬프를 사용합니다. 카드 표지 위에 스탬프로 눌러 찍은 이미지에다 부분적으로 색칠을 하기도 합니다. 물론 살면서 중요한 모든 사람들에게 생일 카드를 만들어 주는 건 사실상 불가능한 일이긴 해요.

제가 정말로 축하했던 마지막 생일은 제 스물한 번째 생일이었습니다. 그 이후로는 나이 먹는 게 정말 싫었어요. 그렇지만 제 열세 번째 생일은 정말 굉장했답니다! 유대교 전통에 따르면 열세 살은 소년이 성인 남자가 되는 나이랍니다. 그런 이유로 아버지는 모든 노력을 다해 제 생일을 챙겨 주셨습니다. 아, 모든 생일이 그랬으면 좋겠네요.

TALK ABOUT IT

1. 가장 기억에 남는 여러분의 생일은 언제인가요?
2. 여러분이 다른 사람 생일날 했던 가장 흥미로운 선물은 무엇인가요?
3. 생일 선물 하기가 가장 어려운 사람은 누구인가요? 그 사람에게 무언가를 사 주기가 왜 그리 어려운가요?
4. 여러분은 누군가에게 생일 선물을 만들어 준 적이 있나요? 있다면 선물을 사는 것과 어떤 차이가 있었나요? 손으로 직접 만든 생일 선물이나 카드를 받아 본 적이 있나요?
5. 생일 선물 기대는 이제 안 하나요? 그렇다면 왜죠? 언제부터 그렇게 느끼기 시작했나요?
6. 가장 실망스러웠던 생일에 얽힌 기억을 이야기해 주세요.
7. 생일에 받았던 가장 좋은 혹은 가장 뜻밖의 선물은 무엇인가요?
8. '중요한 것은 마음이다.'라는 말은 무슨 뜻인가요? 여러분은 동의하나요?
9. 선물 주는 것이 좋은 생각인 것 같아요? 그렇다면 그 이유는요? 아니라면 왜 그런가요?

GET AN ANSWER from Sarah

1. 네 살인가 다섯 살 때 아버지께서 장난감 흰 말을 사 주셨어요. 말갈기가 은색이었죠. 저는 그 어떤 선물보다도 그 장난감 말을 정말 좋아했습니다. 처음 본 순간부터 좋아하게 되었죠. 거의 열 살이 될 때까지 그 장난감 말을 품에 안고 잤답니다. 저는 장난감 말에게 실버라는 이름을 지어 주었어요.
2. 음, 흥미로운 선물요? 한번은 제 여자 조카에게 인형을 만들어 준 적이 있어요. 양말을

가지고 그 속에 옥수수 낱알을 채워 넣어서 만들었죠. 저는 다른 사람들에게 선물 만들어 주는 걸 좋아합니다. 가게에서 사 주는 선물보다 직접 만들어 주는 것이 훨씬 더 친밀하고 정답죠. 애석한 점은, 사람들 대부분이 시간을 내서 이런 친밀한 것을 만들어 주지 않는다는 겁니다.

3. 저희 새 어머니요. 제가 무엇을 사다 드려도 그 분은 불평을 하세요. 제대로 사 드리려고 사람들한테 새 어머니가 뭘 좋아하는지 물어보기도 하지요. 하지만 그것도 소용이 없습니다. 그래서 이제는 다 그만두고 어머니께 그냥 현금을 드립니다.

4. 네, 말했듯이 저는 가끔 선물을 만듭니다. 그렇지만 솔직히 말씀드리면 너무 바빠서 자주는 못해요. 하지만 카드는 늘 만듭니다. 제 친구 하나가 우리 집에서 멀지 않은 곳에 있는 종이 가게를 가르쳐 주었어요. 저는 거기서 종이를 사서 그걸 접은 다음 스티커를 붙입니다.

5. 물론입니다. 그게 열여덟 살 후부터인가 나이 든다는 게 싫더라고요. 확실히 스물한 살 이후부터는 나이 드는 게 멈췄으면 좋겠더라고요. 다들 그러겠죠.

6. 한번은 생일날 데이트가 잡혀 있었어요. 그때가 스물여섯 살이었을 거예요. 상대방 남자는 나타나지 않았고, 생일은 완전 엉망이 되었어요. 나이가 들어서 사랑을 못 받는구나 하는 생각이 들더군요.

7. 일곱 살 때 생일 선물로 자전거를 받았어요. 선물 받아서 무척 즐겁고 좋았죠. 또 조금 놀라기도 했는데요, 엄마가 제가 너무 어려서 아직 자전거를 못 탄다고 했던 게 기억났거든요. 아마도 아빠가 엄마 마음을 돌려놓은 것 같아요. 확실히는 잘 모르지만 늘 아빠가 그렇게 한 게 아닌가 생각했어요.

8. 선물의 가격이 아니라 누군가 여러분에게 뭔가를 줘야겠다고 기억했다는 사실이 중요하다는 의미예요.

9. 아이들한테는 좋은 것일 수도 있어요. 성인들이라면, 근사한 저녁식사를 대접한다든가 그것과 비슷한 것을 하는 게 더 맞을 것 같아요. 그래도 돈을 주는 건 좋은 생각이 아니에요. 마음이 전혀 없다는 게 드러나잖아요.

1 **specialty** 특기, 장기 2 **depict** 설명하다, 보여주다 3 **inkpad** 스탬프대, 잉크대 4 **next to impossible** 사실상 불가능한 5 **all the stops** 모든 것 6 **kernel** 곡식의 낱알

08 | Budgets

예산

우리들 각자 매일 예산을 짭니다. 시간과 에너지, 돈에 대한 사용 계획을 짜는 것이지요. 가지고 있는 자원은 한정되어 있기에 이를 신중히 분배해야 합니다. 그렇지 않으면 갖고 있던 게 다 동이 날 거예요. 우리가 짜는 예산의 많은 부분이 머릿속에서 행해지지요. 하지만 때로는 실제로 자리에 앉아 정식으로 예산을 작성하기도 합니다. 저와 아내는 적어도 일 년에 한 번은 예산을 짭니다.

어떤 형태의 예산이든 작성할 때 저는 어떤 항목이 가장 중요한지를 항상 고려합니다. 이게 늘 쉬운 일은 아닙니다. 어느 달에는 중요할 수도 있는 항목이 다음 달에는 그렇게 중요하지 않을 수도 있거든요. 아내와 저는 우리 각자가 중요하다고 생각하는 항목에 대해 서로 의견을 달리할 때도 있습니다. 아이들 방과 후 학원비 예산을 짜야 한다고 아내가 처음 말을 꺼냈을 때 저는 그 시간과 돈을 여행하는 데 쓰면 보다 현명한 지출이 될 거라고 생각했어요.

회사나 정부 지도자들이 만나 예산을 짤 때 예산 편성의 우선순위를 놓고 크게 의견을 달리하는 경우도 왕왕 있습니다. 예를 들면, 캘리포니아에서는 예산 책정을 놓고 교착상태에 빠지는 일이 많습니다. 각자가 예산 책정 방법에 대해 타협하려 하지 않기 때문에 수개월 동안 예산 책정이 전혀 이루어지지 않기도 합니다. 가계 운영을 이런 식으로 한다면 어떻게 될까요?

TALK ABOUT IT

1. 예산을 편성할 때 여러분이 가장 중요하게 고려하는 것은 무엇인가요? 이유는요?
2. 매일 시간 계획을 짤 때, 평소 어떤 방식으로 편성하나요? 무엇을 하는 데 대부분의 시간을 쓰는 걸로 하나요?
3. 가계 예산에 대해 사랑하는 사람들과 의견을 달리한 적이 있나요? 무엇에 대해 의견을 달리하였나요?
4. 사업 예산 편성에 관여해 본 적이 있나요?
5. 여러분이라면 정부의 국가 예산 지출 방식을 어떻게 바꾸겠어요?
6. 여러분은 예산을 초과하게 되면 어떻게 하나요?
7. 어떤 계획이나 활동에서 예산이 적게 든 적이 있나요?
8. 동료나 사랑하는 사람들과 예산을 논하는 좋은 방법으로 뭐가 있을까요?

GET AN ANSWER from Thomas

1. 건강이 가장 중요한 거죠. 적어도 제 생각은 그렇습니다. 그래서 저는 뭐를 하든 건강을 최우선시합니다. 그래서 유기농 식품 구입과 헬스클럽 등록을 위해 예산을 배정합니다. 확실히 건강과 관련된 것들이죠. 음, 그래도 헬스클럽 회원권은 우선순위 목록에서 좀 더 아래에 둬야겠는데요.
2. 시간이요? 사실 예산 집행을 계획하는 것처럼 시간 사용 계획을 짜지는 않습니다. 그냥 일이 생기면 그때그때 처리하는 거죠. 사실 자랑스럽게 이야기할 만한 건 못 됩니다. 그

냥 그게 제 방식이니까요. 전 앞서 준비하기보다는 그때그때 상황에 더 반응하는 편입니다.

3. 네, 저희는 늘 돈 때문에 언쟁을 합니다. 아내는 저축을 더 하고 싶어 하고, 저는 매년 휴가 비용으로 돈을 떼어 놓고 싶어 하지요. 제 말은, 즐기지 않는 삶이 무슨 의미가 있겠어요? 확실히 아내는 그렇게 생각하지 않더군요.

4. 네, 항상 관여하고 있습니다. 저희 회사는 연례적으로 영업부를 평가하는데, 여기서 다음 해의 예산을 편성하죠. 그 자리에서 저는 늘 제 의견을 제시합니다. 아시겠지만 회사 예산을 관리하는 것이 제 개인 재정을 관리하는 것보다 훨씬 더 쉽거든요.

5. 정부를 독려해 모든 곳의 경비를 절감하도록 할 것 같아요. 정부가 너무 많은 돈을 지출하다 보니 국가 채무가 빠르게 늘고 있는 겁니다. 모든 정부 지출이 큰 폭으로 삭감되는 걸 보고 싶어요.

6. 구매의 많은 부분을 신용카드에 의존합니다. 모두들 안 그런가요? 뭐 자랑할 건 아니지만 어쩔 수 없는 경우라면 그렇게 합니다.

7. 예, 있어요. 한번은 가족 모두에게 줄 선물을 사러 크리스마스 쇼핑을 갔어요. 각 선물마다 일정 액수를 예산으로 짜 두었는데, 쇼핑을 다 끝내고 보니 꽤 많은 돈이 남았다는 걸 알게 됐어요. 그래서 식구들 모두 데리고 나가 그 돈으로 다같이 저녁 식사를 하기로 했지요.

8. 가장 먼저 해야 할 일은 예산 편성과 관련된 다른 사람들과 자유롭게 이야기하는 겁니다. 공통점을 찾아보세요. 그것들이 예산으로 책정되어야 할 가장 중요한 것일 겁니다. 그것을 가장 최우선순위로 하세요. 그런 다음, 나머지 것들과는 타협을 하는 거죠. 상대방이 여러분의 관심사를 감안해 봐준다면 여러분도 상대방의 관심사를 감안해 주세요. 지나치게 단순해 보이지만 협상은 주고받고 서로 존중해 주는 거니까요.

1 **make a budget** 예산을 짜다   2 **budget** 자금 계획을 세우다, (시간 따위의) 예정을 세우다
3 **allocate** 분배하다   4 **write a formal budget** 일이나 공적 업무로 예산을 짜다   5 **set a budget** 예산을 편성하다   6 **deadlock** 교착상태   7 **over budget** 예산 초과의   8 **reactive** (먼저 행동하기보다는 일어나는 일에) 반응을 보이는   9 **proactive** 사전 대책을 강구하는

09 | Camping
캠핑

보이스카우트 시절 가장 좋았던 추억은 빗속에서 캠핑한 것입니다. 바람은 윙윙 불었고 저는 다른 보이스카우트 친구 두 명과 작은 텐트 안에서 웅크리고 앉아 있었습니다. 입은 옷은 흠뻑 젖어서 추위가 뱃속까지 파고들었죠. 우리가 피운 모닥불은 바람이 불어 꺼진 지 이미 오래였고요. 우리는 집에서 멀리 떠나와 있었습니다. 그날의 캠핑은 내 평생 다시없는 모험이었죠.

캠핑은 결속을 다질 수 있는 훌륭한 경험입니다. 캠핑할 때는 주의를 산만하게 하는 요소들이 거의 없기 때문에 주로 떠들고 노래 부르고 친구들이랑 이야기하면서 시간을 보냅니다. 우리는 몇 개 팀으로 나뉘어 술래잡기랑 다른 게임도 했지요. 정말 무척 재미있었습니다. 그 중에서도 제가 가장 좋아했던 것은 모닥불에 스튜를 끓이는 거였어요. 저는 늘 스튜 끓이기의 대가였지요. 제가 끓인 스튜 때문에 근방 수 마일에 걸쳐 유명해졌답니다. 솔직히 뭐 특별한 것도 아닌데 말이에요. 하지만 배고프고 추울 때는 아무거나 먹어도 꿀맛이잖아요.

전 모닥불 피우는 것이 정말 재미있어요. 쉽게 피우고 밤새 탈 수 있도록 불을 지피는 것도 확실히 기술을 요하죠. 가족 모임을 할 때마다 저는 조금 일찍 도착해 캠핑 때 배운 대로 불을 지핍니다.

TALK ABOUT IT

1. 캠핑에 얽힌 가장 좋은 추억은 무엇인가요?
2. 캠핑에 얽힌 가장 안 좋은 기억은 무엇인가요?
3. 여러분은 야외에서 자는 걸 좋아하나요? 좋아하는 이유는요? 그렇지 않다면 그 이유는 무엇인가요?
4. 여러분은 캠핑을 통해 다른 사람들에게 더 가까이 다가갈 수 있다고 생각하나요, 아니면 더 멀어진다고 생각하나요?
5. 여러분은 야외에서 요리하는 것을 좋아하나요?
6. 캠핑을 가면 여러분은 주로 어떤 활동을 하나요? 여러분이 가장 좋아하는 것은 어떤 건가요?
7. 캠핑은 얼마나 자주 가나요?
8. 먹을 걸 다 가지고 가나요, 아니면 낚시도 하나요?

GET AN ANSWER from Paul

1. 솔직히 말하면 저는 야외 활동을 좋아하는 사람이 아니에요. 하지만 불행히도 아버지는 야외 활동을 좋아하셨죠. 아버지는 사람들이 지금보다 자연과 더 많이 접촉하던 시대에서 자라셨습니다. 그래서 항상 가족들을 캠핑에 끌고 다니셨어요. 하지만 저랑 여동생은 캠핑을 싫어했답니다. 그런데 한번은 강가에서 캠핑을 했어요. 물이 정말 차더군요. 저는 강에서 매끄러운 돌을 주워 모았는데, 정말 즐거운 여행이었습니다.
2. 대답하기 어려운 질문입니다. 왜냐하면 캠핑 갔던 추억 모두 다 진짜 안 좋았거든요. 한번은 바람이 너무 세게 불어서 우리 텐트가 날아가 가족들이 모두 차에 몸을 구겨 넣고 잠을 자야 했죠. 그때가 최악이었던 때 중 하나입니다.
3. 아뇨, 야외에서 자는 것 진짜 싫어합니다. 심지어 저희 집 뒷마당에서 캠핑을 했는데 그래도 싫었어요. 밖에서는 불안하고 불편할 뿐입니다.
4. 캠핑을 통해 저와 여동생은 더 가까워졌어요. 하지만 캠핑 때문에 저와 아버지 사이는 더욱 멀어지게 된 것 같아요. 그래서 대답하기 쉽지 않은 질문이네요.
5. 물론입니다. 캠핑에서 항상 유일하게 좋아했던 게 요리하는 거였어요. 왠지 모닥불 주위에서 먹으면 음식이 더 맛있어져요.
6. 이미 말씀드린 대로 먹는 게 제일 좋아하는 활동이었어요. 그리고 이야기하는 것도 항상

재미있는 것 같아요. 여동생이랑 저는 무서운 이야기를 해서 서로 놀라게 하기도 했죠. 별자리 관찰하는 것도 진짜 좋았어요. 가끔은 텐트 지붕을 열어서 하늘을 쳐다보고 별똥 별을 누가 먼저 보나 경쟁도 했죠. 하지만 벌레랑 모기 때문에 자주 하진 않았습니다.

7. 이제는 캠핑을 자주 가지 않습니다. 지난 십 년 동안 몇 번밖에 안 간 것 같아요. 고향에 야 외활동을 엄청 좋아하는 친구가 있어서 그 녀석 보러 간 몇 년 동안 몇 번 함께 캠핑을 했 었죠.

8. 보통은 우리 먹을 음식을 가지고 갔는데, 낚시도 하러 가곤 했습니다. 그렇지만 물고기 라곤 거의 잡은 적이 없어서 음식을 가져간 게 다행이었죠.

1 **howl** 고래고래 악쓰다, (바람이) 윙윙거리다　2 **huddle** 옹송그리며 모이다　3 **sopping wet** 흠뻑 젖은 4 **scrunch** 구기다, 비집고 들어가다　5 **freak each other out** 서로 놀라게 하다　6 **stargaze** 별을 쳐 다보다, 별을 관찰하다

Cars
자동차

캘리포니아에서 자랄 때 제 주변에는 자동차광들이 많았습니다. 주말 내내 자기 자동차를 가지고 일하 는 사람들을 보는 것이 드문 일은 아니지요. 그런 사람들은 종종 정성을 다해 손으로 직접 세차를 하고 광택을 내어 완벽에 가깝게 정비합니다. 음악의 대가가 자신의 악기를 다루듯이 자동차광들도 여러 면 에서 자기 차를 그렇게 다룹니다.

캘리포니아는 날씨가 아주 좋아서인지 아직까지도 상태가 꽤 좋은 50~60년대 구형 자동차들이 많습 니다. 사람들은 자기네 구형 자동차를 주말에 열리는 자동차 쇼에 몰고 나오거나 카퍼레이드를 하기도 합니다. 저는 요즘 나오는 자동차들보다 구형 자동차 모델들 외관이 훨씬 더 맘에 듭니다.

저는 자동차광이라고는 할 수 없지만, 늘 고출력 스포츠카를 좋아했어요. 제 꿈이 머스탱 컨버 터블을 빌려서 지붕을 열고 해안 도로를 따라 달리는 거였으니까요. 그래서 어느 해 여름에 는 절친한 친구랑 그렇게 해 본 적이 있습니다. 마치 제가 영화배우가 된 것 같았어요. 그런데 얼마 지나지 않아 바람이 세게 불어서 짜증이 났습니다. 마치 굶주린 눈표범 의 등을 타고 달리는 느낌이었죠.

우리 아버지는 당신 차를 '기계' 라고 부릅니다. "아차, 서류 가방을 기계에다 놓고 왔네." 라고 말씀하실지도 몰라요. 전 아버지가 그러시는 게 정말 재미있 습니다. 그걸 보면 아버지는 차를 정성을 다해 치장해야 하는 대상이 아니라 그냥 단순한 도구로 여기신다는 걸 알 수 있어요.

1. 여러분은 어떤 종류의 차를 가장 좋아하나요? 무엇 때문에 그 모델을 그렇게 좋아하나요?
2. 여러분은 스스로를 자동차광이라고 생각하나요?
3. 여러분 또는 여러분 가족이 처음으로 소유했던 차는 무엇이었나요?
4. 여러분은 자동차 관리하는 걸 좋아하나요? 좋아하는 이유는요? 안 좋아한다면 그 이유는요?
5. 여러분은 직접 운전하는 걸 좋아하나요, 누가 운전해 주는 걸 좋아하나요? 어떤 걸 더 선호하는지 설명해 보세요.
6. 여러분은 자동차를 예술품이라고 보나요?
7. 컨버터블 자동차를 탄 적이 있나요?
8. 여러분은 일부 사람들이 차를 너무 진지하게 대한다고 생각하나요?
9. 여러분은 어디 갈 때 자동차로 가는 게 더 좋은가요, 차 대신 대중교통을 이용하는 게 더 좋은가요?

GET AN ANSWER from Joe

1. 저는 1971년형 시보레 임팔라 컨버터블을 좋아합니다. 제가 이 차를 좋아하는 이유는 1970년대에 나온 복고풍 자동차이기 때문입니다. 처음 이 차를 운전했을 때 전 마치 도로의 제왕이 된 듯한 기분이었어요. 강력한 힘을 느낄 수 있었거든요. 사람들이 이런 차들을 '괴력의 차'라고 부르는데, 왜 그런지 이제는 그 이유를 알겠어요. 가속페달을 밟으면 요 녀석이 마치 나는 듯이 달려 나갑니다.
2. 아니요, 그렇지 않아요. 전 제 친구들처럼 자동차 잡지도 구독하지 않는걸요. 옆집 사는 이웃이 자동차 엔진 손질하는 걸 봐도 다가가서 수다를 떨거나 하지도 않습니다. 그리고 차를 정비해야 되면 제가 직접 손보지 않고 정비소로 가져갑니다.
3. 저희 가족에게 처음 있었던 차는 오래된 토요타였습니다. 그 차를 8년 동안 탔어요. 예쁜 차는 아니지만 그래도 자기 할 일은 충분히 해냈습니다. 차가 너무 오래되었다며 친구 몇 명이 저를 놀리기도 했지만 그 차는 한 번도 고장 난 적이 없어요.
4. 아니요. 말씀드린 것처럼 저는 그렇게 하는 걸 좋아하지 않습니다. 뭔가를 망가뜨릴까 봐 겁이 나서 그러는 것 같아요. 숙련된 전문가한테서 차가 제대로 수리를 받는다면야 돈 좀 내는 건 아무렇지 않습니다.
5. 저는 운전을 좋아합니다. 저 말고 다른 누군가가 운전을 하면 긴장이 돼요. 제가 택시 타는 걸 좋아하지 않는 것도 그 때문입니다. 택시 기사가 운전을 어디서 배웠는지 누가 알겠습니까? 저는 제가 직접 운전대를 잡고 싶습니다.
6. 네, 그렇다고 봅니다. 왜냐하면 자동차는 디자이너가 계획을 세워 세심하게 디자인하니까요. 저 어렸을 때는 제 침대 바로 옆 벽에 자동차 포스터를 붙여 놓기도 했습니다.
7. 네, 말씀드렸듯이 전 시보레 임팔라 컨버터블을 몰았습니다. 아버지도 컨버터블을 갖고 계시지만 임팔라보다는 훨씬 더 새로 나온 차죠. 몇 년 사이에 기술이 얼마나 많이 변했는지 놀라울 정도입니다. 구형 임팔라로는 두 사람이 지붕을 올리거나 걷는 데 10분 이상 걸렸거든요. 새로 나온 차는 그것을 일 분도 안 돼 자동으로 하더라고요.

8. 그렇지 않은 것 같아요. 그러니까 전적으로 개인에 따라 다르다는 겁니다. 우리 모두 자기가 갖고 있는 것 중에 어떤 것은 아주 진지하게 여기잖아요. 제 경우는 그게 차는 아니지만, 다른 사람에게는 그게 차인 거고요. 어떤 걸 아주 지극 정성으로 보살피는 것이 나쁜 것 같지는 않아요

9. 급한 일이라면 자동차로 가는 게 더 좋죠. 그렇지 않다면 버스랑 지하철이 훨씬 더 저렴하고요. 제가 사는 곳을 벗어나게 되면 전 KTX같은 초고속열차가 정말 좋아요. 빠르고 깨끗하고, 부드럽고 편안하니까요.

1 **enthusiast** 광, 팬   2 **tender** 부드러운   3 **perfection** 완전, 완벽   4 **vintage** 오래된   5 **muscle car** 강력 엔진 차, 특히 스포츠카   6 **convertible** 컨버터블 (지붕을 따로 떼어 내거나 접을 수 있는 자동차)   7 **hood** (자동차의) 접히는 지붕   8 **annoying** 짜증나게 하는   9 **Impala** 임팔라(차종 이름)   10 **retro** 구식의, 복고풍의   11 **gas pedal** 가속페달   12 **subscribe to** ~을 구독하다   13 **shoot the breeze** 수다 떨다, 한담하다   14 **behind the wheel** 핸들을 잡은, 운전하는

Celebrities
유명인

최근에 저는 여기 한국에서 어린이 콘서트를 공연하는 대규모 엔터테인먼트 회사의 사회자로 일하게 되었습니다. 제가 '연예인' 이긴 하지만 다른 제작진들과 똑같이 행동했어요. 콘서트가 차질 없이 잘 진행될 수 있도록 무대 설치 및 기타 자잘한 일들을 도왔습니다. 그때 누군가가 제게 지금까지 들어 본 것 중 최고의 칭찬을 해 주셨어요. 그분은 "보통 사람처럼 행동하시네요. 전혀 유명인 같지 않아요." 라고 말씀해 주셨습니다.

그건 아마도 제가 급진주의자들의 고향인 버클리에서 자랐기 때문일 겁니다. 저는 그 누구도 다른 사람들보다 특별 대우를 받아서는 안 된다고 생각하거든요. 사람들은 모두 평등하고 우리 모두는 각자의 방식으로 재능을 부여받았기 때문입니다. 사실 저는 유명인의 삶보다는 평범한 사람들의 삶에 훨씬 관심이 많습니다. 저는 라디오 팟캐스트를 다운받아서 평범한 이들의 일상에 대한 방송을 듣곤 합니다. 그 분들의 분투기나 성공담은 제게 영감을 줍니다.

그렇다고 제가 유명인들을 만나도 흥분하지 않는다는 건 아닙니다. 유명인들과 방송을 할 때는 저도 자주 떨리고 긴장됩니다. 특히 의상이나 행동 등에서 그 사람들만이 가진 특별한 스타일에 자주 감동을 받습니다.

1. 여러분은 유명인 중 누구를 가장 존경하나요? 어떤 점 때문에 그 사람을 존경하나요?
2. 여러분이 만나 본 사람 중에 가장 유명한 사람은 누구였나요?

3. 여러분은 언론이 유명인을 불공평할 정도로 파헤친다고 생각하나요?

4. 하루 동안 유명인이 된다면 여러분은 뭘 할 건가요?

5. 여러분이 가장 좋아하는 유명인과 하루를 보낼 수 있다면 뭘 할 건가요?

6. 우리 사회가 유명인들에게 집착하는 것이 건전하다고 생각하나요, 건전하지 않다고 생각하나요? 설명해 주세요.

7. 여러분은 유명인들이 롤 모델로서 책임감 있게 행동해야 한다고 생각하나요?

8. 유명인으로 있는다는 게 어려운 일이라고 생각하나요? 왜요?

9. 유명인들은 늘 주목받기 좋아한다고 생각하나요?

GET AN ANSWER from Tim

1. 저는 여러 영화에서 슈퍼맨을 연기했던 크리스토퍼 리브를 정말 존경했습니다. 그가 사고를 당해 몸이 마비되기 전까지는 그 배우를 높이 평가하지 않았죠. 하지만 사고 이후 그는 정말 저를 감동시켰습니다. 그는 생애 마지막 몇 년을 그렇게 위엄 있고 강하게 살았습니다. 진정한 슈퍼맨이 된 것이죠. 그는 연설도 하고, 평범하게 살려고 노력했습니다. 또 척추 손상을 입은 이들을 위해 거액의 기금을 모으기도 했습니다.

2. 제가 뉴욕에서 저녁을 먹고 있었는데 마이클 J. 폭스가 들어오더라고요. 영화 '백 투 더 퓨처'에 나온 그 사람이요. 영화에서 본 것보다 키가 훨씬 작았습니다. 그가 지나가자 식당 전체에 일순간 침묵이 흘렀어요.

3. 그런 것 같아요. 유명인들에게는 사생활이란 게 없죠. 참 끔찍해요. 유명인이 된다는 건 어떤 사람에게는 저주일 수도 있어요. 다이애나 비가 어떻게 됐는지 보세요. 언론이 다이애나 비의 사생활을 계속 뒤지고 가만 놔두지를 않았잖아요. 심지어는 사망한 날 밤에도 다이애나 비를 뒤쫓았다니까요. 일부 사람들은 그 사람들이 교통사고가 나게 해 다이애나 비를 죽게 했다고 비난했어요.

4. 음, 저는 우리 아이가 다니는 학교에 낼 기금을 마련할 것 같아요. 이상하게 들리겠지만 우리 아이 학교에 돈이 꼭 필요하거든요. 기금 마련 행사를 주최해서 사인회를 열어 기금 모금을 돕고 싶어요.

5. 음, 저는 제가 가장 좋아하는 음악가를 고르겠어요. 그리고 개인 녹음실을 찾아가 음악을 연주하게 하고 싶어요. 천국에 있는 것 같을 거예요.

6. 건전하지 않다고 생각해요. 요즘 너무 많은 사람들이 자기가 좋아하는 유명인들의 삶을 모방하려고 하는 것 같아요. 그리고 어떤 사람들은 자기 가족 구성원의 삶보다 여러 유명인들의 삶에 대해 더 많이 알더라고요. 그건 정말 잘못된 거죠.

7. 글쎄요, 롤모델이 된다는 건 어떤 사람을 좀 더 책임감 있게 행동하도록 만들어야 한다는 거잖아요. 그게 맞아요. 많은 유명인들이 사람들의 이목을 피하고 싶어 하지만 사실 그렇게 하지 못하죠. 그저 자신이 하고 싶은 일을 하다가 유명해졌을 뿐인데 그들을 어떤 상황에 틀어박아 놓는 것도 불공평해요.

8. 개인에 따라 다르죠. 자기 사생활을 중시하는 사람이라면 굉장히 어려운 일일 수도 있어요. 언론은 유명인들이 실수하는 걸 보고 싶어 하니까요. 그런 걸 정말 상관 안 하거나 공인으로서 책임감 같은 걸 전혀 안 느낀다면 유명인으로 지내는 게 쉽고 재미있기도 할 거예요.

9. 역시 그것도 사람에 따라 다르겠죠. 어떤 사람은 관심을 간절히 필요로 해서 자신의 존재를 광고하기도 하잖아요. 또 다른 사람들은 개인 생활을 가지려고 하고요. 세상 사람들의 주목을 받음으로써 많은 사람들의 삶이 망가졌어요.

1 **compliment** 칭찬　2 **celebrity** 유명인　3 **scrutinize** 자세히 조사하다　4 **obsession** 강박, 집착
5 **curse** 저주

12 Collections
수집

저는 어릴 때부터 동전을 수집했습니다. 처음 여행하는 나라에 갈 때마다 동전을 한 움큼 챙겨 와서 수집 목록에 추가하지요. 시간이 있으면 저는 은행에 가서 아직 유통이 안 된 동전 세트를 삽니다. 아버지는 우표를 수집하셨어요. 매월 우체국에 가서 우표 수집 창구에 들러 새로 발행된 우표를 사셨지요. 아버지는 우표를 작은 미술 작품으로 생각하셨어요. 열아홉 살 때는 유럽 여행 경비를 마련하려고 소장하던 우표를 파셨다고 합니다. 제 동생은 주차 위반 벌금을 내려고 수집했던 우표를 내다 팔았고요.

제 조카는 미국 만화책 〈스폰〉에 나오는 캐릭터 인형을 모읍니다. 조카 녀석 벽장 안은 그 인형들로 가득 차 있어요. 조카는 포장을 풀고 인형을 꺼내지 않습니다. 박스를 뜯으면 그 가치가  떨어질 것이기 때문이지요. 그 많은 장난감을 두고도 가지고 놀 수 없다니 참 힘들 거예요. 어떤 부자들은 자동차나 와인을 수집합니다. 어떤 사람들은 수집하는 물건들이 그들에게 가져다주는 즐거움 때문에 수집을 하고요. 또 어떤 사람들은 수집한 것으로 돈을 좀 벌 수 있을까 하는 희망으로 물건을 모으기도 합니다.

수집품을 안전하게 보관하기란 정말 어려운 일입니다. 우표가 물에 젖기도 하고 트레이딩카드 같은 건 부모님이 버리기도 하죠. 아껴 둔 와인은 손님이 놀러 오면 마셔 버리기도 하고요. 힘든 시기가 닥치면 수집해 두었던 것을 팔아야 할지도 모릅니다. 적어도 수집의 추억만큼은 안전하답니다.

TALK ABOUT IT

1. 여러분은 지금 무엇을 수집하고 있나요? 과거에는 무엇을 수집했나요?
2. 왜 그런 특이한 것을 수집하나요?
3. 언젠가 여러분이 소장한 수집품으로 돈을 벌기를 바라나요?
4. 여러분은 그냥 재미로 수집을 하나요?
5. 무엇을 수집하면 현명한 수집이라 할 수 있을까요?
6. 가족 중 누군가가 여러분의 수집품 일부를 내다 버린 적이 있나요?

7. 여러분은 친구가 수집한 것을 똑같이 따라 수집한 적이 있나요?

8. 여러분의 부모님이 무언가를 수집한 적이 있나요? 있다면 무엇인가요?

9. 여러분은 자녀들에게 수집하는 걸 권할 건가요, 또는 지금 그렇게 하고 있나요? 아이들이 서로 경쟁하지 않도록 각자 다른 것을 수집해야 할까요?

10. 여러분이 제일 소중히 여기는 수집품에 대해 얘기해 주세요.

11. 한 달에 수집품에 돈을 얼마나 쓰나요?

12. 취미에 쓰는 돈으로 얼마면 너무 많은 걸까요?

13. 여러분은 여러분의 관심사와 관련된 특별한 동호회에 가입되어 있나요?

GET AN ANSWER from Rick

1. 어릴 때 저는 만화책을 수집했습니다. 그때 당시 한 권에 10센트였어요. 매월 〈스파이더맨〉과 〈배트맨〉 만화책 신간을 샀어요. 당시에는 동네 약국에서도 만화책을 팔았는데 지금은 전문점에서만 팝니다. 아니면 인터넷으로도 구매할 수 있죠. 꽤 오래 전에 이사를 하면서 그간 모아 놓았던 걸 다 잃어버렸습니다. 요즈음은 딱히 수집하는 게 없어요. 제가 어질러져 있는 걸 싫어하거든요.

2. 글쎄요, 저는 만화책이 있으면 마치 보물을 가진 것 같은 기분이 들었어요. 또 만화책 때문에 제 슈퍼히어로 친구들에게 보다 친숙한 기분도 들었고요.

3. 저는 제 만화책을 한 권도 팔지 않았습니다. 그게 수집의 목적은 절대 아니었거든요. 그냥 수집하는 걸 즐기고 싶었습니다. 제가 아는 사람들 중에도 나중에 팔 목적으로 물건을 수집하는 사람들이 많습니다. 그렇지만 저는 그런 부류가 아니에요.

4. 네, 말씀드린 대로 제가 수집을 한 것은 제가 즐기려고 한 거였습니다. 물론 수집한 걸 친구들한테 보여주기도 했지만 친구들이 책장을 찢을까 봐 늘 걱정이 앞섰죠. 친구들이 다들 그렇잖아요. 특히 그 나이 때는 다른 사람 물건을 소중히 다룰 줄 모르죠.

5. 현명한 거요? 글쎄요. 우표나 동전처럼 세월이 흐를수록 가치가 올라가는 것들이 현명한 수집품이 될 것 같은데요. 하지만 그런 종류를 수집하는 게 제겐 언제나 지루해 보였어요.

6. 네! 확신하는데 제 수집품도 그렇게 해서 잃어버렸어요. 이사할 때 엄마가 쓰레기 상자라고 생각했나 봐요. 엄마가 제 수집품을 그냥 밖에다 내다 버렸어요.

7. 네, 물론입니다. 지극히 당연한 거죠. 제 친구가 야구 카드 모으는 것을 보고는 저도 모으고 싶어졌죠. 하지만 만화책 외에 무언가를 진지하게 모은 적은 없습니다.

8. 음, 아버지는 살인 추리소설을 수집하셨죠. 어렸을 때 저는 겉표지만 보고도 좀 무서웠어요. 아마 그 범죄소설을 쳐다본 것 때문에 제가 만화에 심취하게 된 걸 수도 있지만, 모르는 거죠. 어머니는 제가 아는 한 어떤 것도 수집하시지 않았어요.

9. 제가 아이들에게 무엇을 말하는지는 중요하지 않아요. 어차피 자기가 원하는 걸 수집하려고 할 테니까요. 저는 그저 아이들이 행복하길 원해요. 그리고 언제나 제가 하라는 대로만 하는 건 바라지 않습니다. 뭐가 됐든 아이들은 서로 경쟁하면서 자랄 테니까요.

10. 제가 가장 아끼던 수집품은 〈배트맨〉 초판이었습니다. 배트맨의 망토 색깔은 지금까지 본 것 중에서 가장 선명한 파란색이었어요. 그것을 무척이나 좋아했습니다.

11. 요즘은 공상과학 소설책을 수집합니다. 그 책들을 사느라 한 달에 60달러 정도 씁니다.

12. 상식이 적용돼야 하겠죠. 예산을 봐 보세요. 그리고 수집품이나 취미에 들어가는 비용을

보세요. 중요한 것들을 희생하고 있다거나 청구서 지불 등을 빠트리고 있다면 과용하고 있는 겁니다.

13. 아니요, 시간이 없어서 아무 동호회에도 속해 있지 않습니다. 그렇지만 동호회 한두 개 정도 드는 건 재미있을 것 같아요.

1 **uncirculated** 유통되지 않은   2 **philatelic** 우표 수집의   3 **trading card** 트레이딩카드(그림이 인쇄되어 있는 카드로 아이들이 수집하며 서로 교환하기도 함)   4 **clutter** 혼란, 어질러짐   5 **rip** 찢다   6 **toss out** ~을 갖다 버리다   7 **baseball card** 야구 카드   8 **cape** 망토   9 **vibrant** 생생한

13 | Crisis
위기

과거를 돌이켜 생각해 보세요. 여러분들은 긴급 사태나 위기 상황에 놓여 본 적이 있나요? 가족 중에 누군가가 사망했다거나 한밤중에 고속도로 변에서 자동차가 고장 나는 것이 그런 상황이 될 수 있겠네요.

위기는 여러분을 정상적인 리듬 밖으로 내쫓아 버리는 어떤 것을 말합니다. 여러분들은 위기 상황에는 심각한 결과를 초래할 수도 있는 결정을 해야 합니다. 어떤 사람들은 위기 상황에서 매우 평온한 상태가 되기도 합니다. 마치 잠재의식이 의식을 대체하는 것처럼 말이죠.

저는 위기 상황에서 공포에 질린 적이 여러 번 있습니다. 당시의 행동들은 지금 보면 자랑스럽지 않아요. 그저 본능적으로 행동했죠. 저는 특히 불을 보면 겁을 먹습니다. 제가 아주 어렸을 때 저희 집 밖에서 불이 났는데 저는 도망쳐서 숨어 버렸죠. 위기 상황에서 아이가 공포를 느끼는 것은 지극히 정상적이라 생각합니다. 아이들은 위기 상황을 대처할 만한 정신적인 도구가 없으니까요.

한번은 낚시용 보트를 타고 있는데 기관실에 화재가 났어요. 그야말로 전면적인 위기 상황이었습니다. 우리는 망망대해에 떠 있는데다, 바다는 거칠고 불길은 거셌습니다. 다행히, 어떤 심각하게 불행한 일이 생기기 전에 불을 끄기는 했지요.

제 삶을 돌아보면, 대부분의 위기는 병에 걸리거나 아픈 것을 포함합니다. 아이 중 하나가 아프면 위기 상황을 만들 수 있어요. 감사하게도 제 아내는 위기 상황에서 늘 침착함을 잃지 않습니다.

TALK ABOUT IT

1. 여러분이 직면했던 최악의 위기는 무엇인가요?
2. 여러분은 위기 상황에서 보통 어떻게 행동하나요?
3. 여러분은 위기 대처 능력을 지닌 사람들 가운데 누구를 가장 존경하나요?

4. 그 사람이 위기 상황에서 여러분과는 어떻게 다르게 행동하기에 그를 존경하나요?
5. 여러분이 위기에 잘 대처하지 못했던 때의 예를 구체적으로 들려주세요. 어떻게 다르게 대처할 수 있었을까요?
6. 위기에 특히 잘 대처했던 때는 언제였나요?
7. 잠정적인 위기를 막는 데 도움이 되는 방법으로 생각나는 것이 있나요?
8. 여러분은 누군가가 타인의 생명을 구하는 걸 본 적이 있나요?
9. 용기는 뭐라고 생각하나요?

GET AN ANSWER from Richard

1. 운전면허를 딴 직후 자동차 사고가 났습니다. 야간 경기가 끝나고 학교에서 집으로 운전해 가던 중이었는데 빙판길에서 자동차가 제어가 되지 않았어요. 자동차는 박살이 났지만 다행히도 제 친구와 저는 무사했습니다.
2. 사실 저는 침착해지는 편입니다. 차근차근 생각하면서 위기에서 빠져 나올 방법을 신중하게 생각합니다.
3. 우리 아버지는 비난을 받을 때 매우 침착하십니다. 육군에서 복무하셨는데, 거기서 아버지는 담력을 얻으신 것 같아요. 어려운 상황 동안 아버지는 무엇이 최선인지를 항상 아시는 것 같습니다.
4. 아버지께서는 위기 상황에서 질문을 많이 하십니다. 성급하게 결론을 내리지 않으시죠. 아버지는 일단 신중하게 여러 가지를 생각해 본 후 행동에 옮기십니다.
5. 이번 프로젝트에서 저는 한때 많이 뒤처져 있었습니다. 프로그램 편성 작업이었죠. 기회가 있었을 때 도움을 요청하지 못하고 제가 상황을 위기 단계까지 몰고 갔던 겁니다. 그러고는 상황이 실제로 얼마나 나쁜지를 숨기려고만 했습니다. 제가 의사소통을 더 잘했다면 애초에 위기가 닥치지도 않았을 거예요.
6. 제가 어렸을 때 동생이 밖에서 놀다 팔이 부러졌습니다. 전 간신히 동생을 진정시켜서 집 안으로 데리고 갔습니다. 그때 부모님이 집에 안 계셔서 제가 긴급 구조대에 전화를 해서 우리 집으로 구급차를 보내게 했습니다. 그런 다음 부모님께 전화 걸어서 병원으로 오시라고 말씀드렸죠. 제가 생각해도 위기 상황을 정말 잘 처리했던 것 같아요.
7. 어떤 일들은 피치 못할 수도 있어요. 확실해요. 사고는 일어나기 마련이니까요. 하지만 확실한 예방 조치를 취한다면 사고를 최소화할 수 있을 것 같아요. 예를 들어, 폭풍이 부는 바다에서는 배에 올라타는 것을 피해야 하고, 비가 올 때는 자전거를 타지 않아야 합니다.
8. 네, 한번은 어떤 사람이 바다에 빠져 죽어 가기 시작하는 걸 봤어요. 다행히도 근처에 있던 어떤 사람이 그것을 봤지요. 그 사람은 물속으로 뛰어들어 그 남자를 뭍으로 다시 데려왔어요. 그 사람은 물에 빠진 남자에게 계속해서 심폐소생술을 실시했고, 남자는 다시 숨을 쉬기 시작했어요. 정말로 무서운 순간이었지만 그 남자가 살아난 걸 봐서 너무 좋았습니다.
9. 용기란 무서워서 제정신이 아닌 경우에도 해야 할 일을 하는 것이죠.

1 **serene** 평온한, 고요한　2 **full-blown** 완전한, 전적인　3 **in the middle of nowhere** 문명 세계와 멀리 떨어진　4 **get behind** 뒤처지다, 늦다

14 | Dangerous Things
위험한 것

어떤 사람들은 모험을 좋아합니다. 제게는 밤에 라이트를 끈 채 운전하는 걸 즐기던 고등학교 친구가 있었습니다. 우리는 언덕진 곳에 살았는데 매번 굽은 도로를 달릴 때면 꼭 어딘가에 충돌할 것만 같았죠. 하지만 이 친구는 위험한 걸 정말 좋아했어요. 두말할 필요 없이 저는 그 친구와는 차를 함께 타지 않게 됐습니다. 위험을 무릅쓸 만한 가치가 없는 일이었으니까요.

제가 출퇴근할 때 보면 고속도로에서 과속으로 저를 앞질러 가는 사람들이 있습니다. 저는 그 사람들이 전혀 이해가 안 됩니다. 집에 몇 분 일찍 가려고 왜 목숨을 거는 걸까요? 제 사촌도 운전을 그런 식으로 합니다. 사촌은 속도를 내도록 개조한 경주용 차가 있어요. 세 아이와 사랑하는 부인을 둔 가장이지만 일단 운전대를 잡으면 머릿속엔 온통 모험을 즐기려는 생각뿐입니다.

제 처남은 암벽등반을 아주 좋아합니다. 보기보다는 안전할지 모르지만 저는 아직도 취미로 하기에는 너무 위험하다고 생각해요. 매일 그날의 제 목표 가운데 하나는 탈 없이 하루를 보내는 것입니다.

현대 기술로 인해 어떤 면에서는 위험한 행동을 하기가 더 어려워졌습니다. 차에서는 안전벨트를 매라는 경고가 나와요. 또 어떤 차들은 과속을 하면 경고를 하기도 합니다. 그런 식의 경고가 항상 나와서 위험을 피할 수 있게 된다면 좋을 거예요.

TALK ABOUT IT

1. 여러분이 지금까지 한 것 중에 가장 위험했던 행동은 무엇인가요?
2. 여러분은 위험한 것을 하는 데서 오는 스릴을 즐기나요? 이유는요? 그렇지 않다면 그 이유는요?
3. 위험한 행동을 피하려고 최선을 다했던 때를 말해 주세요.
4. 여러분이 아는 사람 중에 위험을 통해 스릴을 즐기는 사람이 있나요? 그 사람이 왜 그렇게 행동한다고 생각하나요?
5. 여러분은 어떤 사람이 무모하게 행동하는 것 같을 때 다퉈 본 적이 있나요? 결과는 어떻게 되었나요?
6. 여러분은 어릴 때 롤러코스터 타러 가는 걸 좋아했나요? 어린 시절 최고로 신났던 기억에 대해 말해 주세요.
7. 누군가가 위험한 행동을 해서 여러분의 목숨을 위태롭게 한 적이 있나요?

8. 극한 스포츠를 해 본 적이 있나요? 어떤 것이었나요?
9. 여러분은 상어와 호랑이 같은 위험한 동물을 좋아하나요?

GET AN ANSWER from Billy

1. 한번은 스카이다이빙을 하러 갔었습니다. 와, 스릴 만점이었어요. 스카이다이빙은 제가 늘 해 보고 싶은 거였는데 마침내 하고야 만 겁니다. 물론 사전 교육을 받았지요. 점프를 했을 때는 너무 무서워 제정신이 아니었지만 정말 굉장한 경험이었어요.

2. 저는 위험한 걸 하면서 받게 되는 그 느낌이 좋아요. 제가 살아 있음을 느낄 수 있거든요. 아드레날린이 솟구치는 것 같은 느낌이 좋습니다. 심장이 크게 고동쳐서 그 소리가 제 귀로 들릴 때의 느낌이 정말 좋아요. 인생은 짧잖아요. 그러니까 최대한 즐기면서 살고 싶어요.

3. 글쎄요. 저는 난폭하게 운전하는 건 좋아하지 않습니다. 스릴을 좋아하긴 하지만 무모함은 싫습니다. 이 둘에는 차이가 있다고 봐요. 난폭한 운전은 그냥 단순히 어리석은 행동일 뿐이에요. 자동차 사고로 죽은 친구들도 몇 명 있습니다. 제가 그 친구들처럼 될 수는 없죠.

4. 제 남동생은 아슬아슬하게 사는 걸 좋아합니다. 말도 안 되는 모험을 한다는 뜻입니다. 고등학교 다닐 때 동생은 다른 운전자들이랑 담력 게임을 하고 했어요. 한마디로 미친 짓이죠. 처음에는 동생이 그냥 관심을 받고 싶어서 그러는 줄 알았습니다. 그런데 지금도 혼자 있을 때는 그런 행동을 합니다. 그렇게 하면서 자기 내면의 공허함을 채우는 것 같아요.

5. 물론이죠. 동생의 그런 행동 때문에 녀석이랑 싸운 적이 있습니다. 가끔은 동생 자동차 열쇠를 제가 치워 버리기도 했고요. 하지만 제가 아무리 해도 동생은 변하지 않더군요. 언젠가 동생에게 나쁜 일이 생기지나 않을까 걱정이 됩니다.

6. 농담하시는 거죠? 어렸을 때 롤러코스터 엄청 좋아했죠. 지금도 좋아합니다. 제가 어렸을 때는 가족들과 산타크루스로 여행을 가서 그곳에 있는 놀이공원에서 일주일을 보내다 오곤 했습니다.

7. 한번은 제가 동생이랑 차를 타고 가는데, 동생이 너무 빨리 차를 몰기 시작했어요. 그냥 제한속도를 넘는 정도가 아니었어요. 너무나 위험할 정도로 빠르게 차를 몰았습니다. 동생한테 화가 났지만 녀석은 속력을 줄일 생각도 안 하더군요. 도로 위의 다른 차량 사고가 날 뻔했다니까요.

8. 대개는 안전하게 노는 걸 좋아합니다. 그래서 극한 스포츠를 보는 건 좋아하지만 실제로는 한 번도 안 해 봤습니다.

9. 전 위험한 동물들한테 매료됐어요. 가까이 가는 건 좋아하지 않지만 그 동물을 보면 감탄하지요.

---

1 **souped-up** 자동차 마력을 높인   2 **confrontation** 대립, 다툼   3 **to the max** 최대한도로   4 **plain stupid** 아주 멍청한   5 **live on the edge** 아슬아슬하게 살다, 위험하게 살다   6 **play chicken** 담력 겨루기를 하다   7 **nuts** 미친, 제정신이 아닌

Directions

안내

제가 열한 살 때 우리 가족은 보스턴으로 여행을 갔습니다. 고모가 운전을 했고 제가 조수석에 앉았어요. 여행하는 내내 저는 무릎 위에 지도를 놓고 길잡이 역할을 했습니다. "여기서 좌회전이요." 혹은 "이 신호등에서 우회전이요." 하면서 길 안내를 한 거죠. 길을 잃지 않도록 책임져야 한다는 건 정말 꽤나 스트레스였습니다. 한두 번 길을 잃었는데 꾸지람을 듣지 않을까 무척 무서웠지요. 하지만 고모는 굉장히 이해심이 많은 분이었어요. 길을 잃었을 때는 낯선 사람에게 길을 물어봐야 했습니다. 길을 물어보려고 주유소를 찾아봤지만 가끔은 근처에 주유소가 없는 경우도 있었어요. 낯선 사람을 만나는 아주 좋은 방법은 바로 길을 잃는 거죠.

대학원을 졸업하고 저는 한 컴퓨터 회사의 고객 지원 부서에서 잠깐 일했습니다. 고객들이 전화를 걸면 저는 최선을 다해 어떤 문제이든 설명해 드리고자 했지요. 매우 천천히 말해야 했으며 종종 같은 말을 여러 번 반복해야 할 때도 있었습니다. 다른 사람들에게 기술적인 부분을 안내하는 것은 쉬운 일이 아니에요.

요즘은 대부분의 차에 내비게이션이 있어서 목적지까지 어떻게 가는지 말해 줍니다. 매우 편리해서 길을 잃어버리기가 어렵죠. 전 방향 감각이 무척 좋아서 현재 어디가 어디인지, 한 곳에서 다른 곳으로 어떻게 가야 하는지 대부분 압니다. 하지만 가끔 주차장에서 주차할 곳을 찾느라 한참이 걸리기도 하지요. 아마도 과학자들이 더 큰 내비게이션 시스템을 찾는 데 도움이 되는 작은 내비게이션을 발명할지도 모릅니다!

TALK ABOUT IT

1. 여러분이 길을 잃어서 누군가에게 길을 물어봐야 했던 때를 이야기해 주세요.
2. 누군가가 길을 잃어서 여러분에게 길을 물어봤던 때를 이야기해 주세요.
3. 여행 중에 길잡이 역할을 해 본 적이 있나요? 길잡이 책임을 맡았을 때 어떤 기분이 들었나요?
4. 다른 사람이 가르쳐 주거나 가르쳐 주었던 길을 따라가다가 답답했던 적을 이야기해 주세요.
5. 여러분에게 길을 가르쳐 주는 사람이 그 길을 잘 모르는데도 모른다는 걸 인정하지 않으려 든다고 의심했던 적을 이야기해 주세요.
6. 여러분은 왜 사람들이 정확한 길을 모른다고 인정하기보다는 잘못 가르쳐 주려 한다고 생각하나요?
7. 여러분은 자동차에서 내비게이션을 쓰나요? 도움이 되는 것 같아요?

GET AN ANSWER from Sue

1. 인정하고 싶은 것보다 그런 일이 더 자주 생겨요. 제 차에는 아직 고급 GPS 내비게이션이 없어서 예전 방식으로 길을 찾아야 합니다.

2. 한번은 빨간 불이라 신호를 기다리고 있었는데 정말 매력적인 남자 한 명이 제 옆으로 차를 댔습니다. 그 사람이 제게 창문을 내리라고 손짓을 하더군요. 제가 창문을 내리자 그 사람이 어떤 장소로 가는 길을 물었습니다. 그곳이 어딘지는 잊어버렸어요. 제 생각엔 그냥 그 사람이 제게 작업을 걸었던 것 같아요.

3. 있어요, 전 길잡이 맡는 게 정말 싫었어요. 책임이 너무 크잖아요. 인쇄물이랑 지도가 있어도 길 잃기가 아주 쉽습니다.

4. 치과 진료 예약이 있었는데 치과를 찾지 못했어요. 그래서 치과에 전화를 걸어 길을 물어봤습니다. 안내원 말을 듣고 거기에 가기는 했지만 그래도 너무 답답했습니다.

5. 차를 세우고 한 여자 분에게 가까운 우체국이 어디인지 물어봤고, 그분이 제게 길을 가르쳐 줬어요. 하지만 그 여자 분이 길 안내를 지어내서 한 것 같아요. 우체국은 제가 있던 곳에서 몇 블록 안 떨어진 곳이었는데도 거기 가느라 진짜 시간이 오래 걸렸거든요.

6. 답을 모른다는 사실을 인정하는 걸 사람들이 두려워하기 때문인 것 같아요.

7. 제 차에는 내비게이션이 없지만 차에서 그것을 쓰는 친구들이 있어요. 도움이 되는 것 같아요. 하지만 그 내비게이션이 잘못 알려 줘서 결국 길을 잃은 때가 몇 번 있었던 게 기억나네요.

1 **guide** 안내하다, 인도하다   2 **GPS device** 위성항법 장치

16 | Dreams
꿈

저는 제가 꾼 꿈을 기억합니다. 때로는 기억하고 싶지 않은데도 계속 기억하죠. 어렸을 때 저는 꿈 일기를 썼습니다. 제가 꾼 꿈을 꽤 충실히 기록하곤 했었죠. 하지만 지금은 그렇게 자주 쓰지는 않습니다. 이제는 특별한 의미가 있어 보일 때에만 꿈 일기를 씁니다.

대학교 때 꿈 해석에 관한 책을 쓴 심리학자 융을 연구하던 친한 친구도 있었어요. 한동안 저는 꿈 해석에 관해 읽을 수 있는 책은 다 읽었죠. 하지만 얼마 후 저는 책마다 같은 이미지에 대한 해석이 서로 다르다는 사실을 알게 됐습니다. 어떤 책에는 꿈에 촛불이 나오면 좋은 징조라고 나와 있었지만 또 어떤 저자는 촛불과 관련된 꿈을 꾸는 건 위험을 암시하는 것이라고 썼습니다.

전 꿈은 바라는 대로 의미한다고 봅니다. 저는 꿈을 긍정적으로 해석하려고 해요. 꿈에 대해 걱정을 한다거나 상심할 필요는 없을 것 같아요. 좋은 영화를 즐기듯 저는 꿈도 그냥 즐길 뿐입니다. 저는 잠에서 깨면 항상 저 자신에게 기분이 좋아집니다. 일어나서 "와! 그렇게 이상하고도 재미있는 꿈을 꾸다니 난 정말 창의적인 사람이야." 라고 말해요. 이게 맞는 말이기도 합니다. 우리 모두는 각자 대단히 창의적인

사람들이거든요. 매일 밤마다 우리는 자신의 꿈을 감독합니다. 우리 모두가 아카데미 최우수 감독상을 받아야 한다니까요.

16

TALK ABOUT IT

1. 여러분이 지금까지 꾼 꿈 중에서 가장 좋았던 것은 무엇인가요?
2. 여러분이 기억하는 꿈 중에서 최악의 꿈은 무엇인가요?
3. 꿈에서 본 이미지 또는 상징 가운데서 하나를 골라 그것이 여러분에게 어떤 의미인지 설명해 주세요.
4. 누군가에게 여러분이 꾼 꿈을 해석해 달라고 부탁했던 경험을 이야기해 주세요. 여러분은 그 꿈 해석에 동의했나요, 동의하지 않았나요?
5. 누군가가 여러분에게 자신이 꾼 꿈을 해석해 달라고 요청한 적이 있나요?
6. 여러분은 다른 사람의 꿈을 해석해 주는 걸 꺼리는 편인가요? 이유는요? 꺼리지 않는다면 그 이유는요?
7. 꿈에서 본 것을 마치 현실에서 경험하는 것 같은 기분을 느껴 본 적이 있나요? 설명해 주세요.
8. 왜 우리가 꿈을 꾼다고 생각하나요?
9. 꿈속에서 날아 본 적이 있나요? 꿈에서 나는 것은 어떤 의미라고 생각하나요?
10. 꿈속에서 본인의 얼굴을 직접 본 적이 있나요? 꿈 속에서 자신을 보는 경우가 아주 드문 이유는 뭐라고 생각하나요?
11. 여러분은 꿈이 특별한 의미를 띠거나 우리 자신에 대해 뭔가 말해 줄 수 있다고 믿나요?
12. 동물들도 꿈을 꾼다고 생각하나요? 어떤 동물들이 그럴까요?

GET AN ANSWER from Dana

1. 한번은 길가에서 거대한 금화 보따리를 발견하는 꿈을 꾼 적이 있습니다. 금화들이 너무 커서 제가 끌고 갈 수 없을 정도였죠.
2. 최악의 꿈이라면 지금도 생생히 기억하는 게 하나 있습니다. 핼러윈 때 꾼 꿈인데요, 전 친구들이랑 밖에서 핼러윈 과자를 얻으러 다니고 있었어요. 친구들은 모두 괴물 복장을 하고 있었고요. 그런데 갑자기 그 친구들이 진짜 괴물로 변하더니 저를 쫓아 이웃 전체를 샅샅이 뒤지기 시작했어요. 너무나 끔찍한 꿈이어서 아직까지도 생생히 기억나요.
3. 글쎄요, 제가 말씀드린 금화 보따리에 관한 꿈인데요, 전 꿈에 나온 금화가 재물이나 부를 의미한다고 생각하지는 않습니다. 금화는 자식을 의미하는 것 같아요. 이것을 두고 오랫동안 생각을 해 봤죠. 아이들은 제 꿈에 나온 동전처럼 무겁고 또 제 인생에서 가장 소중하기 때문입니다.
4. 한번은 엄마에게 제가 꾼 꿈을 해몽해 달라고 부탁했습니다. 아주 어렸을 때였지만 당시 전 엄마가 꾸며서 설명하고 있다는 것은 알 수 있었어요. 엄마가 말하길 그 꿈은 제가 엄마 말을 더 잘 듣고 좀 더 복종하라는 뜻이었대요.
5. 함께 일하는 동료 한 명이 늘 제게 꿈 해몽을 부탁합니다.
6. 네, 저는 꺼리는 편이에요. 꿈이란 지극히 개인적인 거라고 생각합니다. 남의 꿈을 해몽

하는 건 그 사람의 양말 서랍을 조사하는 것과 같은 것이에요. 저는 타인에 대해 그렇게 속속들이 알고 싶지 않습니다. 만약 다른 사람이 제게 꿈 얘기를 하고 해몽을 부탁하면 저는 좀 난처해지기 시작합니다.

7. 항상 그런 경험을 합니다. 꿈이 우리에게 미래의 일을 경고하는 것 같아요. 다소 터무니 없는 말로 들릴 줄 압니다. 확실하게 설명할 수는 없지만 저는 정말 그렇다고 믿어요. 많은 경우, 제가 어떤 가게에 들어가서는 그 가게가 꿈에서 본 바로 그 가게라는 걸 깨 닫게 되는 거죠. 아니면 대화를 하다가 이런 생각이 떠오르는 거예요. '어머나, 이건 전 에 꿈에서 나눴던 대화잖아.'

8. 저는 하루 동안 있었던 일들을 정리하기 위해 꿈을 꾼다고 생각합니다. 꿈이야말로 우리 의 정신이 모든 기억과 경험들을 적소에 둘 수 있는 기회인 것이죠. 만약 정신이 뭔가를 어디에 두어야 할지 모른다면 악몽을 꾸게 되는 겁니다.

9. 딱 두 번 꿈에서 날아 보았습니다. 한번은 교량이 붕괴되어 제가 차에서 탈출하여 그 위 를 날았죠. 두 번째는 무언가가 저를 쫓고 있었어요. 저는 잡히기 전에 이륙을 해서 날아 가 버렸죠. 그래서 꿈속에서 나는 것은 탈출을 의미하는 것 같습니다.

10. 네, 저는 꿈을 꿀 때마다 반드시 제 얼굴을 보려고 합니다. 꿈에서 저는 항상 거울 앞에서 멈추죠. 꿈속에서 자신을 보는 것은 자기 인식이 있다는 걸 의미합니다.

11. 때때로 꿈에 아주 특별한 의미가 있을 수 있다고 믿어요. 또 가끔은 과거에 잘 맞서고 있는 바로 자신이기도 하고요. 꿈은 이해하기 어렵고, 상징들도 문화마다 다르죠.

12. 과학자들이 고양이와 개들도 꿈을 꿀 수 있다고 증명했어요. 아마 다른 동물들도 꿈을 꿀 수 있을 거예요.

1 **bummed out** 매우 슬픈, 화난   2 **reluctant** 꺼리는, 주저하는   3 **sock drawer** 양말 서랍
4 **farfetched** 억지로 갖다 붙인, 당찮은   5 **sort out** 조직하다, 정리하다

17 | Driving
운전

저는 열네 살에 운전을 시작했습니다. 당시 저는 캘리포니아의 한 큰 농장에서 살 았는데 삼촌이 트랙터 운전하는 법을 가르쳐 주셨죠. 농촌에서는 많은 젊은이들 이 가족들이 운영하는 농장 일을 돕기 위해 농기계를 운전해야 합니다. 제가 몰 았던 첫 번째 차는 파워핸들이 아니라서 핸들을 돌리기가 무척 어려웠습니다. 게다가 수동 변속기여서 힘든 게 추가되었죠.

고등학교 때는 운전자 교육 과정을 이수했습니다. 정말로 도움이 많이 되었어 요. 교육을 맡았던 강사는 다른 운전자들의 행동을 예측하는 방법도 알려 주었 습니다. 그런 식의 운전을 '방어 운전' 이라고 하죠. 다른 운전자들의 행동이

본인의 행동만큼 중요할 때가 종종 있습니다. 저는 앞차와 제 차 간의 거리를 충분히 유지하라는 것도 배웠습니다.

저는 다른 사람이 운전할 때 마음이 매우 불편합니다. 운전자가 가속페달을 밟을 때마다 불안하죠. "조심하세요!" 또는 "속도 좀 낮추세요!" 라고 소리치고 싶은 걸 억눌러야 합니다. 저는 사람들이 과속을 하거나 난폭하게 운전할 때가 싫습니다. 살면서 운전자가 위험하게 운전한다 싶으면 핑계를 대고 차에서 내린 적도 몇 번 있어요.

17

뉴욕의 일부 운전자들은 세계에서 가장 난폭하게 운전하는 사람들입니다. 제게 선택권이 있다면 뉴욕에서는 운전하지 않을 겁니다. 거기에서는 택시도 안 타고 싶어요. 뉴욕에 있을 때는 지하철을 타는 게 더 좋습니다.

저는 기분 전환으로 드라이브하러 자주 나가는 편은 아닙니다. 매일 차로 출퇴근해서 그런 것 같습니다.

TALK ABOUT IT

1. 여러분은 운전을 잘하나요? 잘한다면 그 이유는요? 아니라면 또 그 이유는요?
2. 여러분은 난폭 운전자인 편인가요, 방어 운전자인 편인가요?
3. 운전하면서 경험한 것 중 가장 좋았던 것은 무엇인가요? 가장 나빴던 것은요?
4. 다른 나라에서 운전을 해 봤거나 다른 사람이 운전하는 차에 타 봤나요? 거기에서 겪은 경험과 한국에서 운전해 본 경험이 어떻게 달랐나요?
5. 새벽 세 시에도 교통법규를 지키는 것이 중요하다고 생각하나요?
6. 운전하다 교통법규 위반 딱지를 떼인 경험이 있나요? 뭘 위반했죠?
7. 교통사고를 경험한 적이 있나요? 어떤 사고였고 누구의 과실이었나요?
8. 여러분이 생각하기에 운전에서 가장 어려운 부분은 뭔가요?

GET AN ANSWER from Kim

1. 물론 저는 운전을 잘합니다. 적어도 전 잘한다고 생각합니다. 제가 사람들을 태우고 운전하면 사람들이 편안해 하는 것 같아요. 그래서 운전을 괜찮게 한다고 생각합니다.
2. 저는 절대로 운전을 난폭하게 하지 않습니다. 대학생 때 LA에서 여름을 보낸 적이 있는데 그때 UCLA에서 강의를 몇 개 들었어요. LA에 있는 동안 도로에서 운전자들이 분통을 터뜨리는 걸 몇 번 봤습니다. 다른 운전자들의 멍청한 행동 때문에 사람들이 정신병에 걸릴 지경이었어요. 그 이후 저는 더욱 조심해서 방어 운전을 하게 되었습니다. 주변에서 달리던 운전자가 언제 갑자기 열이 확 오를지 절대 알 수 없으니까요.
3. 운전하면서 겪었던 가장 좋은 경험은 친구 몇 명이랑 시골로 여행 갔을 때였어요. 시골 경치가 무척 아름다웠습니다. 우리 모두 창문을 내리고 신선한 공기를 들이마셨죠. 딱히 어디를 가는 게 아니라서 하루 종일 천천히 유유자적 돌아다녔답니다.
4. 프랑스에 여행 가 있는 동안 차를 빌렸죠. 고향에서 운전하는 거랑 그곳에서 운전하는 것이 그렇게 다르지 않았어요. 유일한 문제는 도로 표지판이 전부 외국어라는 거였죠. 몇몇 표지판들은 무슨 뜻인가 이해하는 데 한참 걸리기도 했습니다.
5. 네. 한밤중에 음주 운전자들이 빨간 불을 무시하고 달린다는 기사를 많이 읽었습니다. 왜

항상 좀 더 인내심을 갖고 법규를 준수하지 않는 걸까요? 그렇게 하면 아마 조금 늦게 도착하겠지만 적어도 아무 탈 없이 도착할 텐데 말이죠.

6. 경찰이 몇 번 제 차를 세운 적은 있지만 법규 위반 딱지를 뗴인 적은 없습니다. 운이 좋았던 것 같아요. 그렇게 하면 안 되는데 빨간 불을 무시하고 불법 회전을 했거든요. 경찰이 차를 세운 건 그때가 처음이었어요. 두 번째 경우는, 말하지 않는 게 낫겠는데요.

7. 몇 년 전에 가벼운 접촉 사고가 있었어요. 심각한 사고는 아니었고요. 후진하다가 주차장에 주차돼 있던 차에 살짝 부딪혔어요. 상대 자동차 주인과 전 경찰 부르고 어쩌고 안 하고 우리끼리 해결을 봤습니다.

8. 많은 사람들에게 가장 어려운 건 주차하는 거죠. 그렇게 어려운 건 아닌데 사람들 대부분이 주차할 때 너무 무신경하더라고요. 주차하다가 다른 사람 차를 받고 차에 흠집을 내기도 합니다.

1 **infraction** 위반 2 **road rage** 운전 중 분통 터트리기, 운전자 폭행 3 **snap** 갑자기 화를 내다 4 **in one piece** 안전하게 5 **fender bender** 접촉 사고

18 | Exhaustion

피로

저는 피로를 느낄 때가 많습니다. 피로에 지친 사람이 비단 저 하나만이 아닌 것도 알죠. 지하철을 타면 꾸벅꾸벅 조는 사람들이 보입니다. 때때로 제가 강의할 때 조는 사람들도 있어요. 제 수업이 지겨워서 그러는 게 아니길 바라죠! 그렇게 피곤해 하는 건 아침부터 밤까지 우리 자신을 너무 내몰아 혹사시키기 때문인 것 같습니다. 간단히 말해 모두들 수면 부족인 것 같아요.

몸이 피로하다는 건 자칫 위험할 수 있습니다. 때때로 저는 밤늦게까지 일하기도 합니다. 퇴근해 집으로 운전하면서 갈 때 꾸벅꾸벅 졸 때도 몇 번 있었죠. 저는 피곤할 때는 잠을 깨려고 창문을 열고 음악을 아주 크게 틀어 놓습니다. 가끔은 차를 세우고 팝콘을 사서 먹기도 합니다. 뭔가를 먹고 있으면 잠이 덜 오는 것 같거든요. 심지어 잠에서 깨려고 신발이랑 양말을 벗기도 합니다. 그래도 정말 피곤하면 휴게소에 들러 잠을 잡니다. 제 차에는 슬리핑백도 있답니다.

일하다 졸게 되면 난처할 수도 있어요. 한번은 잠을 거의 안 자고 사흘 연속 일을 한 적이 있습니다. 나흘째 되는 날, 아주 중요한 녹화가 있었어요. 시작은 산뜻하게 잘 했죠. 그런데 조금 지나자 누군가가 절 흔들어 깨우는 것 같았어요. 피디가 저에게 "아이작, 괜찮아요?" 라고 물어보더군요. 저는 뭐라고 말을 꺼냈는데 그 한 문장도 못 끝내고 이내 다시 잠이 들어 버렸답니다!

제 친구 하나는 어떤 인터넷 게임을 합니다. 그 게임을 하려고 밤을 자주 새우죠. 회사에서 그를 보면 눈 밑에 다크서클이 생겨 몹시 지저분해 보입니다.

18

TALK ABOUT IT

1. 여러분은 너무 피로한 나머지 기차 안에서, 수업 중에, 또는 근무 중에 잠들었던 기억이 있나요?
2. 안 자고 깨어 있어야 될 때, 자지 않기 위해 여러분은 무엇을 하나요?
3. 여러분은 잠 못 잔 거에 대해 뭐라고 핑계를 대나요? 잠을 안 잔 이유가 해야 할 일 때문인가요, 취미 때문인가요?
4. 여러분은 잠을 정해진 시간에 자는 편인가요?
5. 여러분은 피로에 지쳐 업무에 지장을 준 적이 있나요?
6. 여러분은 스트레스가 많은 날에는 아무 생각 하지 않기가 힘든가요? 그렇다면 어떤 식으로 결국 잠을 청하나요?
7. 수면제를 복용해 본 적이 있나요? 효과가 있었나요?
8. 잠에서 깨어 있으려고 에너지 음료나 커피를 활용하나요?
9. 여러분은 밤에 몇 시간 정도 자야 하나요?

GET AN ANSWER from Bob

1. 떠올리는 건 어렵지 않아요. 그런 일은 늘 생기니까요. 저 같은 경우에는 두 가지 일을 하고 있고 부양할 가족도 있습니다. 그러다 보니 허구한 날 매우 피곤합니다. 정말로 인정하긴 싫지만 전에 운전하다가 졸았던 적도 있습니다. 네, 진짜예요. 차를 몰고 거의 도로 밖으로 나갈 뻔했었죠. 다행히 때마침 누가 경적을 울려 줘서 정신을 차렸어요. 자느라고 내려야 하는 정거장을 자꾸 지나쳐서 기차 타는 것도 그만뒀습니다.
2. 저는 운전할 때는 창문을 열어 놓습니다. 차가운 공기를 마시면 잠이 깨거든요. 그리고 최대한 많이 서 있으려고 노력합니다. 피곤할 때 앉아 있으면 금방 곯아떨어지거든요. 카페인은 너무 많이 마셔서 깨어 있게 하는 데 별로 도움이 안 됩니다. 정말로 피곤할 때는 꼬집기도 합니다.
3. 어렸을 때는 안 자고 깨어 있는 게 그렇게 좋더라고요. 친구들과 저는 최대한 늦게까지 안 자고 버티기도 했습니다. 저는 삼 일 동안 잠을 안 자기도 했어요. 그랬더니 머리가 너무 가벼워서 마치 둥둥 떠다니는 기분이었어요. 잘 아시겠지만 어릴 때는 안 자려고 오만 가지 이유를 대잖아요. 부모님은 아이들을 재우려 하고 아이들은 안 자려고 하는 일종의 줄다리기 같은 거죠. 하지만 지금은 일 때문에 깨어 있답니다. 쉴 수 있는 기회가 생기기만을 아주 간절히 바라죠.
4. 음, 아뇨, 그렇지 않습니다. 회사에서 어떤 일이 발생할지 제가 통제할 수 있는 상황이 아니거든요. 아시겠지만 저는 네트워크 문제 해결하는 일을 하고 있습니다. 회사 컴퓨터에 발생하는 문제들을 해결하죠. 제 일은 대부분 사무실이 문을 닫은 야간에 이루어집니다. 어떤 일이 벌어질지 예측하기도 힘들죠. 가끔은 문제를 빨리 해결하고 늦지 않게 퇴근하기도 하지만 어떨 때는 문제를 해결하느라 밤을 샐 때도 있습니다.
5. 솔직히 말씀드리죠. 네, 지장을 준 적이 있습니다. 물론 피로한 기색을 감추려고 최선을 다하죠. 하지만 피로에 지치게 되면 실수를 해서 실수한 부분을 다시 고쳐야 할 때도 있습니다. 다행히 피로로 인해 아주 크게 실수를 한 적은 없어요.

6. 네, 가끔은 정말로 초조해지고 날카로워져서 마음을 편히 쉬지 못합니다. 문젯거리나 나눈 대화들이 머릿속에서 계속 떠오릅니다. 그럼 마음을 진정시키기 위해 허브 차를 마시고 따뜻한 물로 세수를 하거나 목욕을 합니다. 재미있는 살인 미스터리 소설을 읽기도 하고요. 저는 책만 읽으면 아주 피곤해져 곯아떨어지는 것 같거든요.

7. 잠자리 들기 전에 마음을 안정시키는 데 도움이 되도록 밤에 카모마일 차를 주로 마십니다. 자연적인 데다 건강에도 좋고, 효과도 가끔 있고요. 천연 효소로 된 수면제도 가끔 복용합니다. 이건 약국이나 비타민 판매점에서 구입할 수 있어요. 천연 효소라서 안전하고, 잠재적으로 위험한 부작용도 없어요. 처방전을 받아야 하는 그런 수면제는 복용 안 할 것 같아요.

8. 에너지 음료랑 카페인 기반 음료는 몸에 쓰인 카페인 양이 많지 않을 때는 효과가 있어요. 하루에 커피를 서너 잔씩 마신다면 그다지 효과가 없을 거예요.

9. 대부분의 사람들은 밤에 일곱 시간에서 아홉 시간을 자야 해요. 전 밤에 대여섯 시간 자는 걸로 그럭저럭 버틸 수는 있지만 며칠 그렇게 한 후에는 주말에 보통 열 시간 정도 자는 걸로 귀결되더라고요.

1 **munch** 간식 등을 먹다　2 **all-nighter** 밤새기　3 **look like something that the cat dragged in** 외양이 추레하고 꾀죄죄해 보이다　4 **turn one's mind off** 아무것도 생각하지 않다　5 **bushed** 매우 지친, 피곤한　6 **drive clean off the road** 도로 밖으로 튕겨져 나가다　7 **come to** 정신을 차리다　8 **go out like a light bulb** 정신을 잃고 곯아떨어지다　9 **pinch** 꼬집다　10 **tug-of-war** 줄다리기　11 **crave** 간절히 원하다　12 **troubleshooter** 문제 해결사　13 **mask** 가리다, 숨기다　14 **get really wired** 매우 예민해지다, 신경이 곤두서다　15 **tire somone out** ~을 매우 피곤하게 하다, 녹초가 되게 만들다

19 | Fads
유행

제가 기억하는 가장 오래된 유행은 훌라후프였습니다. 그때가 제가 초등학교 3~4학년 때였을 겁니다. 어느 순간 갑자기 모든 사람들이 훌라후프를 갖고 있는 것 같았어요. 훌라후프가 없으면 낙오자 취급을 받을 정도였으니까요. 훌라후프 유행이 얼마나 급속도로 번지는지 무서울 정도였습니다. 쉬는 시간이 되면 모든 아이들이, 진짜 모든 아이들이 훌라후프를 가지고 놀았습니다.

고등학교 때는 충격 방지 손목시계가 유행이었습니다. 갑자기 학생들 전부가 이 시계를 차기 시작했습니다. 지금 생각해 보면 그때 모두 똑같은 시계를 차고 다녔던 것이 얼마나 우스꽝스러웠을까 싶네요. 하지만 유행이란 게 그런 거죠.

스마트폰이 나왔을 때 제가 아는 모든 사람들이 나가서 하나씩 사 들고 왔습니다. 저도 결국에 하나 장

만했고요. 저는 기술에 관해서는 좀 느린 편입니다. 제가 봐도 그렇게 스마트한 것 같지는 않아요! 중요한 진실은 제가 통화하려는 목적으로만 전화가 필요하다는 겁니다. 다른 모든 장치랑 게임은 전혀 필요치 않아요. 하지만 분명 곧 다른 기능들을 알고 나면 무척 흥분할 거예요.

유행을 좇는 사람들을 때때로 나그네쥐라고 부르기도 합니다. 이 사람들은 남들에게 뒤처지기 싫어서 다른 사람들이 하는 걸 따라합니다. 제가 볼 때 유행은 또래 집단으로부터 받는 압력의 힘을 잘 보여주는 것 같아요. 그렇다고 모든 유행이 바보 같지는 않습니다. 최근 한국을 휩쓸고 있는 몸짱 유행은 꽤 유익한 유행의 예라고 할 수 있죠.

19

TALK ABOUT IT

1. 여러분이 기억하는 최초의 유행은 무엇인가요?
2. 여러분이 따라했던 유행은 무엇인가요?
3. 여러분은 무엇이 유행을 사라지게 한다고 생각하나요?
4. 여러분 자신은 유행을 따라가는 사람인가요, 유행을 거부하는 사람인가요?
5. 여러분만의 유행을 시작해 보려고 한 적이 있나요?
6. 유행이 어떻게 그리 빨리 퍼진다고 생각하나요?
7. 여러분은 유행을 긍정적으로 보나요, 부정적으로 보나요?
8. 누가 유행을 시작한다고 생각하나요? 그 이유는요?

GET AN ANSWER from Julie

1. 양배추 인형입니다. 기억나세요? 못 생긴 인형들이었지만 다들 하나씩 갖고 있었잖아요. 장난감 가게에서는 부모님들끼리 싸움도 벌어졌고요. 정말 믿기 힘들 정도였어요. 진짜 완전히 광풍이었던 것 같아요.
2. 카드 게임 중 하나였던 것 같습니다. 서로가 카드를 가지고 전투를 하던 게임 말이에요. 저는 카드에 그려진 판타지 그림들 때문에 카드가 참 좋았어요. 카드 게임에는 원래 소질이 없었지만 다른 친구들과 예쁜 카드를 교환하고 그랬죠.
3. 새로운 유행이 구식을 싹쓸이하는 거죠. 또는 사람들이 단순히 이전의 유행에 싫증을 내는 거죠. 패션의 경우 새로운 디자인이 나오면 옛날 디자인은 사라지잖아요.
4. 인정하기 좀 쑥스럽지만 저는 유행을 따라가는 사람이에요. 사람들과 동떨어져 보이기 싫거든요. 의류 신상품이 나와서 모두들 달려가 그 옷을 사 입으면, 대개 저도 하나 삽니다. 아마도 제가 그렇게 자신이 없나 봐요. 하지만 그런 식으로 어울리면 마음이 더 편안해지고 안심하게 되죠.
5. 없습니다. 말씀드렸듯이 저는 뭔가를 선도하는 사람이 아닙니다. 그리고 어디서 시작해야 할지도 모르고요. 그런 제가 어떻게 유행을 시작할 수 있겠어요? 뭘 해야 할지도 잘 모르는 것 같아요.
6. 글쎄요, 요즘은 인터넷이나 휴대폰 때문에 유행이란 게 들불처럼 번지게 되는 것 같아요.
7. 부정적으로도, 긍정적으로도 안 보는 것 같아요. 그냥 불가피한 것이라고 생각해요. 사람들이 따르고 싶어 하고 외따로 뒤처지는 듯한 느낌이 싫어서 항상 유행을 따르는 거죠.
8. 대형 마케팅 회사들이 어딘가에서는 다 섞여 있더라고요. 사람들은 남이 하는 대로 다 따

라하고 끊임없이 새로운 자극이나 해결책 등을 갈구합니다. 많은 이들에게 최신 기계 장치, 음악, 영화, 간식은 그들이 열광하는 흥분 대상일 뿐입니다. 제 고등학교 경제 선생님이 한번은 이렇게 물어보셨어요. "여러분 중 대기업이 매일 우리에게 뭘 좋아하거나 뭘 싫어해야 할지 알려 준다고 생각하는 사람은 누구지?"라고요. 제가 유일하게 손을 든 학생이었어요. 그것 때문에 제 급우들과 사회를 보는 눈이 전반적으로 바뀌었죠.

1 **shock-resistant** 충격에 견디는   2 **lemming** 나그네쥐   3 **peer pressure** 또래 집단 압력
4 **fantasy artwork** 판타지 그림   5 **standoffish** 차가운, 멀리 떨어진   6 **insecure** 자신감 없는, 불안한

20 | Family Traditions
가족 전통

모든 가족에게는 저마다 특별한 전통이 있습니다. 사실 가족들끼리만 쓰는 단어도 있고요. 친구 집에 갈 때 주의를 기울여 들어 보면 친구 가족들이 서로를 특정한 별명으로 부른다거나 자기네만의 특별한 방식으로 사물을 지칭한다는 걸 눈치채게 될 겁니다. 저희는 저희만의 특별한 방식으로 식사를 합니다. 저희 집에는 저녁 식사 때마다 돌아가며 그날 있었던 기분 좋은 일들을 함께 나누는 전통이 있습니다. 아니면 순서를 정해 그날 가족 중 누군가가 가족 모두를 위해 베풀었던 친절한 행동에 대해서도 이야기 나눕니다. 저녁 식사를 하면서 긍정적인 대화를 나누는 것은 언제나 즐거운 일입니다. 소화에도 확실히 도움이 되고요.

저희 집에서는 아이들이 잠자리에 들 때 독특한 방식으로 이야기를 들려줍니다. 매일 밤 아이들 중 하나가 저에게서 듣고 싶은 이야기를 고릅니다. 그날 밤 이야기 주제를 고른 아이는 이야기에 등장하는 인물들의 이름도 고를 수 있고 또 '반대로' 읽게 할 수도 있습니다. 이 말은 제가 해 주는 이야기가 이야기 고른 사람의 마음에 안 들면 그 아이가 이야기를 반전시켜서 제가 다른 식으로 이야기를 해 줘야 하는 거지요.

제 동생과 저는 어릴 때 동네에 있던 호수에서 물놀이를 많이 했습니다. 우리는 호수 수면 위에 떠 있는 수초에 '쿠쉬코쉬' 라는 이름을 붙여 주었습니다. 그냥 우리끼리만 부르던 이름이었고 우리 두 사람만의 작은 전통이었어요. 몇몇 친구들이 그 말을 따라하긴 했지만 그뿐이었습니다. 저는 그 단어를 사용할 때마다 좋은 추억들이 많이 떠오릅니다.

TALK ABOUT IT

1. 여러분의 가족은 어떤 전통을 갖고 있나요?
2. 그 중에서 좋아하는 전통과 싫어하는 전통은 무엇인가요?

3. 사물을 지칭하는 특별한 단어가 있나요?

4. 서로를 부를 때 여러분이 지어 준 별명을 부르나요?

5. 여러분은 휴일을 특별하게 보내나요? 다른 나라나 문화권에서 온 휴일도 함께 챙기나요?

6. 여러분은 다음 세대에게 여러분의 전통을 물려주고 싶나요? 여러분의 자녀가 여러분의 전통을 배우는 게 중요한가요?

7. 요즘 세대는 전통을 유지하는 데 다소 관심이 있나요?

20

8. 전통은 가족에게 도움이 된다고 생각하나요, 해가 된다고 생각하나요? 전통이 가족 관계에 영향을 미친 경우의 예를 들어 주세요.

9. 여러분과 여러분 가족들은 어떤 전통을 따라야 하는지를 놓고 언쟁을 하나요?

10. 별명으로 불러도 괜찮을 때는 언제인가요, 그렇지 않을 때는요?

GET AN ANSWER from Peter

1. 자동차 여행을 하면서 하는 특정한 게임이 있어요. 우리가 항상 부르는 노래도 여러 가지 있고요. 가끔은 크리스마스 캐럴 같은 걸 개사해서 부르기도 합니다. 아, 그리고 온 가족이 추수감사절 때는 항상 다 같이 모이는데, 다른 가족들도 많이 그렇게 하죠.

2. 네, 저녁 식탁에서 감사 기도를 드릴 때 저희는 항상 손을 잡아야 했어요. 이렇게 하면 우리가 서로에게 연결되어 있다는 느낌이 들어서 참 좋았던 것 같아요.

3. 저는 우리 아기 담요를 '암스'라고 불렀습니다. 어떻게 그렇게 부르기 시작했는지는 모르겠어요. 그냥 늘 그렇게 불렀다는 것만 기억이 납니다. 그렇지만 그것 외에는 사물에 특별한 이름을 붙이진 않아요.

4. 물론입니다. 남동생 랜디는 '랜드맨'이라고 부르고요, 또 다른 남동생 가일스는 '플라이보이'라고 불렀습니다. 늘 비행기 조종사가 되고 싶어 했거든요.

5. 휴일이라고 우리 가족이 뭔가 다른 걸 하는 것 같지는 않아요. 저희는 아주 전통적인 가족이라서 다른 문화권에서 온 휴일을 기념하지는 않지만 그 휴일에 대해 조금 알고 있기는 하죠.

6. 당연히 아이들은 자기가 좋아하는 전통을 고르겠죠. 우리 세대만큼 가깝게 지낼 거라고는 기대 안 합니다. 앞서 말씀드린 것처럼 우리는 추수감사절마다 모입니다. 하지만 다음 세대들이 그렇게 하는 건 못 볼 수도 있어요. 확신하는데, 틀림없이 그 애들은 인터넷으로 만나서 '가상' 추수감사절을 보낼 겁니다.

7. 글쎄요, 요즘 아이들도 자기네만의 전통이 있습니다. 그런 전통은 우리 세대 전통과는 다르죠. 하지만 그게 강력한 전통인지 약한 전통인지는 잘 모르겠습니다.

8. 전 전통이 가족을 모이게 한다고 생각합니다. 전통 때문에 해가 되는 경우요? 음, 공휴일에 가끔 싸움이 벌어질 때가 있습니다. 아무개랑 아무개가 사이가 안 좋은데 휴일에 만나게 되면 불꽃이 튀는 거죠.

9. 대부분은 부모님의 의견을 따랐습니다. 어머니가 전적으로 요리를 해야 하는 게 부담이 되면서부터는 크리스마스 저녁은 우리가 서로 돌아가면서 하기 시작했죠.

10. 사람 기분만 상하게 하지 않는다면 별명 자체는 아주 좋은 거예요. 그리고 별명이 아무리 재미있는 거라도 쓰여야겠죠.

1 **alga** 해조, 바닷말   2 **pass on** 넘겨주다   3 **say grace** 감사 기도를 하다   4 **so-and-so** 아무개
5 **sparks** 언쟁, 의견 충돌

21 | Field Trips
현장학습

학교 다닐 때 가장 좋았던 건 바로 현장학습이었습니다. 친구들과 함께 실제로 학교를 벗어나도 벌을 받지 않는 기회였으니까요.

그 중에서도 가장 좋았던 현장학습은 매년 옥수수 밭 미로에 간 거였어요. 저는 미로를 무척 좋아해요. 미로에서 길을 잃는다는 생각만 하면 무서우면서도 흥분이 되죠. 우리 학교 근처 마을의 한 농부가 자기네 옥수수 밭 한 곳에 커다란 미로를 만들어 지역 학생들을 초청해 미로 찾기를 하며 놀 수 있도록 해주었던 거죠. 그래서 전 그 농부 아저씨를 진짜 좋아했어요. 그렇게 아이들이 자기 밭 여기저기를 뛰어다니도록 해 준 걸 보면 그 아저씨도 아이들을 무척이나 좋아했던 게 틀림없습니다.

저는 동물원으로 현장학습 가는 것도 좋아했어요. 동물들에게 먹이를 주면 안되었지만 저는 늘 몰래 먹이를 들고 들어갔죠. 저는 코끼리에게 땅콩을 던져주기도 하고 손바닥에 올려놓은 먹이를 염소가 먹게도 했어요. 염소가 손바닥을 핥는 느낌은 정말 이상했답니다.

제가 싫어했던 현장학습은 기억이 안 나요. 보통은 지루하기만 한 박물관도 현장학습으로 가면 왠지 재미있어졌어요. 전 교실에서 공부하기보다는 현장학습을 가서 뭔가를 배우겠어요!

TALK ABOUT IT

1. 가장 좋았던 현장학습은 무엇이었나요?
2. 현장학습을 나갈 때 무엇이 가장 좋았나요?
3. 현장학습에서 안 좋았던 게 있었나요?
4. 현장학습에 갔다가 곤경에 처한 적이 있나요? 무슨 일이었죠?
5. 부모님 중 한 분이 현장학습에 따라가신 적이 있나요?
6. 현장학습 가서 길을 잃거나 다친 적이 있나요?
7. 현장학습이야말로 유용한 교육 경험이라고 생각하나요?
8. 여러분이 생각하는 이상적인 현장학습은 무엇인가요?

GET AN ANSWER from Simon

1. 초등학교 4학년 때 연극을 보러 갔던 게 기억납니다. 연극 제목은 생각나지 않지만 극장

에 앉았을 때 제가 마치 어른이 된 듯한 기분이었어요. 연극은 학생들을 위한 특별 공연이었죠. 떠드는 애들도 있었지만 그래도 멋진 경험이었습니다.

2. 그냥 절친한 친구들과 교실 밖에서 같이 있다는 것 자체가 좋았습니다. 그리고 교실 밖에서는 선생님들도 평범한 사람들 같았고요. 우리 학교는 규모가 작아서 현장학습을 갈 때면 선생님이나 부모님이 직접 운전을 해서 데려다 줘야 했습니다. 어쨌든 전 선생님 차 뒷좌석에 양 옆에 친한 친구들을 두고 앉았는데 우정을 쌓을 수 있는 정말 좋은 경험이었어요.

3. 흠, 현장학습으로 갔던 곳 몇 군데는 정말 터무니없었던 것 같아요. 예를 들면 시청 같은 곳이요. 누가 시청 같은 데를 가고 싶어 하겠어요? 하지만 전체적으로 현장학습 가는 건 즐거웠어요.

4. 크게 곤경에 처한 적은 없습니다. 음악 공연 중에 떠들어서 꾸중을 듣기는 했지만 심하게 혼난 건 아니었어요. 어쨌든 감시하는 어른은 몇 안 되는데 교실 밖으로 많은 아이들을 데리고 나오면 곤란한 상황을 피하기가 매우 어렵죠.

5. 다행히 없었습니다. 그랬다면 진짜 부끄러웠을 거예요. 부모님이 현장학습에 따라온 친구들은 모두 너무 부끄러워했어요.

6. 저는 없지만, 놀이공원에 갔을 때 반 친구 한 명을 한 시간 가량 잃어버린 적이 있어요. 현장학습 마감 시간에 정해진 장소에서 모이기로 했는데 그 여학생이 나타나지 않았어요. 결국 그 친구를 찾긴 했지만 당시에는 아주 무서웠죠.

7. 제대로 된 지도교사가 있고 학급 전체가 괜찮다면 현장학습이 유용할 것 같아요. 그렇지만 선생님이 대충 시간 때우기 식으로 하거나 아이들도 전혀 흥미가 없다면, 그냥 교실에 있는 게 더 낫습니다. 하지만 자기 일을 정말 사랑하는 선생님과 호기심에 가득 찬 학생들이라면 그 유익함은 끝이 없죠.

8. 제가 생각하는 이상적인 현장학습은 음력설에 홍콩에 가는 겁니다. 그곳의 풍경, 소리, 냄새, 맛, 그 모든 게 제 마음을 다른 세상으로 보낼 테니까요.

ㅣ **corn maze** 옥수수 밭 미로　2 **sneak** 살금살금 가다, 몰래 가져가다　3 **lick** 핥다　4 **theme park** 놀이공원　5 **the sky's the limit** 한이 없다, 하지 못할 게 없다

22 ｜ First Impressions
첫인상

직업상 저는 남들에게 첫인상을 남길 기회가 많습니다. 새로운 사람들을 매주 만나는 것 같아요. 그래서 남들에게 좋은 첫인상을 주는 것이 제게는 매우 중요합니다. 첫인상이야말로 남들에게 좋은 인상을 남길 수 있는 마지막 기회가 될 수도 있으니까요. 그래서 저는 남들에게 주게 될 제 첫인상에 신중을 기하려 여러 가지를 살핍니다. 목소리 톤, 사람 쳐다보는 법, 옷 입는 방식, 그리고 행동 방식 등을 점검하지요.

웃음이야말로 거의 언제든지 좋은 첫인상을 남길 수 있는 훌륭한 방법인 것 같아요. 웃는 게 적절하지 않을 때는 전 적어도 크게 미소를 짓지요. 저는 또 매일 아침 옷을 입을 때 밝은 색의 재미있는 문양이 있는 넥타이를 맵니다. 제 별명이 '해피 아이작'인데 사람들에게 행복을 전달해 주고 저도 행복해지고 싶기 때문이에요. 하루를 시작하기 전 거울을 볼 때 우리가 자신에게 받는 첫인상도 중요합니다.

당연히 저도 다른 사람들로부터 좋은 첫인상과 나쁜 첫인상을 받습니다. 하지만 저는 첫인상에 연연하지 않으려고 노력해요. 첫인상이란 건 틀릴 수 있거든요. 영어 관용구 중에 '짖는 개는 물지 않는다.'라는 말이 있습니다. 이 말은 무섭게 생긴 개가 사실은 온순하다는 뜻이에요. 또 많이 쓰이는 표현으로 '책 표지만 보고 판단할 수는 없다'도 있습니다. 누군가가 단순히 어떻게 보인  다고 해서 그 사람이 실제로 그런 사람인 건 아니라는 겁니다. 그래서 저는 어떤 이의 첫인상을 살필 때 항상 이 말을 유념하려 애씁니다. 그 사람이 그날 일진이 안 좋았거나 스트레스를 받았을 수도 있기 때문이죠. 저는 모든 사람에게는 때로 차갑고 냉정한 겉모습 안에 다정한 본성이 있다고 믿고 싶습니다.

TALK ABOUT IT

1. 누군가로부터 좋은 인상을 받았던 경우를 이야기해 주세요.
2. 처음 만나는 사람의 느낌을 가지기 위해 가장 많이 보는 곳은 어디인가요?
3. 누군가로부터 나쁜 인상을 받았던 경우를 이야기해 주세요.
4. 여러분은 다른 사람의 첫인상에 많이 의존하는 편인가요?
5. 누군가에게 받은 첫인상이 틀렸던 경우를 이야기해 주세요.
6. 누군가에게 첫인상은 좋게 받았지만 실제로는 틀렸던 경우를 이야기해 주세요.
7. 여러분의 첫인상이 안 좋았다고 말해 준 사람이 있었나요?
8. 여러분에 대한 사람들의 인상을 바꾸기 위해 여러분은 무엇을 하나요?
9. 여러분은 남들에게 보이는 인상에 신경을 쓰는 편인가요?
10. 사람들이 여러분에 대해 어떤 이미지를 갖고 있을 것 같나요?
11. 그런 이미지에 마음이 편안한가요?

GET AN ANSWER from Kathy

1. 최근에 취업 면접을 보러 갔는데, 저를 면접했던 여성 면접관이 매우 냉철해 보였습니다. 면접관들은 전부, 적어도 제가 만나 본 면접관들은 대부분 예리한 사람들이었습니다. 하지만 이번 면접관은 정말 전문가처럼 보였어요. 저보다는 나이가 어렸을 겁니다만, 행동 하나하나가 훨씬 연륜이 있고 권위 있는 사람처럼 보이게 하더군요.
2. 당연히 머리 모양이죠. 머리가 단정하면 그 사람에 대한 인상이 좋습니다.
3. 제가 견습생을 데리고 일한 적이 있습니다. 첫날 견습생이 출근을 했는데 재킷에 빵 부스러기가 묻어 있더군요. 그 후 저는 그 견습생이 일도 대충 할 거라는 생각을 했어요.
4. 인정하기 싫지만 그렇습니다. 그걸로 절 비난하실 건가요? 전 얼마 안 되는 정보를 가지고 항상 결정을 해야 합니다. 처음 만나는 사람의 옷차림과 행동거지를 보면 그 사람을 어떻게 대할 것인가 결정하는 데 도움이 되죠.
5. 대학 다닐 때 제 룸메이트를 완전히 지저분한 애라고 생각했습니다. 그래요, 그녀는 지

저분했어요. 그런데, 그녀는 지적으로 매우 똑똑했어요. 방을 지저분하게 쓴다는 이유로 저는 그저 그녀가 멍청할 거라고 생각했던 거예요.

6. 이건 아주 쉽게 답변 드릴 수 있습니다. 정말로 신사라고 생각했던 한 남자를 만났어요. 완벽해 보였죠. 완벽한 옷차림과 멋진 말솜씨 등 모든 게 다요. 하지만 알고 보니 그는 질 투심이 많은 사람이었고 화가 나면 난폭해졌습니다. 그 사람에 대해 완전히 잘못 알고 있었던 거예요.

7. 사람들 말을 들어보니 처음에 사람들은 제가 구두쇠인줄 알았대요. 그러다 나중에야 제가 인색하지 않은 사람이란 걸 알게 됐다고 이야기하더군요. 전 그저 돈을 쓸 때 신중하고자 하는 것뿐인데 말이죠. 지금은 사람들이 그걸 구두쇠 짓으로 생각할 수도 있겠다고 이해합니다.

8. 흠, 특별히 그런 건 없습니다. 전 그냥 제 자신에게 솔직해지려고 해요. 다른 사람들이 저에 대한 이미지를 조정하든 그러지 않든 말이죠. 제가 일부러 그 사람들의 생각을 바꾸려 하지는 않을 겁니다.

23

9. 물론입니다. 사람들이 저를 좋아하는지 또는 싫어하는지 신경을 쓰죠. 하지만 말씀드렸다시피 제가 할 수 있는 것은 저 자신에게 솔직해지는 겁니다.

10. 저는 좀 튀는 사람인 것 같아요. 어떤 전통적인 틀에도 제 자신을 끼워 맞추지 않습니다. 전 운동을 아주 잘하지도 않고, 머리가 좋지도 않고, 음악가도 아닙니다. 저랑 몇 년째 사귀는 친구들 역시 다 조금 이상한 경향이 있어요. 어떤 사람들은 저랑 있으면 불편해하지만 또 어떤 사람들은 같은 이유로 제가 아주 재미있는 사람이라는 걸 알게 되죠.

11. 한때는 어떤 그룹의 일부가 되고 싶기도 했지만, 지금은 제가 남들과 다르다는 게 자랑스러워요.

---

1 **meek** 소심한, 온순한 2 **trainee** 견습생 3 **crumb** (빵 · 케이크의) 부스러기, 작은 조각 4 **sloppy** 칠칠치 못한 5 **the whole nine yards** 모든 것 6 **stingy** 인색한, 구두쇠의 7 **stinginess** 인색함, 구두쇠 짓

23 | Fishing
낚시

저는 호수가 세 개 있는 농장에서 자랐습니다. 세 개나요! 선장인 데이비드 삼촌은 낚시하기 끝내주는 호수로 종종 저를 데리고 갔죠. 저는 돈을 모아 두었다 최신형 가짜 미끼를 사곤 했습니다. 저는 가짜 미끼의 색상과 모양을 무척 좋아하는데, 그런 점에서 보면 제가 꼭 물고기 같다는 생각이 듭니다. 그것들이 햇빛 아래에서 반짝이는 모습과 부드럽고 고무처럼 탄성 있는 꼬리가 전 진짜 좋더라고요. 데이비드 삼촌은 가짜 미끼 따위 같은 건 전혀 안 좋아했어요. 삼촌은 낚싯바늘에 지렁이를 꿰어서 낚시하는 걸 좋아했죠. 제가 눈부시게 반짝이는 가짜 미끼를 낚싯줄에 걸었건만, 지렁이와 낚싯바늘을 쓴 삼촌이 언제나 고기를 더 많이 잡았습니다.

지렁이 이야기가 나와서 말이지만, 그 당시 우리 집에는 지렁이 농장도 있었어요. 정원 한 켠에 상자를 놓고 그 안에 퇴비를 부은 다음, 땅 속에서 파낸 지렁이들을 전부 거기에 넣었습니다. 그리고 낚시하러 갈 때마다 지렁이 상자에서 흙을 한 컵 가득 퍼서 가져갔죠.

믿거나 말거나인데요, 제가 낚싯대랑 릴 없이 맨손으로 큼지막한 무지개 송어를 잡은 적이 있습니다. 절대 꾸며 낸 이야기가 아니라니까요! 그때 저는 강에서 물속을 헤치며 걷다가 근처에서 고기 한 마리를 보았죠. 동생이랑 저는 무지개 송어를 얕은 쪽으로 몰고는 양동이를 들고 가 송어를 잡았어요.

저는 깊은 바다낚시보다는 민물낚시를 훨씬 더 좋아합니다. 뱃멀미를 제가 도저히 못 참거든요.

TALK ABOUT IT

1. 여러분은 왜 사람들이 낚시를 좋아한다고 생각하나요?
2. 혹시 친척 중에 터무니없는 얘기를 과장해서 말하기 좋아하는 사람이 있나요?
3. 여러분은 어떤 물고기를 제일 좋아하나요?
4. 여러분은 민물낚시를 좋아하나요, 바다낚시를 좋아하나요?
5. 여러분은 다른 사람들이랑 같이 하는 낚시가 좋은가요, 혼자 하는 낚시가 좋은가요? 그 이유는요?
6. 여러분은 잡은 물고기를 다시 던져 주는 게 좋은가요, 집으로 가져가서 먹는 게 좋은가요?
7. 여러분은 낚시할 때 인내심이 많은 편인가요?

GET AN ANSWER from Tom

1. 어떤 사람들에게는 낚시가 마음을 느긋하게 해 주는 것 같습니다. 그리고 무언가를 잡았다는 짜릿함도 있고요. 저녁거리를 잡았다는 걸 알면 얼마나 기분 좋은 건데요.
2. 그럼요, 저희 아버지가 그러셨죠. 지금도 식구들이 모두 모이면 가끔 그러세요. 우리 모두 아버지 얘기를 다 외울 정도이지만 아버지가 말씀하시는 걸 기꺼이 듣습니다.
3. 저는 참치를 좋아하는데, 듣자 하니 참치가 멸종 위기에 처했다고 하네요. 그래서 참치를 먹는 게 미안해지더라고요. 제가 얘기하는 건 캔에 든 흰색 참치가 아니라 고급 일식당에서 파는 멋진 붉은 색 참치입니다.
4. 바다낚시를 몇 번 가 본 적이 있는데 정말 재미있었습니다. 그래요, 큰 배를 타고 바다낚시를 해서 뱃멀미도 심하게 안 했고요. 전 바닷물 냄새가 정말 좋아요. 넓은 바다에 혼자 있다는 느낌도 좋고요.
5. 전 상관 안 합니다. 가끔은 혼자 낚시하러도 가고 또 가끔은 친구 한두 명이랑 같이 가기도 합니다.
6. 크기가 작은 고기는 다시 놓아 줍니다. 그렇지 않은 경우에는 집으로 가지고 오죠.
7. 아, 그럼요. 전 물에 낚싯대를 드리우고 보트에 앉아 편하게 있는 걸 참 좋아합니다. 마음을 진정시키고 치유의 효과도 있거든요, 특히 날씨가 화창할 때는요.

1 **sea captain** 배의 선장 2 **lure** 가짜 미끼 3 **rubbery** 고무 같은 4 **compost** 퇴비 5 **fish tale** 지어낸 이야기 6 **wade** (물속을) 헤치며 걷다 7 **freshwater fishing** 민물낚시 8 **know something by heart** ~을 암기하고 있다 9 **endangered** 위험에 처한, 멸종될 위기에 이른 10 **granted** 맞아, 인정해(무엇이 옳음을 인정하며 다른 말을 덧붙일 때 하는 말) 11 **soothing** 진정시키는, 위로하는 12 **therapeutic** 치료법의, 긴장을 푸는 데 도움을 주는

24 | Games
게임

어렸을 때 우리는 밖에서 놀았는데요, 자주 흙장난하며 놀았습니다. 친구들과 저는 '흙덩이 전쟁' 이라 부르던 놀이를 하곤 했죠. 흙덩이를 찾아서 그걸 친구들한테 던지는 놀이였어요. 물론 깃발 빼앗기 놀이와 함께 숨바꼭질이 가족들이 제일 좋아하는 놀이였습니다.

제가 조금 더 컸을 때는 '던전앤드래곤' 이라는 게임이 나왔습니다. 이건 게임 역사에서 가히 혁명이라고 할 수 있었어요. 이 게임은 제가 해 본 다른 어떤 게임보다도 저를 더 많이 변화시켰고 제 상상력의 구조를 바꿔 놓았습니다. 제가 훨씬 더 창의적인 사람이 되도록 영향을 미쳤고, 새로운 친구들도 많이 알게 해 주었습니다. 제가 '던전앤드래곤' 게임을 해 보지 않았다면 사람들 앞에 서거나 창의적인 일을 하지 못했을 거라고 생각합니다.

전 요즘은 거의 실내에서 놉니다. 제 아이들도 대부분 실내에서 놀고요. 아이들이 비디오 게임을 너무 오래 못하게 하는데 그게 쉽지가 않습니다. 요즘 비디오 게임의 그래픽은 놀라울 정도로 뛰어나서 마치 실물 같더군요. 가끔 이런 게임들은 중독성이 너무 강해 우리 아이들에게 해가 될 수도 있겠다는 생각을 합니다. 예전처럼 야외로 자주 놀러 나가지 않아 전 살이 조금 쪘습니다. 밖에 나가 공 던지기를 하는 대신 보통 집안에서 아이들과 보드게임 같은 걸 하거든요. 그 때문에 제 심신이 모두 운동 부족입니다.

아이들 게임 문제는 어떻게 할 수 있을까요? 저희 집에서는 숙제 다 하고 독서도 좀 할 때까지는 아이들이 컴퓨터 게임을 못하게 합니다. 그리고 아이들이 게임 할 수 있는 시간도 제한하고 있죠. 그렇게 하니 균형이 잘 맞는 것 같습니다.

TALK ABOUT IT

1. 여러분은 어릴 때 어떤 종류의 게임을 했나요?
2. 여러분의 자녀나 어린 친척 애들이 여러분이 했던 종류의 게임을 하나요?
3. 게임이 여러분의 성격 형성이나 사고방식에 어떠한 영향을 미쳤나요?
4. 요즘 게임은 아이들에게 어떤 영향을 미치나요?
5. 비디오 게임은 아이들에게 좋은가요, 나쁜가요?
6. 어떻게 하면 교육이 게임과 경쟁하여 아이들의 관심과 흥미를 끌 수 있을까요?
7. 게임이 수업에 통합되어야 할까요?

8. 아이들이 밖에서 충분히 노나요?
9. 여러분은 게임을 좋아하나요? 어떤 종류인가요?
10. 게임의 좋은 점은 무엇인가요?
11. 게임의 나쁜 점은 무엇인가요?

GET AN ANSWER from Joy

1. 저는 말괄량이처럼 자라서 대부분 동네 남자 아이들과 놀곤 했습니다. 우리는 막대기를 가지고 칼 싸움을 했어요. 그리고 골판지 상자를 가지고 많이 놀았던 기억이 납니다. 그 것으로 요새도 만들고, 그걸 타고 언덕을 내려가기도 했죠. 단순한 종이 상자로 할 수 있는 게 그렇게 많다니 정말 놀라울 뿐입니다.

2. 아니요, 아이들은 첨단 게임을 좋아합니다. 우리는 예전에 가짜 총을 가지고 놀았잖아요. 요즘은 애들이 모두 작은 총알과 부드러운 화살 같은 것을 쏠 수 있는 첨단 총을 가지고 놉니다. 어떤 면에서 보면 요즘 애들은 정말 좋겠어요. 그렇지만 또 다른 면에서 보면 요즘 아이들은 창의력이 좀 떨어지지 않나 싶습니다.

3. 글쎄요, 게임을 하느라 바깥에 나가 놀게 되었고 그게 제 성격을 형성하기는 했습니다. 전 가만히 앉아 있는 걸 싫어하거든요. 무슨 일이 생기길 기다리는 것도 싫어하고요. 저는 일이 생기게끔 하는 게 좋습니다.

4. 제 생각에 요즘 게임은 아이들을 너무 수동적으로 만드는 것 같습니다. 정말 그런 생각이 들어요. 그리고 요즘 아이들은 우리 때보다도 훨씬 더 고립돼 버린 것 같아요. 요즘 나온 게 임들 대부분이 다른 사람과 상호작용을 많이 할 필요가 없습니다. 그저 스크린 앞에 앉아서 하면 되죠. 저 어렸을 때는 같이 게임하고 놀려면 다른 사람들이 필요했는데 말입니다.

5. 저는 정말 모르겠습니다. 아동 심리 전문가가 아니라서요. 어쩌면 비디오 게임을 통해서 아이들이 첨단 시대에 대비할 수도 있을 거예요. 하지만 그래도 여전히 좀 슬프고 공허해 보이네요.

6. 저는 과연 그게 가능한 일인지 확신이 안 섭니다. 교육이 지금까지 제 역할을 잘하지 못한 건 확실하니까요. 제 조카 녀석들도 독서를 많이 하지 않아서 독서가 필요한 과목들은 정말 못합니다.

7. 수업이 산만해지지 않고도 게임을 수업과 통합시킬 수 있는 방법이 있다면 전 찬성입니다

8. '논다'는 것을 어떻게 정의하느냐에 따라 대답은 달라질 수 있겠죠. 저는 아이들이 그냥 아이답게 굴 시간을 충분이 못 갖는다고 생각합니다. 요즘 게임은 아이들을 너무 빨리 자라게 하는 것 같아요. 이 온라인 게임이 모두 아이들에게 부담을 주어 어른들처럼 경쟁하게 만들거든요

9. 저는 카드 게임이랑 보드게임을 하지만 롤플레잉 게임도 정말 좋아합니다. 꽤 오래 전에 그 게임을 시작했는데 지금도 그 게임을 하는 게 참 좋아요. 그 게임을 하면 몇 시간만이라도 다른 세상으로 탈출할 수 있으니까요.

10. 게임 하는 사람들은 싸움이나 알코올 남용, 또 다른 어떤 문제에는 빠지지 않는 경향이 있어요. 역사와 컴퓨터에도 관심을 보이고요.

11. 부정적인 측면으로는, 게임이 점점 더 컴퓨터를 기반으로 하게 돼서 사람들이 얼굴 맞대고 만날 일이 거의 없다는 겁니다.

1 **clod** 덩어리   2 **hide-n-seek** 숨바꼭질   3 **capture the flag** 깃발 빼앗기   4 **incredible** 놀라운,
현저한   5 **addictive** 중독성 있는   6 **integrated** 통합된   7 **tomboy** 말괄량이   8 **fort** 요새
9 **pretend gun** 가짜 총   10 **shoot pellets** 탄환을 쏘다   11 **expert** 전문가

25 | Getting Lost

길을 잃음

일곱 살 때 전 가족들과 함께 크리스마스 쇼핑을 갔습니다. 그날 밤을
아주 생생히 기억합니다. 분명 가족들과 함께 있었는데 어느 순간 길
을 잃어버리고 만 거예요. 저는 길을 잃었다는 것을 깨닫자마자 공황
상태가 되었습니다. 주위에 사람들이 수백 명 있었지만 저는 완전히
혼자인 것만 같았죠.

또 한번은 제 동생과 레이크타호에서 스키를 타고 있었습니다. 날이 저
물고 있어서 우리는 스키를 타고 마지막 활강을 하며 산등성이를 내려
오고 있었죠. 그런데 내려오는 길을 잘못 탔나 봅니다. 곧 우리 두
사람은 가파른 협곡 쪽으로 빠지고 말았습니다. 주위에는 아무도 없었고요, 계곡에서 빠져 나갈 방법
도 없었습니다. 우리는 계곡을 기어올라가 빠져 나오려고 했지만 스키 부츠를 신은 데다 스키를 들고
있어서 매우 힘들었습니다. 동생은 자기 스키를 버리고 저는 동생을 등에 업었습니다. 스키 순찰대가
우리를 찾았을 때는 거의 자정이 다 된 시간이었어요.

길을 잃는다는 게 단순히 물리적으로 길을 잃는 것만은 아니라고 생각합니다. 저는 대학교 때 매킨토
시 컴퓨터를 썼습니다. 초기 모델이었지요. 그러다 IBM의 호환 컴퓨터로 갈아탔을 때 저는 완전히 길
을 잃고 헤매는 느낌이었습니다. 물리학 수업을 들을 때도 거의 길을 헤매는 느낌이 들 때가 있었어요.
그나마 다행인 것은 제가 부끄럼을 타지 않는다는 겁니다. 그러니까 제 말은 잘 모를 때는 그걸 기꺼이
인정하고 도움을 요청한다는 거죠. 당연히 물리학 수업 때도 제 손이 많이 올라갔답니다!

TALK ABOUT IT

1. 여러분이 물리적으로 길을 잃어버렸을 때 어땠는지 말해 주세요. 그때 무엇을 했고, 기분은
   어땠나요?
2. 새로운 기술을 사용할 때 헤매던 기분에 관해 얘기해 주세요.
3. 처음 가는 장소를 찾으려다 길을 잃었던 경험을 얘기해 주세요.
4. 여러분은 약도를 잘 따라가는 편인가요? 남들에게 길을 잘 가르쳐 주는 편인가요?
5. 여러분이 조수석에 앉아 길을 잃지 않게 안내하고, 사람들이 그런 여러분을 의지하는 것
   을 좋아하나요?
6. 외국에서 길을 잃어버린 경험을 얘기해 주세요.

7. 새로운 책을 읽다가 작가가 무슨 말을 하고 있는지 몰라 헤맸던 경험을 얘기해 주세요.
8. 길을 잃은 후 마침내 길을 찾았을 때의 느낌을 이야기해 주세요.

GET AN ANSWER from Tim

1. 길을 잃게 되면 무섭습니다. 마치 물에 빠져 익사할 것 같은 기분이죠. 심장이 빠르게 뛰고 공황 상태가 됩니다. 머리 쪽으로 피가 쏠리는 느낌을 받게 되고요. 그리고 주변을 정신없이 쳐다보게 됩니다. 때로는 혼잣말을 하기도 하죠.
2. 애석하게도 제게 그런 일이 자주 일어납니다. 얼마 전에 PDA를 하나 구입했어요. 제가 하고 싶었던 건 알람 맞춰 놓는 게 다였는데, 그것도 제대로 못했습니다. 저는 너무 화가나서 그 자리에서 그걸 집어던질 뻔했어요.
3. 음, 저는 처음 가는 장소를 아주 잘 찾는 편입니다. 방향감각을 타고난 것 같아요. 물론 조금 돌아가는 경우도 있지만 반드시 목적지를 찾아갑니다.
4. 둘 다 예스입니다. 마치 마음속으로 지도를 그리는 것처럼 그렇게 되더라고요. 어렸을 때도 미술 시간에 선생님의 지시 사항을 잘 알아들었습니다. 선생님께서 "어떤 모양을 그려 보세요."라고 말씀하시면 저는 그대로 할 수 있었거든요. 선생님이 말씀하신 지시 사항이 머릿속에서 형태로 나타나 보이던데요.
5. 물론입니다. 다들 그렇죠. 제가 아주 중요한 사람인 듯한 기분이 들게 하니까요.
6. 한번은 사업차 일본에 출장 갔다가 길을 잃은 적이 있습니다. 어찌된 일인지 그날따라 제 방향감각이 전혀 작동하지 않더군요. 아마 비행기 여행 시차로 인한 피로 때문이었나 봐요. 다리를 좀 펴 줘야 될 것 같아서 산책을 하러 나갔습니다. 호텔로 돌아오는 길을 찾겠다는 결심 하에 택시도 거부했죠. 그리고 서너 시간을 헤매다 너무 지치고 좌절하게 되었어요. 결국은 포기하고 택시를 불러야 했습니다.
7. 책의 등장인물이 너무 많으면 저는 책 내용을 쉽게 놓칩니다. 예를 들어 몇몇 살인 미스터리 소설은 용의자가 너무 많아서 누가 누군지 잊어버릴 때가 있습니다.
8. 그때의 기분은 굉장하죠. 다시 안도하게 되기도 하고요. 스트레스는 제 몸에서 빠져나가는데도 매우 피곤해져요.

1 **panic** 공황 상태가 되다, 너무 걱정이 되다   2 **take a wrong turn** 길을 잘못 들다   3 **ravine** 협곡
4 **switch over to** ~로 바꾸다   5 **compatible** 어울리는, 호환성이 있는   6 **copilot** 부조종사
7 **dreadful** 굉장히 무서운   8 **drown** 익사하다   9 **irate** 몹시 화난   10 **toss something out** ~을
집어던지다   11 **innate** 타고난   12 **get turned around** 길을 잃다   13 **out of whack** 제대로 안 돌
아가는, 혼란스러운   14 **jetlag** 비행기 여행의 시차로 인한 피로   15 **hail a cab** 택시를 부르다   16 **drain**
떠나다, 빠져나가다

Ghosts

유령

제가 '해피 아이작'으로 알려져 있긴 하지만 저도 가끔씩 무서워서 놀라는 경우가 있습니다. 예를 들면, 저는 유령을 아주 무서워합니다.

물론 유령이 실제로 존재하는지는 확실히 모르겠지만 전 유령 이야기와 유령 영화가 정말 무섭습니다. 저는 보이스카우트였는데 늘 캠핑을 하러 가곤 했어요. 우리는 밤늦게 모닥불 주위에 모여 앉아 돌아가며 유령 이야기를 했지요.

저는 무서워서 놀라는 게 참 싫은데, 제 친구들은 좋아해요. 친구들이 공포 영화를 보고 싶다고 하면 전 다른 일을 합니다. 무서워서 놀라는 게 뭐가 그리 재미있는지 이해가 안 돼요. 제 동생은 어렸을 때 스티븐 킹의 소설을 즐겨 읽곤 했습니다. 저는 모험 관련 책이나 스파이 소설들을 읽었고요.

핼러윈은 한국에서 아직 인기가 많지 않습니다. 아마 앞으로도 그럴 거예요. 하지만 미국에서 핼러윈은 아주 큰 명절이랍니다. 그날은 많은 아이들이 유령 복장을 해요. 유령 복장을 만들기가 가장 저렴하고 간단하기 때문이죠. 가위랑 낡은 침대보만 있으면 되니까요.

중학교 2학년 때 우리 반이 핼러윈에 학교에서 '공포의 밤'을 열었습니다. 우리는 학교 주차장에 유령의 집을 만들었죠. 어린 아이들이 그 옆을 지나가면 우리 중2 학생들이 유령인 척하면서 아이들의 팔과 다리를 붙잡았습니다. 그뿐 아니라 유령 울음소리나 다른 으스스한 소리를 내기도 했죠. 어떤 아이들은 너무 무서워서 울기도 했습니다. 제가 유령인 양 굴었던 건 그때가 마지막이었어요.

TALK ABOUT IT

1. 여러분은 유령을 믿나요?
2. 여러분이 가장 좋아하는 유령 이야기는 무엇인가요?
3. 여러분이 가장 좋아하는 유령 영화는 무엇인가요?
4. 여러분은 유령을 본 적이 있나요?
5. 왜 유령 영화가 그렇게 인기일까요?
6. 여러분은 무엇을 무서워하나요?
7. 유령의 어떤 점이 그렇게 무서운 걸까요?
8. 초심리학은 무엇인가요?

GET AN ANSWER from Trish

1. 그럼요, 믿어요. 세 말은 죽으면 삶이 끝나는 게 아니라는 걸 믿는다는 거예요. 저는 사람의 영혼이 어디론가 간다고 생각합니다. 가끔은 나쁜 사람의 영혼이 이리저리 배회하다가 어떤 곳에 출몰하기도 하고요. 저는 사람이 갑자기 죽게 되면 죽은 장소에 출몰할 수도 있다고 생각해요.

2. 학생 두 명이 방과 후 학교에 늦게까지 남아 있어야 했습니다. 집으로 오는 길에 조금이라도 시간을 아끼려고 두 학생은 묘지를 통과하는 지름길을 택하기로 합니다. 물론 두 학생은 너무 무서워서 최대한 빨리 묘지를 가로질러 뛰어가기로 했지요. 그 중 한 여학생이 뛰어가는데 무덤에서 손이 튀어나와 그녀를 넘어뜨렸습니다. 학생은 비명을 질렀지만 학생의 여동생은 멈추지 않고 계속 뛰었죠. 유령 여럿이 넘어진 학생을 둘러쌌습니다. 유령들은 발을 구르며 비명을 지르는 그 여학생을 부드러운 땅 속으로 끌고 들어가 버렸습니다. 그 후 그 어린 여학생을 본 사람은 아무도 없었습니다.

3. 저는 악령에 사로잡히는 것을 다룬 영화가 좋아요. 왜 있잖아요, 유령이나 악마가 누군가의 정신을 잠식해 그 사람을 통제하는 그런 영화 말이에요. '엑소시스트'가 바로 악령 들림을 다룬 영화의 고전 중 하나입니다. 처음 그 영화를 봤을 때 저는 한 달 동안 십자가를 침대 옆에 두고 잠을 잤어요. 사실 저는 기독교 신자나 뭐 그런 건 아니지만 단지 안전 대책을 세우고 싶었죠.

4. 늦은 밤 집 주위에서 이상한 그림자를 본 적이 있어요. 가끔은 제 방에 저 말고 다른 누군가가 있는 것 같기도 하고요. 눈에 보이진 않지만 분명 누군가가 있습니다.

5. 사람들이 영혼의 세계를 믿고 싶어 하는 것 같아요. 앞서 말씀드린 대로 사람들은 사후 세계가 있다고 믿고 싶어 하죠. 게다가 유령 이야기랑 유령 영화가 아주 흥미진진하잖아요. 불가사의하기도 하고요.

6. 악령 들리는 거요. 제가 정신력이 강한 것 같기는 한데 악령을 몰아낼 만큼 강할까요? 그건 모르는 거죠. 그리고 진짜 그런지 알아보는 것도 두렵고요. 일단 사람이 죽으면 자신에게 육신이 있었다는 사실이 사무치게 그리울 게 틀림없어요. 그래서 전 죽은 영혼들이 옮아 붙을 육신을 찾아 돌아다닌다고 확신해요. 다만 제 육신을 선택하지 않기를 바랄 뿐이죠!

7. 유령이 실제 같아 보이기 때문이죠. 각 나라마다 유령 이야기들이 있고, 유령을 보는 사람들도 아주 많아요. 그 사람들 모두가 거짓말하는 것 같지는 않아요.

8. 초심리학은 초자연적인 현상을 다루는 학문이에요. 어떤 과학자들은 그것을 쓰레기로 취급하지만 한편 몇몇 대학교에서는 그것을 연구하는 학과를 두기도 하죠.

---

1 **for one** 예를 들어   2 **sheet** 침대보   3 **wail** 흐느끼다, 통곡하다   4 **spooky** 으스스한, 괴상한
5 **hang around** 배회하다, 돌아다니다   6 **haunt** 출몰하다   7 **drag** 끌다   8 **possession** 귀신 들리는 것, 빙의   9 **demon** 악마, 악령   10 **crucifix** 십자가   11 **afterlife** 사후 세계   12 **fake** 날조하다

27 | Goals

목표

대학교 때 저는 한동안 어떤 과목을 잘 못했었습니다. 좀 부끄러우니까 어떤 과목인지는 말씀드리지 않을게요. 좋아요, 가르쳐 드리죠. 한국어였습니다. 그래서 수업이 끝난 후 한국어 교수님 연구실에 찾아가 어떻게 하면 한국어를 향상시킬 수 있는지 여쭤 봤어요. 교수님의 대답을 듣고 저는 깜짝 놀랐습니다. 교수님께서는 단어를 더 많이 외우라는 말씀도, 또 어학실에서 시간을 더 많이 보내라는 말씀도 하지 않으셨어요. 교수님은 매일 밤 자기 전에 다음 날 해야 할 목표를 세우라는 말씀을 해 주셨습니다. 그게 다예요. 정말 간단하지 않나요? 교수님은 목표가 반드시 학업과 관련될 필요는 없다고 하셨어요. 그저 매일 밤 목표를 세우고 다음 날 그 목표를 달성하도록 노력하라고만 하셨죠.

그래서 저는 그분의 조언을 가슴에 새겼습니다. 저는 하루 세 끼 밥 먹기처럼 제가 성취할 수 있는 목표부터 시작했어요. 목표는 그 이상도 그 이하도 아니었어요. 일상생활에서 좀 더 체계가 잡히다 보니 자연적으로 학교생활에서도 더 체계가 잡혔어요. 그러고 나서 수업 시간에 맨 앞줄에 앉기 같은 조금 더 어려운 목표들로 나아가게 되었죠. 전에는 강의실 뒤에 앉아서 수업에 주의를 많이 기울이지 못했거든요. 어느새 그 수업에서 제 성적은 오르기 시작했습니다.

매일 목표를 세우고 그 목표를 이루려고 노력하는 과정에서 제 인생에 큰 변화가 생겼습니다. 저는 정말 간단한 목표를 세우려고 애씁니다. 나중에 제가 교수님께 왜 아침이 아니라 밤에 목표를 세우라고 했는지 그 이유를 여쭤 봤습니다. 교수님께서는 "그래야 꿈속에서부터 그 목표를 이루려고 애쓰기 시작하지."라고 대답하셨어요. 처음에는 교수님이 어떻게 되신 게 아닌가 생각했지만 나중에서야 교수님이 하신 말씀을 이해할 수 있었습니다. 목표를 이루기 전에 먼저 그 목표를 마음속으로 그려 봐야 한다는 것이죠. 그렇기 때문에 목표를 간단하면서도 구체적으로 세우는 게 도움이 되는 것입니다.

TALK ABOUT IT

1. 여러분 스스로 매일 목표로 세우는 것은 무엇인가요?
2. 여러분은 새해 초에 목표를 세우나요?
3. 여러분은 본인이 세운 목표를 얼마나 자주 되짚어 보거나 마음속에 그려 보나요?
4. 여러분이 스스로 세운 목표로서 이룰 수 있었던 것은 무엇인가요?
5. 여러분이 이뤄야 할 인생의 목표는 무엇인가요?
6. 목표를 세울 때 다른 사람으로부터 조언을 듣나요? 그 사람들은 여러분에게 어떤 조언을 해주나요?
7. 다른 사람의 목표를 차용해서 본인의 목표로 만든 적이 있나요?
8. 꿈과 목표는 같은 건가요?

GET AN ANSWER from Vivian

1. 침대 정돈입니다. 바보같이 들리겠지만 시간을 내서 침대를 정돈하면 대개 하루를 잘 보

내요. 급히 나가느라 침대 정리를 하지 않으면 하루 종일 이 사람 저 사람 따라잡느라 애쓰는 것 같아요.

2. 네, 전에는 어김없이 세웠죠. 새해 맞이 목표를 무척 많이 세우곤 했는데요, 제 자신에게 실망했던 적이 너무 많아서 지금은 그냥 적정해 보이는 선에서 한두 가지 목표만 세웁니다.

3. 자주 그렇게는 못합니다. 알죠, 알아요. 그게 좋은 자세가 아니라는 건요. 진짜 잠시 멈춰 서서 내 인생이 어디로 향하고 있는지 분명히 되짚어 봐야 할 것 같아요. 성공한 기업가들은 모두 한결같이 '목표를 세우고 그 목표를 자주 생각하라' 라고 입을 모으잖아요.

4. 음, 큰아들이 태어났을 때 저는 정말 살을 빼고 싶었습니다. 당시 불편할 정도로 살이 찐 것 같았어요. 그렇게 되자 제가 제 자신을 별 매력 없는 사람으로 여기기 시작하더라고요. 그래서 한 달에 1파운드씩 몸무게를 줄이겠다는 목표를 세웠습니다. 그 정도가 아주 합리적일 것 같았어요. 실제로도 그랬고요. 결국 저는 살을 12파운드 뺐고, 제가 해냈다는 사실에 기분이 너무 좋았습니다.

5. 선생님이 될 수 있게 석사 학위를 받고 싶습니다. 늘 가르치는 일을 하고 싶었거든요. 저는 아이들과 잘 지낼뿐더러 선생님이 되면 성취감도 크게 느낄 수 있을 거라 생각해요.

6. 사람들이 제게 다양한 조언을 해줍니다만, 대부분은 제가 원하는 게 아니에요. 다른 남자를 찾아보라는 둥, 새로운 패션을 시도해 보라는 둥, 모두 말도 안 되는 조언들을 하죠. 전 제 삶을 관리하려고 드는 그런 사람들의 말을 듣지 않게 됐습니다.

7. 음, 우리 할머니의 목표 가운데 몇 개를 제 목표로 받아들인 적이 있습니다. 할머니께서는 '단순하게 살아라.' 라고 말씀하셨죠. 저는 그 말씀이 정말 좋았어요. 그래서 제 목표 가운데 하나로 만들었습니다.

8. 두 개는 좀 다른 것 같아요. 목표는 가끔 이룰 수 있는 것이지만 꿈은 훨씬 더 이루기 어려운 어떤 것이라고 봐요.

1 **embarrassing** 난처한, 당혹스러운　2 **concrete** 구체적인　3 **play catch-up** 상대방을 따라잡으려 애쓰다　4 **fulfilling** 만족시키는, 성취감 있는

28 | Hair

머리

제 친구 하나는 50대입니다. 얼마 전에 그는 머리카락 몇 가닥이 하얘지기 시작하는 걸 보고 바로 검은색으로 염색하기로 했답니다. 그는 왜 그렇게 했을까요? 글쎄요, 사람들이 자기를 젊고 에너지가 넘치는 사람으로 봐 줬으면 하는데 반백이 되면 그런 이미지를 더 이상 전하지 못할 것 같으니까 그런 거죠. 제 경우에는 가끔 좀 과감한 색깔로 염색해 보는 건 어떨까 하고 생각해 봤습니다. 백금색 같은 색으로요. 그렇게 하

면 아주 재미있을 것 같아요. 하지만 아내는 그렇게 생각하지 않더라고요. 게다가 아내는 저보다 제 머리를 더 많이 쳐다봐야 하는 사람이니까요.

다행스럽게도 제 머리는 원래 곱슬머리여서 파마를 하지 않아도 됩니다. 파마약 냄새는 정말 못 참겠더군요.

전 대학 다닐 때 머리를 빡빡 민 적이 있습니다. 새로운 마음으로 출발해 보고 싶었고, 삭발이야말로 새 출발을 표현하기에 안성맞춤 같았으니까요. 훤히 드러난 두피에 바람이 스칠 때의 느낌도 매우 상쾌했어요. 만약 탈모가 시작되면 전 그냥 다시 삭발하겠다고 할지도 모릅니다. 머리카락 없이 반질반질한 머리는 꽤 섹시해 보이는 것 같아요! 부분적으로 대머리가 되는 것보다는 그게 훨씬 좋잖아요. 전 옆머리만 있고 가운데 위가 대머리로 되는 건 정말 싫습니다.

저는 출연하는 TV 프로그램 때문에 가발을 많이 씁니다. EBS에는 가발이 가득 들어찬 벽장이 있죠. 가발을 쓰면 역할극도 할 수 있고 완전히 다른 사람이 되어 볼 수도 있어요. 또 가발 쓴 제 모습을 보고 우습다고 놀릴 수도 있고요. 전 그렇게 해 보는 게 중요한 것 같아요. 자기 자신을 너무 진지하게만 받아들이면 더 이상 재미가 없어지거든요. 가끔씩은 가발을 써 보든가 머리 모양을 바꿔 보세요. 아마 새로운 모습의 여러분과 사랑에 빠질 겁니다.

28

TALK ABOUT IT

1. 머리를 가지고 했던 가장 파격적인 것은 무엇인가요?
2. 여러분은 가끔 머리에 염색을 하나요? 가장 좋아하는 색은 뭔가요?
3. 여러분은 파마를 하나요? 곱슬머리와 직모 중 어떤 걸 더 좋아하나요?
4. 여러분은 가깝게 지내는 미용사가 있나요?
5. 여러분은 가족이나 절친한 친구에게도 털어 놓지 않는 비밀을 미용사나 이발사에게 이야기하나요?
6. 어떤 영화배우가 여러분이 감탄하는 헤어스타일을 하고 있나요?
7. 가끔은 다른 머리 색깔이나 스타일을 갖고 태어났으면 좋겠다고 생각하나요?
8. 언제 머리 모양을 바꾸나요?
9. 머리 모양을 바꾸면 여러분이 자신에 대해 느끼는 것에 영향을 주나요?

GET AN ANSWER from Susan

1. 고등학교 때 매년 '스피릿 주간' 이라는 게 있었어요. 스피릿 주간 중 하루를 '광란의 머리 날' 이라고 불렀는데, 이날 가장 파격적인 머리를 한 사람이 자기 반 점수를 얻었어요. 그래서 저는 그날 홀치기염색한 셔츠처럼 보라색, 빨간색, 파란색, 녹색, 오렌지색으로 머리를 염색했죠. 일등은 못했지만 엄마를 놀라게 하기엔 충분했어요!
2. 그럼요. 저는 항상 염색을 합니다. 버건디 와인 색(진홍색)을 무척 좋아하는데, 굉장히 세련된 색깔이죠. 제가 가장 좋아하는 영화배우들 중에도 이 버건디 색 머리를 한 배우들이 있는데, 늘 아주 우아하면서도 로맨틱해 보이는 것 같아요.
3. 네, 저는 파마합니다. 시기에 따라 다른데요, 여름에는 단발머리를 하는 게 좋아요. 평소에는 웨이브를 살짝 넣어 파마하는 편이죠. 겨울에는 긴 생머리가 좋습니다.

4. 제가 뉴욕에 살 때는 있었어요. 저는 한 달에 한 번씩 미용사를 찾아갔죠. 미용사와 이 얘기 저 얘기 다 했답니다. 그녀는 제 친한 친구들 중 한 명이었어요. 머리를 자르러 가기보다는 친분을 쌓으러 미용실에 갔답니다.

5. 말씀드린 대로 저는 제 머리를 잘라 주는 미용사와 친하게 지내는 편이에요. 머리를 만진다는 건 마사지를 받는 것처럼 지극히 개인적인 서비스잖아요. 그래요, 실제로는 같은 거죠. 제 뒤에 있어서 눈으로 볼 수 없는 사람이 제 피부를 만지는 거니까요. 정말 참기 힘든 미용사들도 만났지만 대부분은 이야기 나누기 편한 사람들이었죠.

6. 저는 줄리아 로버츠의 머리 모양이 맘에 듭니다. 참 아름다운 여인이죠. 언제나 흔들림 없고 완벽해 보여요. 제 머리 모양이 줄리아 로버츠의 머리 모양이랑 같으면 좋겠어요.

7. 아뇨, 안 그런데요. 전 지금 제 머리 모양이 아주 좋아요.

8. 이미 말씀드린 것처럼 계절별로 머리 모양을 자주 바꿔요. 그렇게 하면 적어도 일 년에 네 번은 신선하고 새로운 스타일로 해 볼 수 있잖아요.

9. 어떤 면에서는 그래요. 머리카락을 많이 잘라 내면 가끔 제 몸에서 만근의 무게가 빠져 나가는 것처럼 여겨져요. 그렇게 하면 더 자유롭고 가벼운 기분이 들어요.

1 **feeling** 느낌, 기분   2 **scalp** 두피   3 **dye** 염색하다   4 **tie-dyed** 홀치기염색으로 무늬를 넣은
5 **burgundy** 진홍색, 암적색   6 **classy** 세련된   7 **companionship** 친교, 우정   8 **I would die to have her hair** 그녀와 똑같은 머리 모양을 하고 싶다

29 | Handyman
손재주 있는 사람

여러분은 스스로를 손재주 있는 사람이라고 생각하나요? 저는 아닙니다. 저는 한 번도 물건 수리 같은 걸 잘해 본 적이 없어요. 제가 자랄 때 절친했던 친구 아버지가 차고를 갖고 계셨습니다. 그 차고를 지나가면서 전 친구나 걔네 아버지가 차 밑으로 들어가 차를 수리하거나, 차를 더 좋게, 더 크게, 더 빨리 달리도록 뚝딱뚝딱 손으로 개조하는 모습을 가끔 보았습니다. 이 복잡한 기계들을 분해해서 다시 조립하는 걸 보고 저는 늘 놀라워했죠. 설명서도 없이 어떻게 그렇게 하는 걸까요? 그 두 사람은 본인들 스스로 터득했던 겁니다.

집안 배관을 수리할 때 전 별 쓸모가 없는 사람입니다. 집에서 냉장고나 다른 전자 제품 등을 고쳐야 할 때는 진땀이 나죠. 저는 특히 전선들이 무섭습니다. 어떤 전선이 어디로 가야 할지 전혀 모르겠거든요.

하지만 괜찮습니다. 사람들은 모두 각자 자기 전문 분야가 있으니까요. 제 전문 분야는 영어입니다. 영어에 관해서라면 재주가 있는 사람이죠. 저는 고장 난 토스터는 못 고치지만 잘못된 문장들은 잘 고치죠. 저는 저의 한계를 편안하게 받아들입니다. 아마도 제가 집 수리 강좌를 듣는 걸 보실 일은 절대로

없을 거예요.

'허니두(honey-do)' 리스트를 갖고 있는 아내들이 많습니다. 이것은 부인이 남편이 해 주었으면 하고 바라는 집안일들을 적은 목록이에요. 참고로 "여보, 이것 좀 해 줄래요?"라는 뜻의 "Honey, will you do this please?"에서 온 이 '허니두'는 감로 멜론(honeydew melon)의 이름을 가지고 말장난을 한 것입니다. 우리 집은 실제로 이와 정반대입니다. 제가 오히려 아내가 해 주길 바라는 집안일 목록을 갖고 있죠. 아내가 저보다 물건 수리를 훨씬 더 잘하거든요.

TALK ABOUT IT

1. 여러분은 무엇을 잘 고치나요?
2. 물건 수리하는 건 어떻게 배웠나요?
3. 무엇을 더 잘 고쳤으면 하고 바라나요?
4. 여러분은 집안일을 하면 긴장이 풀리나요, 아니면 좌절감이 드나요? 설명해 주세요.
5. 여러분은 수작업을 하다 막히게 되면 어떻게 하나요?
6. 여러분은 예전에 무엇을 고쳐 봤나요?
7. 여러분은 자동차랑 다른 기계와 관련해서 그 쪽으로 소질이 있는 편인가요?
8. 그런 종류의 작업이 남성 전유물이라고 생각하나요?

29

GET AN ANSWER from Ted

1. 저는 컴퓨터를 잘 고칩니다. 처음에는 좀 겁을 냈죠. 하지만 의외로 간단해요. 부속품도 그렇게 많지 않고요.
2. 저는 인터넷에 들어가 '배워 보기' 동영상을 많이 봅니다. 거기에는 상상할 수 있는 모든 주제와 관련된 것들이 정말 많아요. 게다가 저는 뭔가 만지작거리는 것도 좋아하고요. 전 실수를 두려워하지 않는 것 같습니다. 손으로 하는 일을 항상 잘했거든요.
3. 인간관계요. 아니, 그건 아니고요, 제 차를 더 잘 고쳤으면 좋겠습니다. 자동차를 제대로 고쳐 본 적이 없어요. 배관 작업을 할 때도 헤맨답니다.
4. 누가 집안일을 좋아하겠어요? 좋아하는 사람들도 있겠지만 저는 아니에요. 뭔가를 고치는 게 취미라면 그건 재미있는 일이죠. 그렇지만 그게 허드렛일로 이어지면 정말 고되기만 해요.
5. 인터넷에 들어가서 혹시 도움이 되는 사이트가 있나 찾아봅니다. 정말 막히면 친구에게 전화를 걸죠. 회사 사람들 중에 손재주가 뛰어난 몇 명을 알거든요. 건물 관리인은 수리에 관해서라면 걸어 다니는 백과사전입니다. 그렇게 해도 안 되면 수리공을 불러서 해결하도록 합니다.
6. 컴퓨터 외에 말이에요? 텔레비전이요. 그 외에 집에 있는 전기 제품 몇 가지를 고친 적이 있어요. 저는 전선을 꽤 잘 다룹니다. 다양한 색깔의 전선들이 참 좋아요. 전선을 보면 007영화에서 나오는 폭탄 뇌관을 제거하는 장면이 떠오릅니다.
7. 기계 쪽에는 전혀 소질이 없습니다. 그런데 저 말고 우리 가족들은 소질이 있어요. 우리 아버지, 조카와 매형은 뭐든 기계에 관해서라면 아주 놀랄 정도입니다. 제가 좀 더 그 사람들처럼 되면 좋겠어요.

8. 지금은 21세기입니다. 제가 음식 만드는 동안 아내가 그런 작업을 하기도 한다고요.

1 **handyman** 손재주 있는 사람 2 **tinker** (수리하려고) 만지작거리다 3 **take apart** 분해하다
4 **figure it out** 해결하다, 고치다 5 **plumbing** 배관 6 **break out in a cold sweat** 진땀이 나다
7 **expertise** 기술, 경험, 지식 8 **honeydew** 허니듀(멜론 종류) 9 **the other way around** 반대로, 거
꾸로 10 **handiwork** 일, 작품 11 **intimidated** 겁먹은 12 **be good with one's hands** 손을 놀려
하는 일솜씨가 좋다, 손끝이 야무지다 13 **drudge** 고되고 힘든 일 14 **handy** 손재주가 있는 15 **adept**
능숙한 16 **defuse** (폭탄의) 뇌관을 제거하다

30 | High School
고등학교

어떤 이들에게는 고등학교 시절이 인생에서 가장 행복했던 때입니다만, 다른 이들에게는 그때가 가장
불행했던 시절이기도 합니다. 제 고등학교 시절은 이 둘의 중간쯤인 것 같아요. 저는 끼리끼리 어울려
다니는 것이 맞지 않는 사람이었어요. 사실 스포츠에 소질은 있었지만 운동광들 사이에 끼려고 하지
않았습니다. 공부도 꽤 잘하는 편이었지만 공부밖에 모르는 샌님들과 친하게 지내려고 그다지 노력한
편도 아니었어요.

저는 교내 정치 활동에 참여해 보려고 했지만 반장 선거에서 떨어지고 말았죠. 그리고 다른 많은 고등
학생들처럼 차가 있던 게 아니어서 소외감을 많이 느끼기도 했습니다.

고등학교 시절 저랑 가장 친했던 친구는 사실 다른 고등학교에 다녔습니다. 저는 수업이 끝나면 학교
에서 어슬렁거리지 않고 곧장 집으로 달려가거나 친구네 집에서 친구들과 어울렸어요. 어떤 사람들은
5년 또는 10년에 한 번씩 동창회를 하러 모교를 방문하기도 하지만 저는 한 번도 제가 다닌 학교에 가
본 적이 없습니다. 한 번도요.

고등학교 때가 좋았던 건 제가 하고 싶은 대로 하도록 내버려 뒀다는
겁니다. 제가 학교에 뭘 입고 가든 어떻게 머리를 자르든 아무
도 신경 쓰지 않았죠. 사람들은 절 그냥 내버려 두었고, 저는
그게 좋았습니다. 가장 중요한 것은 고등학교 때 정말 좋은 선
생님들을 만났다는 거예요. 어떤 면으로는 그분들이 제가 선
생님이 될 수 있게 격려해 주신 겁니다.

TALK ABOUT IT

1. 여러분의 고등학교 시절을 얘기해 주세요.
2. 여러분은 어떤 패거리에 든 적이 있나요? 그렇다면 어떤 거였나요?
3. 고등학교 시절 가장 좋았던 경험은 무엇이었나요? 가장 싫었던 경험은요?

4. 고등학교 시절 절친했던 친구는 누구였나요? 지금도 그 친구와 연락하나요?

5. 고등학교 때 어떤 동아리에 들었나요?

6. 고등학교 시절 가장 좋아했던 선생님은 누구였나요?

7. 고등학교 때의 경험이 여러분의 인격 형성에 어떻게 영향을 주었나요?

8. 학교에서 사람들과 잘 어울렸나요?

9. 어울리는 것이 중요한가요?

GET AN ANSWER from Sally

1. 제가 다닌 고등학교는 굉장히 큰 학교였어요. 전교생 수가 2,600명이 넘었죠. 특별한 것이 없었던, 일반 도시 지역 학교였습니다. 공부 잘하는 학생들도 있었고 못하는 학생들도 있었고요. 더 이상 말씀드릴 게 없네요.

2. 한동안은 아주 '인기 있는' 부류에 속했던 것 같아요. 2학년 때 치어리더를 했죠. 그래서 인기가 꽤 있었어요.

30

3. 첫사랑이랑 사귄 게 가장 좋았던 것 같아요. 그 애가 저를 차 버렸을 때가 가장 끔찍했죠.

4. 네, 저는 친구들과 연락을 잘합니다. 예전에 사귀던 친구들과 지금도 연락하고 가깝게 지내죠. 치어리더 팀에 같이 있었던 친구 질과는 대학 다닐 때에도 줄곧 연락하고 지냈고 지금도 가끔씩 만납니다.

5. 이상하게 들리겠지만 저는 토론 동아리 활동을 했어요. 그냥 장난으로 가입했던 거죠. 제가 치어리더 하는 걸 보고 누군가가 저를 얼굴만 예쁘장한 멍청이라고 불렀습니다. 그래서 제가 멍청이가 아니란 걸 그 남학생과 제 자신에게 증명해 보이려고 거기에 가입한 거예요. 동아리 활동은 재미있었습니다. 우리는 정치를 비롯해 학내 문제 등을 놓고 토론을 했어요.

6. 체육 선생님이셨던 슈워츠 선생님께 홀딱 반했었죠. 그 선생님은 정말 섹시했어요.

7. 참 말하기가 어렵네요. 고등학교 때의 경험 덕분에 제가 좀 더 개방적인 사람이 된 것 같아요. 고등학교 입학하기 전만 해도 수줍음을 많이 탔거든요. 하지만 치어리더도 하고 토론 동아리 같은 활동을 하면서 굉장히 자신감 있게 됐어요. 전체적으로 보면 고등학교 때 경험은 제게 긍정적인 영향을 끼쳤고, 성인으로서 살아갈 준비를 하는 데에도 도움이 된 것 같습니다.

8. 그럼요. 치어리더를 해서 그런지 사람들이 저를 좋아했어요. 그래서 다른 사람들이랑 어울리는 게 더 수월했죠.

9. 많은 사람들에게 중요할 수도 있다고 봐요. 어쨌든 외롭게 홀로 있고 싶거나 따돌림당하고 싶은 사람은 없잖아요. 그래도 원래의 자기 모습을 잃지 않는 건 여전히 중요합니다.

---

1 **clique** 특정 집단, 패거리   2 **jock** (속어) 운동을 많이 하는 남자, 운동선수   3 **nerd** (속어) 공부만 아는 샌님   4 **left out** 버려진, 소외된   5 **hang around** ~에서 배회하다, 돌아다니다   6 **reunion** 모임, 동창회   7 **squad** 팀   8 **lark** 장난, 농담   9 **airhead** (특히 여성에게) 바보, 멍청이   10 **have a crush on** ~에 홀딱 반하다   11 **hunk** 섹시한 남자   12 **stuff like that** 비슷한 종류

Hiking

하이킹

제가 나고 자란 캘리포니아와 한국의 비슷한 점 중 하나는 두 곳 모두 하이킹 코스가 많다는 겁니다. 이 두 곳에서 하이킹은 노소에 상관없이 건강을 유지하는 가장 인기 있는 방법 중 하나인 것 같아요.

제가 제일 좋아하는 하이킹 장소는 캘리포니아에 있는 요세미티 국립공원입니다. 거기 기암괴석들이 이루는 절경은 숨이 막힐 정도죠. 몇몇 하이킹 코스는 폭포를 따라 나 있기도 합니다. 어떤 사람들은 눈 덮인 산봉우리 정상까지 등산을 하기도 하고요. 어렸을 때 아버지와 함께 그곳에 간 적이 있는데, 아버지는 제가 힘들어할 때면 목말을 태워 주셨어요.

한국에서 제가 처음 살던 아파트는 바로 뒤에 산이 있었습니다. 스트레스를 받을 때마다 저는 그 산 정상까지 하이킹을 하곤 했어요. 하이킹을 하면 저를 무겁게 짓누르던 문제들을 모두 내려놓을 수가 있어요. 산 중간쯤에는 약수터가 있었습니다. 오랫동안 하이킹 한 후 마시는 수정 같이 깨끗한 물맛은 정말 기분까지 상쾌하게 합니다. 하이킹 후에 먹는 밥맛 또는 꿀맛이지요. 하이킹이 닫혀 있던 저의 모든 감각들을 열어 주는 겁니다.

하이킹을 너무 힘들어 하는 사람도 있습니다. 저는 그 이유를 확실히 이해할 수 있어요. 물이나 먹을 것 같은 준비물을 등에 져야 하고 또 하이킹 코스가 가파를 수도 있기 때문입니다. 수년간의 보이스카우트 활동 덕분인지 저는 하이킹 하는 게 두렵지 않아요. 보이스카우트 활동을 했을 때는 종일 계속되는 하이킹도 가곤 했거든요. 그때는 하이킹이 겁나기도 했지만 요즘은 재미 삼아 하이킹을 하는 편입니다.

TALK ABOUT IT

1. 여러분이 가장 좋아하는 하이킹 장소는 어디인가요?
2. 여러분은 혼자 하이킹 하는 걸 좋아하나요, 다른 사람들과 함께 하는 걸 좋아하나요?
3. 여러분은 하이킹 동아리에 든 적이 있나요?
4. 하이킹을 할 때 특별히 규칙적으로 하는 게 있나요? 하이킹 중간에 쉬어 가는 장소가 있나요?
5. 스트레스를 해소하는 데 하이킹이 도움이 되나요?
6. 하이킹 하다 길을 잃은 적이 있나요?
7. 하이킹 하러 아주 특별한 곳으로 여행한 적이 있나요?
8. 사람들이 하이킹 하러 가는 이유는 뭘까요?

GET AN ANSWER from Joy

1. 캘리포니아 해안의 포인트로보스에 하이킹 코스가 있는데 전 그곳을 가장 좋아합니다. 거기는 평상시에도 날씨가 춥습니다. 걸으면서 짭잘한 바닷바람을 맛볼 수도 있죠. 큰 파도가 해안가 바위에 철썩 부딪치는 광경을 볼 수도 있고 그때의 웅장한 소리를 들을 수도

있습니다. 그것을 보면 자연의 위대함이 절로 느껴지죠. 인간이 그 어떤 일을 하더라도 자연보다 위대할 순 없으니까요.

2. 저는 가족들과 함께 가는 걸 좋아합니다. 우리는 보통 당일치기로 여행을 다녀와요. 교통 정체를 피하기 위해 아침 일찍 출발해서 하이킹을 하고 맛있는 점심을 먹은 후 저녁 늦게 집으로 돌아가는 거지요.

3. 없습니다. 전에 친구들 여러 명이랑 하이킹을 한 적은 있지만 정식 동아리나 그런 것에 든 적은 없어요.

4. 전 하이킹을 시작하기 전에 몸을 풀어 줍니다. 조난을 당하거나 길을 잃을 경우를 대비해 물과 에너지 바를 충분히 챙겼는지도 확인하고요. 제가 가장 좋아하는 코스를 걷다 보면 멈춰 서게 되는 바위가 있는데, 거기서는 숨 막힐 듯한 바다 풍경이 한눈에 보입니다. 대개는 거기 잠깐 앉아 휴식을 취하죠. 그 바위는 제게 '행운을 가져다주는 바위' 라고 할 수 있어요. 다른 사람들도 저와 같은 생각인 모양이에요. 왜냐하면 사람들이 많이 와서 그 위에 앉다 보니 바위가 닳아져 있더라고요.

5. 물론입니다. 하이킹은 저와 자연을 연결시켜 주죠. 또 일과 관련된 문제들을 잊게도 해 주고요. 그뿐만 아니라 가족들과 하이킹을 하면 가족들이 서로 더 잘 대해 주는 것 같습니다.

6. 아뇨, 다행히도 없습니다. 저는 사람들이 많이 다닌 길로만 가거든요. 그렇게 모험을 즐기는 유형도 아니고요.

7. 네, 오래 전에 히말라야로 3주간 트레킹 하러 네팔에 갔었지요. 제가 했던 여행 중 분명히 가장 즐거웠다고 손꼽을 수 있네요. 지금까지도 제가 봤던 그 멋진 풍경들이 기억납니다. 굉장히 힘이 많이 드는 트레킹이고 피곤에 지친 적도 종종 있었지만, 트레킹을 완주하게 된 건 참 좋습니다.

8. 셀 수 없이 많은 이유 때문에 사람들이 하이킹을 하러 가죠. 거기에는 운동, 사교, 스트레스 해소, 자연에 가까이 가기, 소풍, 도시 오염으로부터의 탈출 등이 포함됩니다.

1 **abundance** 풍부함 2 **stay fit** 건강한 상태로 있다 3 **all-time** 영원한 4 **breathtaking** (너무 아름다워) 숨이 막히는 5 **wend** 천천히 가다, 나아가다 6 **weigh someone down** ~에게 짐이 되다, ~을 짓누르다 7 **unclog** 제거하다, 없애다 8 **strenuous** 힘든, 고생스러운 9 **relieve stress** 스트레스를 해소하다 10 **get lost** 길을 잃다 11 **crash** 큰 소리를 내며 부딪치다 12 **beat the traffic** 교통 혼잡을 피하다 13 **energy bar** 에너지 바, 강장 캔디 14 **get stranded** 조난당하다, 오도가도 못하게 되다 15 **rest up** 쉬다, 기운을 다시 얻다 16 **well-worn** 닳아진, 사용된 17 **adventuresome** 모험을 즐기는, 흥미진진한

Hospitals

병원

저는 병원과 관련해서 좋은 기억이 별로 없습니다.

제가 처음 병원에 갔던 건 제 팔이 부러졌을 때입니다. 동네 공원에 있던 나무에 기어오르다가 떨어졌죠.

몇 년 후에는 친한 친구가 교통사고를 당해서 2주 동안 매일 병원으로 병문안을 갔습니다. 다른 가족이 입원해서 병문안하러 병원에 간 적도 있고요. 다행히 살면서 건강 상태가 꽤 좋은 편이라 저 때문에 병원에 가는 일은 대부분 피할 수 있었습니다. 행운을 빌어야지요. 제가 건강을 계속 유지할 수 있기를 바라 마지않습니다.

물론 병원과 관련해서 좋았던 기억도 몇 개 있습니다. 우리 아이들이 태어났을 때는 언제나 전 병원에 있었어요. 당시에 그렇게 병원에 가는 것이 좀 긴장되었지만 그래도 여전히 좋은 기억으로 남아 있어요. 우리 아이 둘은 미국에서, 둘은 한국에서 태어났답니다.

미국 병원은 일단 음식이 형편없기로 악명이 높습니다. 하지만 한국은 그렇지 않아요. 전반적으로 한국 병원들은 환자들이 최대한 편안하게 지낼 수 있도록 굉장히 열심히 노력하고 있고, 크게 성공을 거두고 있어요. 많은 한국 병원들이, 적어도 일류 병원에는 로비에 피아노가 있습니다. 어떤 병원은 미술관도 갖추고 있죠. 미국 병원에 입원하는 건 한국 병원에 입원하는 것보다 무지무지하게 비쌉니다. 여전히 병원에 가는 건 피하고 싶지만 만일 아프게 되면 저는 미국 병원보다 한국 병원에 입원하겠습니다.

TALK ABOUT IT

1. 여러분이 병원을 처음 찾은 건 언제였나요? 가장 최근에 병원을 찾은 건 언제였나요?
2. 병원과 관련해 좋았던 기억이 있나요?
3. 만약 여러분이 병원을 설계한다면 환자들이 보다 편안함을 느낄 수 있게 어떤 걸 추가할 건가요?
4. 병원에서 먹은 식사 중 최고의 식사는 무엇인가요?
5. 가장 좋아하는 병원은 어떤 병원인가요? 가장 싫어하는 병원은요?
6. 병원에 가장 오래 입원했던 건 무엇 때문이었나요?
7. 병원 내 의료 서비스를 향상시키기 위해 뭘 해야 할까요?

GET AN ANSWER from Chris

1. 아주 어렸을 때 식중독에 걸린 적이 있습니다. 제 생각에 우리 집 식료품 저장고에 있던 통조림이 조금 열려 있어서 안에 든 음식이 상했던 것 같아요. 음, 부모님께서는 제가 거의 죽을 뻔했다고 말씀하시더군요. 당시 저는 다섯 살밖에 안 됐던 터라 자세히 기억은 안 납니다. 가장 최근에 병원에 간 거요? 손을 몇 바늘 꿰매야 했어요. 칼을 쓰다 미끄러져 베인 거죠. 상태는 안 좋아 보였지만 심각한 정도는 아니었습니다.
2. 있다고는 말 못하겠네요. 병원 환경이라는 게 으스스하고, 소독약 냄새가 진동하는 것 같

잖아요. 사람들도 다들 실의에 빠져 있는 것처럼 보이고요. 사람들이 걸어가면서 속삭이기도 하고, 울기도 하고, 혼잣말을 하기도 합니다. 선택의 여지가 있으면 전 병원에 가는건 피하려고 해요.

3. 저라면 병원을 휴양지 리조트처럼 만들겠어요. 풀장도 만들고 야외 벤치도 놓아서 병원을 좀 더 밝고 편안한 곳으로 만들고 싶습니다. 침대 시트와 수건들도 좀 더 밝은 색으로 갖출 거고요. 의사와 간호사들은 꽃무늬가 들어간 가운을 입게 할 겁니다. 각 병실은 재미있는 테마로 칠할 거고요. 그 밖에 뭐든 병원 분위기를 보다 가볍게 할 방법을 제가 찾아내겠어요.

4. 음식 말인가요? 저는 병원 음식 싫어합니다. 보통은 너무 아파서 음식을 못 먹지요. 어쨌든 병원 음식이란 게 대개 이 맛도 저 맛도 아니고 맛이 없잖아요.

5. 좋아하거나 싫어하는 병원이 있다고 할 수가 없네요. 제게는 모든 병원이 가장 싫은 범주에 속하거든요. 어떤 병원이 다른 병원보다 좀 더 현대적이고, 어떤 곳이 다른 곳보다 좀 더 깨끗하기는 하지요. 그래도 병원 자체가 절 우울하게 해요.

6. 몇 년 전에 제가 병원에 열하루 동안 입원해야 했어요. 운동하다 무릎 인대가 찢어졌는데 수술을 받아야 했거든요. 그렇게 오랫동안 병원에 있는 건 결코 재미있는 게 아니더라고요.

7. 병원이 좋아질 수 있는 방법으로는 여러 가지가 있죠. 그 한 가지는 의사들이 환자들과 더 많은 시간을 보내는 거라고 생각합니다. 물론 의사들이 바쁜 건 알아요. 그렇지만 많은 의사들이 가끔은 환자 모두에게 시간을 거의 내지 못한 채 이 환자 저 환자로 급하게 달려가는 것 같아요.

1 **knock on wood** 행운을 빌 때 쓰는 표현　2 **notoriously** 악명 높게　3 **occasion** 경우, 발생
4 **pantry** 식품 저장고　5 **get tainted** (음식 등이) 상하다　6 **get some stitches** (의학상 처치로) 꿰매다　7 **sterile** 무균의, 매우 깨끗한　8 **despondent** 낙심한, 풀이 죽은　9 **bland** 특별한 맛이 안 나는
10 **fall into** ~으로 분류되다　11 **depress** 우울하게 하다, 슬프게 하다

33 | Hotels
호텔

제 동생이 수년간 뉴욕의 한 호텔에서 영업부장으로 있었습니다. 그래서 뉴욕에 갈 때마다 동생은 제게 항상 무료로 객실을 주려고 애썼죠. 제 서른 번째 생일날, 동생은 발코니가 딸린 스위트룸을 저에게 주었습니다. 저는 발코니로 나가 시원한 봄 공기를 마시며 엠파이어스테이트 빌딩도 감상할 수 있었죠. 그날 밤은 마치 제가 왕이 된 것 같았어요.

저는 프로그램을 제작하러 자주 여행하기 때문에 온갖 호텔에

투숙할 기회가 있었죠. 저는 불평하는 걸 참 싫어해요. 제게 주어진 게 뭐든 감사하려고 하는 편이죠. 하지만 제 방에서 담배 냄새 같은 게 너무 많이 나면 프런트에다 방을 바꿔 달라고 합니다. 냄새 나는 카펫도 고역이고요. 벽지가 벗겨진 것 정도는 신경 쓰지 않습니다.

호텔에 룸서비스가 있다는 걸 처음 알게 됐을 때가 생각납니다. 당시 저는 요세미티에서 꽤 좋은 호텔에 묵고 있었죠. 저는 방 안에 있던 메뉴를 집어 들고 아버지께 "정말 여기 있는 음식들을 다 방으로 가져다주나요?" 하고 물어봤어요. 아버지께서 그렇다고 말씀하셨을 때 저는 깜짝 놀랐습니다. 저는 룸서비스가 정말 좋습니다. 어렸을 때 제 방에서 음식을 먹는 것이 절대 허용되지 않았거든요. 음, 몸이 아플 때만 허락이 됐죠. 하지만 호텔에서는 아무 때나 원할 때 방에서 음식을 먹을 수 있잖아요. 유감스러운 건 값이 싸지 않다는 겁니다.

호텔 방 안의 작은 미니바는 정말 바가지입니다. 작은 주스 캔 하나가 6~7달러지요. 호텔에서는 객실 전화기로도 돈을 법니다. 심지어 전화카드를 이용할 때도 방 안의 전화기를 사용했다는 이유만으로 호텔이 비용을 청구하거든요. 그래서 저는 객실 숙박료를 꽤 신경 써서 보려고 합니다. 제가 동의하지 못하는 요금 부과에 대해서는 이의를 제기하죠. 호텔이 멋지기는 해도 집만한 곳은 없답니다!

TALK ABOUT IT

1. 호텔에서의 경험 중 가장 좋았던 것은 무엇인가요?
2. 여러분이 묵었던 호텔 객실 중 최악은 어디였나요?
3. 여러분은 보통 호텔 객실 예약을 어떻게 하나요?
4. 호텔 객실을 예약할 때 여러분이 가장 중요하게 고려하는 요소는 무엇인가요? 크기? 가격? 위치? 풀장이 있는지도 보나요?
5. 호텔에서 일하게 된다면 여러분은 어떤 일을 고를 건가요? 왜 그 일을 고를 건가요?
6. 묵었던 객실에 대해 프런트에다 항의한 적이 있나요? 어떤 점을 항의했나요?

GET AN ANSWER from Rob

1. 하와이로 신혼여행을 갔을 때인데, 모든 게 완벽했죠. 그때는 아마도 우리가 사랑에 푹 빠져 있어서 모든 게 완벽해 보였습니다. 저희가 묵었던 방은 말 그대로 정말 한 발짝만 나가면 바다였어요. 방에서 나가면 거의 곧바로 바다에 뛰어들 수 있을 정도였지요. 호텔 직원들도 매우 친절하고 정중했습니다. 직원들은 우리가 신혼여행 온 걸 알고 편안하게 지낼 수 있도록 신경을 써 주었죠.
2. 시카고의 한 호텔이었습니다. 저는 회의 참석차 그곳에 있었죠. 호텔 객실 예약을 막판에 했기 때문에 제게는 선택의 여지가 그렇게 많지 않았습니다. 이런, 제가 구할 수 있었던 유일한 곳은 정말 엉망이었죠. 복도의 전구는 불이 나갔고요. 양탄자에는 얼룩까지 묻어 있었습니다. 한마디로 끔찍했어요.
3. 예전에는 여행사를 이용했는데 지금은 인터넷으로 예약합니다.
4. 그 호텔을 이용했던 사람들의 후기를 읽습니다. 저라면 후기가 나쁘게 올라온 4성급 호텔보다는 후기가 좋게 올라온 3성급 호텔에서 묵을 겁니다. 저는 투숙 목적에 따라 어떤 호텔을 찾을지 결정합니다. 사업차 출장 중이라면 회의 장소로 이동하기 편리한 곳에 위

치한 호텔을 찾습니다. 만약 휴가차 묵는 경우라면 항상 풀장이 있는 호텔을 고르고요. 매일 아침 수영하는 걸 좋아하거든요.

5. 글쎄요, 연회 사업부에서 일하겠어요. 늘 파티플래너가 되고 싶었거든요. 결혼식을 비롯한 여러 행사 준비를 돕고 싶습니다. 매우 재미있을 것 같아요.

6. 물론 있습니다. 대부분 요금과 관련된 것들이죠. 어떤 호텔은 슬그머니 별의별 비용을 청구하려 합니다. 일일 '수건 사용료'를 청구한다니까요. 심지어 마시지도 않은 객실 내 커피 값을 내라고 하기도 합니다. 한번은 옆방에서 나는 소음 때문에 몇 번 항의한 적이 있는데 프런트에서는 실제로 아무 조치도 취하지 못하더군요.

1 **peeling** 벗겨지는, 떨어져 나가는   2 **rip-off** 바가지   3 **book** 예약하다   4 **convention** 회의, 모임
5 **total** 완전한   6 **dive** 하급 시설, 싸구려 술집   7 **burned out** 다 쓴, 다 된   8 **catering**
department 연회부   9 **sneak in** 슬쩍 덧붙이다   10 **adjacent** 옆의

34 | Instruments
악기

어린 시절 가장 안 좋았던 기억 중 하나는 피아노를 억지로 배워야 했던 겁니다. 다른 친구들이 밖에서 뛰어노는 동안 저는 집 안에 갇혀 피아노 연습을 했죠. 저는 그랜드피아노로 연습을 했는데, 피아노 상판이 열리면 마치 끔찍한 야수의 입처럼 보였어요. 그때 저는 화도 나고 무섭기도 하고 비참한 생각이 들기도 했습니다. 지금은 피아노 선생님께 죄송스럽지만 그때는 피아노 선생님을 도저히 참을 수가 없었어요. 레슨을 받는 날이면 저는 선생님 차가 고장 나거나 선생님이 아파서 못 오시기를 기도하곤 했습니다. 인정하기 괴롭지만 사실이랍니다.

그렇게 악기를 배우느라 힘이 들었는데도 저는 제 아이들에게 악기를 배우도록 하고 있습니다. 음, 그렇게 하는 저는 좋은 아빠일까요, 나쁜 아빠일까요? 왜 우리는 어릴 때 하기 싫어하던 바로 그걸 우리 아이들에게 하라고 시킬까요? 그래도 우리 아이들이랑 저는 확실히 피아노 선생님을 좋아합니다. 참 많은 것이 좋은 선생님을 만나느냐에 달려 있습니다.

악기를 배우는 것은 두뇌 강화에 도움이 됩니다. 악기를 배우는 게 새로운 언어를 배우는 것과 같다고 들었어요. 전 음악 연주를 잘하는 사람을 존경합니다.

저는 피아노 대신 기타를 배웠으면 좋겠다 싶어요. 그랬다면 좀 더 쉽게 다른 사람들과 제게 즐거움을 줄 수 있을 텐데 말이죠. 악기를 배우는 데 너무 늦은 때란 없다는 건 알지만 요즘은 시간 내기가 정말 힘듭니다. 어쩌면 저를 도와주실 훌륭한 선생님을 구할 거예요. 쉽게 배울 수 있으면 좋겠네요. 물론 시간이 오래 걸리고 연습도 많이 필요하다는 걸 알아요. 언어를 배우는 것도 똑같습니다!

1. 여러분은 악기를 연주할 수 있나요? 그렇다면 어떤 악기인가요?
2. 자라면서 악기를 배울 때 좋았던 기억이나 안 좋았던 기억이 있나요?
3. 여러분들의 자녀들은 악기를 배우나요? 자녀들에게 악기 연주하는 걸 가르칠 계획인 가요?
4. 악기를 배우면 아이들에게 어떤 식으로 도움이 된다고 생각하나요?
5. 다시 악기를 배운다면 어떤 악기를 배우겠어요? 그 이유는요?
6. 여러분은 어떤 음악가를 가장 존경하나요?
7. 여러분은 억지로라도 아이들에게 악기를 가르칠 건가요? 왜요? 어떤 악기를요? 얼마 동안이요?

GET AN ANSWER from Susan

1. 저는 바이올린을 연주했었어요. 그렇지만 지금도 연주를 잘 할 수 있을지 잘 모르겠어요.
2. 저는 사실 제 바이올린 선생님을 좋아했습니다. 매우 상냥한 분이셨거든요. 일주일에 두 번 선생님이 오는 날을 고대했죠. 선생님은 인내심도 많으셨어요. 저도 그분처럼 인내심을 가지고 제 아이들을 대할 수 있으면 좋겠습니다.
3. 저는 아이는 없지만 악기를 배우는 건 아이에게 달려 있다고 봅니다. 악기 연주는 배우면 좋은 기술이지만 컴퓨터 관련 지식처럼 아이들이 습득해야 할 더 필수적인 다른 기술들도 많잖아요. 저는 아이들이 새로운 악기를 배우기보다 컴퓨터 프로그램 기술을 배우는 게 더 낫다고 봐요. 하지만 그건 제 생각일 뿐입니다.
4. 이 주제에 관해서는 어떤 연구도 읽어 본 적이 없어요. 하지만 악기가 두뇌에 도움을 준다고는 들었습니다. 제 경우는 악기 연주를 하면서 절제심을 갖게 되는 데 도움이 됐어요. 하루에 몇 시간씩 연습해야 했는데 그걸 해냈거든요.
5. 글쎄요, 저는 늘 드럼을 치고 싶었습니다. 스트레스 해소하는 데 최고잖아요.
6. 저는 스팅의 음악을 좋아합니다. 정말 위대한 가수이자 음악가죠.
7. 전 아이들한테 억지로 악기를 배우게 하지는 않을 겁니다. 몇 주간 시험 삼아 해 보라고 격려는 해 주겠어요. 하지만 아이들이 별로 좋아하지 않거나 그만두고 싶어 하면 그렇게 하라고 할 겁니다.

---

1 **fond** 기분 좋은, 행복한   2 **be up to someone** ~가 결정할 일이다, ~에게 달려 있다
3 **disciplined** 행동거지가 바른, 훈련받은   4 **release** 덜어 주다, 제거하다   5 **let** ~하게 놓아두다, 허락하다

35 | Intelligence
지능

함께 일하는 동료가 최근 저에게 무료 IQ 테스트를 링크시켜 이메일로 보냈습니다. 하지만 저는 그 이메일을 삭제해 버렸답니다.

저는 IQ 그 자체가 정말 맘에 안 듭니다. 시험에 능한 몇몇 사람들은 당연히 IQ 테스트에서도 높은 점수를 받을 겁니다. 그렇다면 시험에 약한 사람들은 어떨까요? 만약 그 사람들이 IQ 테스트에서 형편없는 점수를 받는다면 자신들이 그렇게 똑똑하지 않다고 생각하며 살아갈지도 모르잖아요. 저는 다른 사람들보다 더 똑똑한 척 행동하는 '스마트한' 사람들을 많이 만나 봤습니다. 그 사람들은 자기 지능을 마치 무기처럼 사용하더군요.

지능에도 여러 종류가 있습니다. 얼마 전에 아버지께서 감성지수, 즉 EQ를 다룬 책 한 권을 저에게 보내 주셨어요. EQ는 타인과 잘 지낼 수 있는 능력을 측정하는 겁니다. 여러분이 다른 사람의 마음을 잘 읽고 각기 다른 상황에서 어떻게 대처하는지 알고 있다면 여러분의 EQ는 높은 거죠. 이 EQ가 IQ보다 훨씬 더 중요한 척도인 것 같아요.

슬프게도, 제가 아는 IQ가 굉장히 높은 사람들 중 대부분은 다른 이들과 잘 지내지 못하는 것 같습니다. 저는 여러분 모두 높은 IQ와 EQ를 가질 수 있다고 생각합니다. 하지만 이 두 가지를 키우기 위해서는 열심히 노력해야 하겠죠.

TALK ABOUT IT

1. 여러분은 스스로를 '똑똑한' 사람이라고 생각하나요? 그렇게 생각하는 이유는요? 그렇게 생각하지 않는 이유는요?
2. 여러분은 본인의 EQ가 높다고 생각하나요? 그렇게 생각하는 이유는요? 그렇게 생각하지 않는 이유는요?
3. 여러분이 아는 사람 중에 가장 똑똑한 사람은 누구인가요? 그 사람이 어떻게 행동하는지 설명해 주세요. 여러분은 그 사람을 존경하나요?
4. 여러분이 아는 사람 중에 EQ가 가장 높은 사람은 누구인가요? 그 사람은 EQ가 높다는 것을 어떻게 행동으로 보여주는지 예를 들어 주세요.
5. 여러분은 컴퓨터도 EQ를 배울 수 있다고 생각하나요? 그렇게 생각하는 이유는요? 그렇게 생각하지 않는 이유는요?
6. 여러분은 더 똑똑해지기 위해서 어떤 노력을 하고 있나요?
7. 여러분은 IQ테스트를 받아 본 적이 있나요? 있다면 어떤 종류의 질문이 가장 풀기 쉬웠나요?
8. 만일 여러분이 지능을 측정하는 테스트를 고안한다면 어떤 종류의 질문들을 넣을 건가요?
9. IQ나 EQ가 높다는 얘기를 듣는다면 여러분은 지금까지와는 다르게 행동할 건가요?
10. IQ나 EQ가 낮다면 여러분은 어떻게 할 건가요?

1. 저는 숫자나 컴퓨터가 아주 편안해요. 그런 걸 보면 저는 똑똑한 것 같아요.
2. 문제를 풀 때만큼 사람들과의 문제는 잘 해결하지 못합니다. 그 이유를 정말 모르겠어요. 가끔은 제가 사람들을 다루는 데 문제가 있는 것 같아요.
3. 고등학교 때 물리 선생님이 제겐 천재처럼 보였습니다. 그리고 선생님은 인내심도 대단하셨죠. 학생들이 실수해도 절대 화내는 법이 없었거든요. 저는 정말 선생님의 그런 자질을 존경했습니다.
4. 제 아내는 EQ가 매우 높습니다. 아내는 항상 아이들과 함께 문제를 해결합니다. 아내가 무척 현명하기 때문에 심지어 애들 친구까지 아내를 찾아와 조언을 구하죠. 아내가 현명하다는 걸 보여주는 예는 참 많습니다. 한번은 동료가 쓴 메모 때문에 제가 그 사람과 맞서 싸우려 한 적이 있습니다. 그렇지만 아내는 제가 그 사람과 대립각을 세우지 않고도 문제에 접근하도록 저를 설득했습니다. 결국 아내가 옳았죠. 문제는 그냥 오해에서 비롯된 것이었거든요.
5. 그렇게 생각하지 않습니다. EQ는 인간만이 가진 고유한 특징이니까요.
6. 제 일과 관련된 책과 기사들을 읽습니다. 몇 년 전에는 스도쿠 같은 수학 관련 게임에 푹 빠진 적도 있고요.
7. 네, 몇 번 받아 봤습니다. 어떤 유형이든 상관없이 유추 문제들을 잘 풀더군요.
8. 저는 실제 상황을 묘사하는 단어 문제들을 더 넣겠습니다. 기존의 테스트는 많은 부분에서 문제 유형이 지나치게 가설에만 치중하거든요. 저는 일상생활에서 실제로 직면할 수 있는 문제들을 넣을 겁니다.
9. 모르겠어요. 제가 타고난 것을 최대한 잘 써야겠다는 부담감을 느낄 것 같네요.
10. 실망하겠죠. 하지만 포기는 안 할 것 같습니다. 어쨌든 성공하기 위해 꼭 IQ나 EQ가 높아야 하는 건 아니잖아요.

1 **gauge** 치수, 기준   2 **look up to** ~를 존경하다   3 **demonstrate** 입증하다, 보여주다   4 **confront** (저항이나 적대감에) 맞서다, 직면하다   5 **analogy** 비유, 유추   6 **hypothetical** 가설의, 이론적인

36 | Interesting Architecture
흥미로운 건축물

얼마 전 운전해서 집에 오다가 고속도로 옆에 새 건물이 올라가는 것을 봤습니다. 상자 모양의 구조물로 매일 보는 여느 수백여 아파트 건물과 다를 바가 없었죠. 저는 매우 실망했습니다. 왜 새로운 무언가를 시도하지 않는 걸까요?

저도 그런 상자 모양의 아파트에 삽니다. 세상에 재능 있고 창의적인 사람들이 많이 있는데, 왜 우리는 창조적인 작품을 더 많이 볼 수 없는 걸까요? 물론 가끔씩 흥미로운 건축물을 보기도 하지만 그것이 일

반적인 것은 아니죠.

우리의 상상력이 자유롭게 발산되도록 해서 가능성의 한계를 초월해 봅시다. 한 번 사는 인생이니 우리 안의 능력을 최고로 발휘하게 하는 건물에서 살며 일해 봅시다. 낡고 진부한 사고방식을 버립시다. 건물은 기능적이면서도 아름다울 수 있습니다.

멋진 옷을 입으면 품위 있게 행동하게 되는 것처럼 창의성이 넘치는 건물에 살게 되면 우리도 더 창의적인 사람이 될 수 있습니다. 저는 어느 건축가가 가족이랑 함께 살려고 지은 집에서 자랐습니다. 그 집은 관습적인 것과는 거리가 멀었죠. 건축가는 벽 일부를 커다란 판유리로 대체했습니다. 좀 춥기는 했지만 정원을 바라보는 건 정말 멋졌어요. 제가 살았던 흥미로운 집 덕분에 지금의 제가 만들어진 것 같습니다.

TALK ABOUT IT

1. 지금 살고 있는 공간을 좀 더 흥미롭고 재미있게 만들기 위해 여러분은 어떤 변화를 주고 싶나요?
2. 여러분의 사무실을 근무 의욕을 돋워 주는 환경으로 만들기 위해 여러분은 무엇을 바꾸고 싶나요?
3. 여러분이 가장 좋아하는 건물과 그 건물의 어떤 점이 가장 좋은지 말해 주세요.
4. 건축가들이 왜 그렇게 재미없는 건축물을 계속 짓는다고 생각하나요?
5. 50년 후의 건물들은 어떤 모습일 거라 생각하나요?
6. 어렸을 때 재미있는 구조물을 세워 본 적이 있나요?
7. 어렸을 때 건축가가 되겠다고 꿈꾼 적이 있나요?
8. 중국에서 온 풍수학이 뭔지 아나요? 그걸 믿나요?

GET AN ANSWER from Rex

1. 지하실에 오락실이 있으면 좋겠어요. 어릴 때 저랑 제일 친했던 친구네 집 지하실에 오락실이 있었거든요. 전 늘 거기 가서 놀고 싶었답니다. 거기 있으면 여름에는 시원하고 겨울에는 따뜻했어요.
2. 사실 제가 일하는 사무실은 꽤 멋집니다. 회사 경영자들이 창의력이 넘치는 사람들이거든요. 이 분들이 디자인 전문가들을 불러 책상, 미술 작품, 화초 및 사무 집기 등을 독특한 방식으로 배치하도록 했습니다.
3. 저는 뉴욕에 있는 크라이슬러 빌딩을 보면 늘 감탄합니다. 제가 아르데코 스타일을 좋아하는데요, 크라이슬러 빌딩을 보면 미국의 과거 시절이 떠오릅니다. 그때는 순수의 시대였죠.
4. 저도 잘 모르겠습니다. 그렇게 하면 훨씬 더 저렴하게 지을 수 있어서겠죠.
5. 글쎄요. 저도 가끔 그걸 생각해 봅니다. 어렸을 때 공상과학 소설을 많이 읽었는데 그 책들에 수상 도시 설명이 있었어요. 미래에는 건축물들이 지금보다 좀 더 곡선의 형태를 띨 것 같네요.

36

6. 네, 저는 레고 블록으로 도시를 만들고 탑 세우는 걸 좋아했습니다. 한번은 제 키보다도 큰 탑을 만든 적도 있어요. 탑에는 통로도 있었고 부속 탑도 있었죠. 와, 제가 탑 만드는 걸 정말 좋아했네요.

7. 건축가가 되겠다고 꿈꿔 본 적은 한 번도 없지만 멋진 건물들을 보는 건 참 좋아했어요. 요즘도 가끔 디자인이 특별한 집이 실린 잡지를 보는 걸 좋아해요. 그런 집에서 사는 꿈을 꾸는 건 좋은 거죠.

8. 예, 알아요. 매우 매력적이죠. 풍수가 실재하는 건지는 모르겠지만 해를 끼치지는 않잖아요. 기본적으로 집과 사무실 공간에서 햇빛, 유수, 거울과 식물을 최대한 잘 이용하는 것에 관한 것인데, 그게 어떻게 나쁠 수 있겠어요? 전 햇빛이 더 잘 들고, 장식용 분수도 하나 있고 식물도 몇 개 있었으면 해요. 그것들이 있으면 집이 훨씬 더 좋아 보이고 느낌도 괜찮을 것 같아요.

1 **boxy** 상자 모양의　2 **the exception, not the rule** 일반적이지 않은 것　3 **push the envelope** 한계를 초월하다, 새로운 가능성을 열다　4 **stale** 오래된, 진부한　5 **recreational room** 오락실, 휴게실
6 **innocence** 순수, 미덕　7 **sci-fi** 공상과학 소설(science fiction)의 줄임말　8 **walkway** 통로

37 | Internet

인터넷

인터넷은 친구이자 적입니다. 저의 집에서는 대체로 적이죠. 다른 부모님들도 많이 저와 같은 생각일 거예요. 우리 집 애들은 기회만 있으면 인터넷으로 달려갑니다. 아이들이 하는 게임과 게임 시스템 모두 인터넷으로 연결돼 있어서 마치 인터넷이 아이들의 삶을 통제하는 것 같아요.

그래서 저는 아이들의 통제권을 놓고 인터넷과 한바탕 전쟁을 벌이고 있습니다. 슬프게도 제가 거의 지는 것 같아요. 아이들이 집에 있지 않을 때는 제가 인터넷을 이길 수 없거든요. 한국에는 거의 모든 길거리마다 PC방이 있는 것 같아요. 그래서 제가 아이들을 학교에 데려다 주고 집으로 데려오지 않는 이상 아이들은 인터넷에 접속하게 되겠지요.

저는 우리 아이들을 믿지만 인터넷상의 다른 사람들은 믿을 수가 없습니다. 우리 아이들이 취약해서 상처 받을 것만 같아요. 이런 생각이 들면 어느 부모든 마음이 편치 못합니다. 그래서 우리 부모들이 아이들의 집 안 인터넷 사용에 많은 제재를 만들어야 했지요.

물론 인터넷도 그 나름의 유용한 점이 있습니다. 저는 항상 인터넷으로 주제를 조사합니다. 또 인터넷 전화를 이용해 저렴하게 국제전화를 걸기도 하고요. 따라서 인터넷이 여러모로 제 생활에 도움이 됐다는 걸 부인할 수 없습니다. 심지어 저는 인터넷으로 강의도 합니다. 인터넷은 전 세계와 연결되는 창이

에요. 하지만 거기에는 사람들이 봐서는 안 될 것들이 좀 있습니다. 그래서 저는 늘 인터넷과 전쟁 중일 것 같아요.

TALK ABOUT IT

1. 인터넷이 어떤 식으로 여러분의 삶에 도움을 주고 있나요? 인터넷이 어떻게 여러분의 삶에 해를 끼치고 있나요?
2. 여러분은 인터넷으로부터 자신과 가족들을 어떻게 보호하나요?
3. 여러분은 인터넷이 향후 의사소통 방식을 어떻게 변화시킬 거라고 생각하나요?
4. 인터넷이 우리를 더 똑똑하게 만드나요? 그렇게 생각하는 이유는요? 그렇지 않다면 그 이유는요?
5. 인터넷이 없다면 우리의 일상은 어떻게 달라질까요?
6. 여러분은 인터넷 중독인가요?
7. 인터넷에 또 접속할 시간을 생각하는 자신을 발견한 적이 있나요?
8. 여러분은 인터넷에서 헤어나기가 어렵나요?
9. 여러분은 인터넷이 우리를 더 가까워지게 한다고 생각하나요, 아니면 더 인간미 없게 만든다고 생각하나요?
10. 여러분은 인터넷을 어디에 사용하나요?

37

GET AN ANSWER from Tina

1. 인터넷 덕분에 제 생활이 무척 편리해졌어요. 언제든지 원할 때마다 제가 원하는 걸 찾을 수 있거든요. 저는 인터넷광이라 항상 인터넷을 사용합니다. 인터넷이 제 삶에 해를 끼친다고는 생각하지 않아요. 글쎄요, 인터넷에 시간을 너무 많이 쓰는 것 같기는 합니다. 그래서 제가 다른 더 중요한 일을 못하는 거라고 말할 수도 있겠네요.
2. 저희는 원치 않는 사람들의 침입을 막기 위해 표준 방화벽을 사용하고 있습니다. 그리고 아이들이 들어가선 안 되는 사이트에 들어가지 못하도록 보호자 통제 설정 기능도 사용하고 있고요.
3. 글쎄요, 확실히 인터넷 때문에 의사소통이 짧아지고 있기는 해요. 모든 말들을 줄여 쓰고 있죠. 'I see' 라고 쓰는 대신 발음만 따서 'ic' 라고만 입력하죠. 그런 식이에요.
4. 저는 인터넷이 우리를 더 똑똑하게 만드는지는 잘 모르겠습니다. 어떤 의미에서 인터넷은 우리가 집중을 못하게 해요. 사람들이 한 번에 인터넷 창 여러 개를 띄워 놓고는 쉽게 산만해져요. 요즘 아이들은 한 곳에 집중하기 더 힘들어 하는 것 같습니다. 게다가 인터넷은 사람들의 읽기 능력에도 나쁜 영향을 미칩니다. 저는 정말 그렇다고 생각해요. 사람들이 더 이상 책을 읽으려 하지 않아요.
5. 사람들이 서로 더 많이 소통하고 교류할 것 같아요. 하지만 텔레비전을 지금보다 더 많이 보고 신문 읽기 같은 것도 하겠죠. 어쨌든 요즘에는 인터넷에서 뉴스를 많이 접하잖아요. 그래서 인터넷이 주변에 없다면 사람들이 정보를 얻으러 다른 것을 해야 할 겁니다.
6. 중독이라고 말할 수는 없지만 확실히 많이 쓰기는 하죠. 그래도 인터넷 없으면 못 살 것 같은 그런 부류의 사람은 아닙니다.

7. 글쎄요, 확실히 인터넷에 접속하고 싶을 때가 가끔 있죠. 특히 누군가로부터 중요한 메일을 기다린다면 말이에요.

8. 네, 그런 것 같아요. 가끔 컴퓨터 화면에서 고개를 들고 올려다보면 새벽 한두 시일 때가 종종 있습니다.

9. 어떤 경우에는 인터넷 덕분에 우리가 더 가깝고 친밀해질 수 있어요. 요즘 저는 전 세계 각지의 친구들과 사귈 수 있답니다. 하지만 많은 사람들이 인터넷을 단지 게임 같은 것을 하는 데 써서, 사회적 기술이 그리 좋은 편은 아닙니다. 그런 점에서 보면 인터넷 때문에 확실히 사람들이 더 인간미가 없어졌어요.

10. 저는 뉴스를 보고, 친구들과 채팅하고 이메일을 주고받기 위해 인터넷을 사용합니다.

1 **go online** 인터넷에 접속하다   2 **vulnerable** 무방비의, 취약한   3 **research** 조사하다   4 **benefit** 도움이 되다   5 **at war with** ∼와 전쟁 중인   6 **wired** 인터넷에 연결된   7 **firewall** 방화벽
8 **shorthand** 속기, 약기, 약칭

38 | Investments
투자

우리는 각자 매일 투자를 합니다. 여러분은 지금 여러분의 시간을 투자하여 영어 공부를 하고 있습니다. 저는 이것이 현명한 투자라고 생각합니다만, 어떤 사람들은 주식과 채권 등 금융에 투자하느라 시간을 보내지요.

살다 보면 때에 따라 최선의 투자라 여겨지던 것들이 바뀝니다. 이는 우선순위가 바뀌기 때문에 지극히 당연한 일이죠. 젊고 미혼일 때는 교육이 가장 중요한 투자 목록 1순위가 될 수 있습니다. 세월이 지나 가정을 갖게 되고 돌봐야 할 자녀들이 생기면 우선순위가 바뀌어 자녀교육과 건강이 가장 중요한 투자 순위가 될 수도 있어요. 제 경우가 확실히 그렇습니다.

투자를 고려할 때는 관련된 위험성도 함께 고려해야 합니다. 많은 투자들이 높은 수익을 제안하지만 그런 투자는 대개 위험도도 무척 높습니다. 예컨대 캘리포니아 주는 채권을 발행해 자금을 모읍니다. 캘리포니아 주의 채권 금리는 다른 주의 채권 금리보다 높은데 이는 다른 주의 채권보다 위험도가 높기 때문입니다. 캘리포니아 주가 파산할 수도 있는데, 그러면 사람들이 빌려 준 돈을 갚지 못할 수도 있습니다. 저희 아버지는 위험을 꺼리시는 편이에요. 그래서 아버지는 마음의 평온만 유지할 수 있다면 투자 수익률이 아주 낮더라도 별로 개의치 않습니다. 여러분이 주식 계좌를 새로 개설하면 중개인이 여러분에게 원하는 수익률은 얼마인지, 그 수익률을 위해 어느 정도까지 위험을 감수할 의향이 있는지 등을 물어볼 겁니다.

마지막으로 고려해야 할 사항은 머츄리티(만기)입니다. 아니, 정신적인 머츄리티(성숙)를 의미하는 게 아니에요. 투자와 관련한 머츄리티란 여러분이 투자한 돈을 돌려받는 때를 의미합니다. 채권은 만기일이 분명합니다. 다른 투자들은 만기일이 그렇게 분명하지 않아요. 투자금을 돌려받을지 말지를 여러분이 결정해야 합니다. 제 생각에는 교육이 최고의 투자 같습니다.

TALK ABOUT IT

1. 여러분이 생각하기에 미래를 위한 가장 좋은 투자는 무엇인가요? 공부를 계속하는 것인가요? 집을 사는 것인가요? 새로운 기술을 배우는 것인가요?
2. 여러분은 투자의 성공 또는 실패를 어떻게 판단하나요?
3. 여러분의 동료와 친구들은 자신들의 시간과 에너지를 어떻게 투자하나요?
4. 여러분은 투자한 돈이 일 년에 얼마를 벌면 가치 있는 투자라고 생각하나요?
5. 여러분은 투자 수익을 위해서 얼마나 기다릴 수 있나요? 여러분은 박사학위 취득을 위해 8년을 기다릴 수 있나요? 아니면 투자한 보람을 느낄 수 있게 보다 더 즉각적인 수익을 얻어야 하나요?
6. 여러분의 친구, 부모님, 동료, 형제자매들은 무엇이 여러분에게 좋은 투자라고 생각하나요? 그들이 여러분에게 특정 방식으로 돈을 투자하라고 권하나요?
7. 투자 전략을 놓고 갈등했던 때를 설명해 주세요.

38

GET AN ANSWER from Lisa

1. 글쎄요, 저는 아직 젊어서 교육이 제게 무엇보다 중요하다고 봅니다. 더욱이 수중에 투자할 돈이 없기 때문에, 금융 투자는 제가 선택할 수 있는 사항이 아니에요. 새로운 기술을 배우는 것 또한 중요하다고 봐요.
2. 성적은 성공이나 실패를 판단하는 꽤 분명한 척도가 됩니다. 하지만 그게 전부는 아니죠. 수업 하나를 끝내고 제가 정말 무언가를 얻었다고 느낀다면 그때 저는 그게 좋은 투자였다고 생각합니다.
3. 그들도 공부하는 데 많이 투자합니다. 그들의 부모님들은 부동산에 투자하고 주식 투자도 하시는 걸로 알고 있습니다. 한 친구 녀석이 학교에서 주식 투자 동호회를 운영하는데요, 투자는 그냥 가짜 화폐로 하는 거죠.
4. 저는 안전한 수익에 비교적 만족하는 편입니다. 심지어 수익률이 고작 3~4 퍼센트 정도라 해도 위험성만 없다면 적당하다고 봅니다.
5. 저는 8년이나 기다릴 여유가 없습니다. 절대 안 돼요. 학업 마치고 바로 직장을 구해야 합니다. 그때쯤에는 제가 투자한 시간과 에너지에 대한 보상을 받고 싶어요.
6. 글쎄요, 부모님은 제가 '적당한' 직장을 구하길 바랍니다. 제 생각에 부모님은 제가 월급 많이 받는 직장을 구하길 원하는 것 같아요. 전 아직도 앞으로 제가 뭘 하고 싶은지 결정하지 못하고 있어요.
7. 부모님이 투자로 어떤 부동산을 구입할지 말지를 놓고 크게 싸우신 적이 있어요. 어머니는 그게 너무 비싸다고 생각하신 반면 아버지는 계속 가치가 오를 거라고 생각하셨죠.

1 **return** 수익 2 **repay** 갚다 3 **shun** 피하다 4 **maturity** 만기 5 **clear-cut** 명백한
6 **worthwhile** 유용한, 가치 있는 7 **buddy** 친구 8 **adequate** 적정한, 충분한 9 **pay off** 수익을 얻다

39 | Killing Time
시간 죽이기

시간 죽이기는 시간 낭비의 한 예이지만, 대체로 어떤 일이 일어나기를 기다리면서 시간을 죽이게 됩니다. 예를 들어, 수많은 직장인들이 근무가 끝나기만을 기다리며 시간을 죽입니다. 제 고등학교 시절을 돌이켜보면 종이 울리기만을 기다리며 지루한 수업에 앉아 있었던 때가 많이 생각나네요. 선생님을 바라보며 가끔씩 고개를 끄덕였지만 사실 전 앞에 놓여 있던 종이에 낙서를 끄적거리며 시간을 죽이고 있었죠.

슬프게도 우리는 많은 날들을 시간을 죽이며 보내고 있습니다. 요즘 미국에서는 일은 안 하고 인터넷 서핑을 하는 사람들이 너무 많아서 근무 중에 인터넷 사용을 제한하는 회사들이 많습니다.

요즘 우리가 가지고 있는 모든 놀라운 기기들을 가지고, 저는 생산적인 일을 하는 대신 시간만 죽이는 때가 종종 있습니다. 물론 심심풀이로는 TV가 일반적이지만, 점점 더 자주 저의 시간이 휴대용 음악 기기에 내려받은 재미있는 프로그램에 낭비되고 있더라고요. 프로그램 대부분이 단어와 관련된 퍼즐 게임이라서 "나는 내 영어 실력을 키우고 있는 거라고. 그리고 그건 내 일이기도 해!"라며 게임 하는 제 자신을 어느 정도 정당화시키기도 합니다. 하지만 결국 그냥 시간을 죽이고 있는 거죠. 제가 누구 밑에서 회사 생활을 하는 게 아니라서 이 문제가 특히 어렵다는 걸 압니다. 제 스스로가 시간 사용을 감시하지 않으면 저는 필시 온종일을 낭비해 버릴 수도 있습니다.

TALK ABOUT IT

1. 여러분이 가장 좋아하는 시간 죽이기 방법은 무엇인가요?
2. 여러분이 시간을 죽이고 있을 때 여러분의 부모님, 사장님 또는 선생님과 같은 실권자에게 걸린 적이 있나요?
3. 시간을 죽이려고 했던 일이 어떤 면에서는 결과적으로 도움이 되었거나 이익이 되었던 적이 있나요?
4. 근무 시간이 짧아진다면, 그래도 직장에서 여전히 시간을 죽이고 싶어 좀이 쑤실 것 같나요? 이유는요? 그렇지 않다면 그 이유는요?
5. 여러분은 요즘 세대가 이전 세대보다 하루 중 낭비하는 시간이 더 많다고 생각하나요?
6. 여러분은 힘 있는 자리에서 다른 사람들이 시간 낭비를 못하게 해 본 적이 있나요? 얼마나 효과적이었는지 설명해 주세요.

7. 해야 할 일이 아무것도 없으면 직장에서 시간을 죽여도 괜찮다고 생각하나요?
8. 시간 낭비를 피하는 가장 효과적인 방법은 뭐라고 생각하나요?

GET AN ANSWER from Amy

1. 저는 그냥 전화로 제 친구와 수다를 떨어요. 저는 온종일 그렇게 보낼 수 있답니다.
2. 제 남자 친구는 자기가 집에 있을 때 제가 전화를 받으면 화를 냅니다. 하지만 남자 친구는 전혀 실세가 아니에요. 예전에 부모님과 함께 살았을 때 부모님께서는 제가 전화기를 끼고 산다고 늘 화를 내곤 하셨습니다. 그게 제가 이사 나와서 저만의 공간을 갖게 된 한 이유죠.
3. 음, 별로 없습니다. 저는 그렇게 한 번에 여러 가지 일을 잘하지 못해요. 어떤 사람들은 TV 보면서 뜨개질해서 그 옷을 사람들에게 주더라고요. 어쨌든 저는 손재주는 정말 없었어요.
4. 물론이죠. 근무 시간이 아무리 짧아진다고 해도 전 가끔 시간 죽일 방법을 찾아낼 것 같아요. 특히 제가 재미없는 프로젝트를 진행하고 있다면 말이죠.
5. 확실히 요즘 세대가 시간 죽이는 방법들을 더 많이 가지고 있습니다. 생각해 보세요. 우리에게는 휴대용 게임, 음악, 인터넷이 있잖아요. 그리고 그런 것들이 끊임없이 나오고요. 시간을 낭비할 방법은 얼마든지 많습니다. 옛날에는 사람들이 그냥 멍하니 있을 여유가 없었어요. 열심히 일하지 않으면 굶어 죽을 판이었으니까요. 농부들을 생각해 보세요. 새벽부터 땅거미가 질 때까지 일을 해야 했잖아요. 하지만 삶이 매우 편해지면서 우리에게는 시간이 아주 많아졌죠.
6. 음, 학교 다닐 때 제가 어느 프로젝트의 리더를 맡았어요. 팀원들 몇 명이 농땡이치고 시간을 허비하기 시작해서 제가 그 애들한테 프로젝트에 좀 더 집중해야 한다고, 안 그러면 우리 모두 낙제점을 받을 거라고 말했습니다.
7. 괜찮을 것 같은데요. 하지만 할 일이 없는 사람은 상사에게 일거리를 달라고 해야 한다고 봅니다. 안 그러면 일을 안 하는 것으로 보고 상사가 해고해 버릴 수도 있잖아요.
8. 제가 해야 할 일의 목록을 만드는 게 좋아요. 어느 때고 목록에서 항목을 추가하거나 뺄 수 있지요. 그런 식으로 목록을 볼 때마다 해야 할 일 전반을 검토하고 어느 시간도 허비하지 않도록 하지요.

1 **doodle** 낙서하다   2 **surf the Internet** 인터넷 서핑을 하다   3 **gadget** 기구, 기계 장치   4 **time killer** 소일거리   5 **handheld** 손에 들어오는, 휴대용의   6 **authority figure** 막강한 실력자, 실세   7 **itch** (어떤 일이 하고 싶어 몸이) 근질거림, 욕구   8 **gossip** 수다 떨다   9 **wile away** (그럭저럭) 시간을 보내다   10 **hog** 제 몫보다 더 차지하다, 독차지하다   11 **multitask** 한 번에 여러 일을 처리하다   12 **give away** 주다, 기부하다   13 **space out** 멍하니 있다   14 **dusk** 황혼, 땅거미

Libraries

도서관

사람들이 제게 과거와 현재를 통틀어 누가 가장 위대한 미국인이라고
생각하는지 물으면 저는 벤저민 프랭클린이라고 대답합니다. 그가
한 모든 일 가운데 공공 도서관 시스템 창설은 가장 훌륭한 업적
중 하나죠.

저는 늘 도서관에 가는 걸 좋아했어요. 매우 더운 기후에서 자랐는
데 도서관은 냉방 시설이 된 몇 안 되는 곳 중 하나였죠. 눈을 감으
면 아직도 도서관의 시원한 바람이 저를 스쳐 지나가는 게 느껴집니다. 제가 다녔던 학교에는 일주일
에 한 번씩 이동도서관이 찾아오곤 했어요. 이동도서관이 오는 날은 큰 행사였죠. 이동도서관 차는 경
적 소리도 독특했습니다. 그 경적 소리를 듣고 이동도서관이 왔다는 걸 알아차린 아이들은 모두 책상
에서 벌떡 일어나 선생님께 밖으로 내보내 달라고 졸랐습니다.

도서관은 참으로 다양한 서비스를 제공합니다. 게다가 그 서비스는 전부 무료입니다. 일자리가 필요하
면 도서관에 가서 지역사회 게시판을 확인할 수 있어요. 직업훈련이 필요하면 교육용 DVD나 책을 빌
려 올 수도 있습니다. 도서관에는 초등학생과 성인 모두를 가르치는 자원봉사자들이 있어요. 그곳에는
무료로 법률 자문을 해 주는 변호사들도 있지요. 저는 도서관이야말로 우리 사회의 가장 좋은 면을 대
표한다고 생각해요. 도서관은 이웃을 돕도록 사람들을 독려하고, 또 어려운 이들이 도움을 받을 수 있
는 곳을 제공해 주기도 하니까요.

그런데 정말 슬픈 건 미국인들 중에서 도서관 카드를 갖고 있는 사람이 5퍼센트도 채 안 된다는 것입니
다. 5퍼센트도 안 되다니! 이게 믿어집니까? 도서관에서는 세상의 모든 지식이 무료인데도 그것을 찾
아내려는 사람들은 많지 않습니다.

TALK ABOUT IT

1. 여러분은 도서관에 얼마나 자주 가나요?
2. 여러분은 인터넷 때문에 도서관이 한물갔다고 생각하나요?
3. 도서관에 가서 여러분에게 크게 도움이 되었던 때를 설명해 주세요.
4. 도서관 사서에 대해 어떻게 생각하나요?
5. 여러분은 집에 어떤 종류의 책을 소장하고 있나요?
6. 도서관이 어떤 서비스를 더 갖추기를 바라나요?
7. 지역 도서관에서 보고 싶은 게 무엇인가요?

GET AN ANSWER from Sam

1. 저는 방과 후에 거의 매일 도서관에 갑니다. 부모님은 제가 친구들이랑 도서관에서 함께
어울리는 건 상관하지 않으세요. 우리가 거기서 공부를 한다고 생각하세요. 글쎄요, 전
도서관에서 숙제를 합니다. 다는 못하더라도 대부분 해요.

2. 아니요, 도서관이야말로 인터넷을 쓸 수 있는 가장 좋은 장소 중 하나입니다. 기다리는 사람만 없다면 인터넷을 한 시간씩 쓸 수 있게 해 주거든요.

3. 한번은 리포트를 써야 해서 몇 가지 조사를 하려고 도서관에 갔습니다. 사서가 아주 많은 도움을 주었고 제가 쓰려는 주제에 관한 책도 몇 권 찾아 주었습니다. 도서관에서 했던 그 조사 덕분에 전 그 프로젝트에서 A⁺를 받았습니다.

4. 제가 어렸을 때는 사서들이 무서웠어요. 그분들이 심각한 표정으로 돌아다니며 떠들지 못하게 하곤 했어요. 가끔씩 저희 쪽으로 와서 조용히 하라고 주의도 주었습니다.

5. 집에 제가 모으는 공상과학 소설이 꽤 많이 있습니다. 그렇지만 전 기본적으로 제가 읽는 책 대부분을 도서관에서 빌립니다.

6. 도서관에서 일주일에 한 번 미술 수업을 해 줍니다. 저는 그 수업을 정말 좋아해요. 성적을 매기거나 하는 수업이 아니라서 그냥 저 하고 싶은 대로 할 수 있거든요. 저는 그 수업이나 그 수업이랑 비슷한 다른 수업이 더 자주 있으면 좋겠습니다.

7. 도서관에서 참고 서적들을 더 많이 볼 수 있으면 좋겠어요. 그 책들이 비싼 건 알지만, 몇 가지는 정말 유용하거든요.

1 **bookmobile** 이동도서관 2 **obsolete** 더 이상 쓸모없는, 한물간 3 **substantially** 상당히, 많이
4 **hang out with** ~와 어울려 돌아다니다 5 **frighten** 무섭게 하다 6 **be oneself** 자기 모습대로 행동하다

41 | Mentoring

멘토링

멘토링에는 여러 종류가 있습니다. 권한이나 힘 있는 직책에 있는 사람이 더 젊은 직원에게 훈련과 조언, 지혜 등을 제공하는 직장 내 멘토링이죠. 멘토링은 또 가정에서도 이루어집니다. 아버지, 어머니 또는 경험이 더 많은 형제자매가 더 어린 가족을 가르칠 수 있죠.

제 삶을 되돌아보니 제게 멘토가 되어 주었던 많은 분들이 기억납니다. 제가 사회에서 경력을 쌓는 동안 많은 분들이 도와주셨고, 한국에서 잘 지낼 수 있는 방법에 대해 좋은 조언을 해 주신 분들 또한 많습니다. 많은 분들이 저를 마치 자신의 아들이고 형제인 양 돌봐 주었습니다. 그것이 멘토의 이상형이죠. 자기 자식인 양 돌봐 주고 이끌어 주는 그런 분이요.

저는 매일 다른 사람들이 건설적인 선택을 하도록 도와주는 기회를 찾습니다. 너무 직접적인 방식보다는 "우리가 일을 어떻게 다르게 할 수 있었을까요?" 라든지 "여러분이 책임자라면 일을 어떻게 관리하겠어요?" 와 같은 질문의 형태로 조언해 줍니다. 그렇게 하면 제가 그들을 비난한다고 느끼지 않게 하면서 제 경험을 그들과 함께 이야기할 수 있게 되죠. 멘토링을 잘하는 기술은 배우는 데 상당한 노력이 필요합니다.

멘토는 자신이 도와주려고 하는 사람에게 자신의 사고방식을 강요하려고 할 수도 있습니다. 그 사람이 스스로 선택하게 하지 않고 말이죠. 그건 바람직하지 않습니다. 여러분은 멘토로서 자신보다 젊은 누군가에게 조언을 해 주고 싶은 것이지 여러분의 사고방식을 강요하고자 하는 것은 아니잖아요.

TALK ABOUT IT

1. 여러분의 인생에서 여러분에게 멘토링을 해 준 사람은 누구인가요? 어떤 식으로 해 주었나요?
2. 여러분은 언제 다른 이에게 멘토로서 행동했나요?
3. 여러분은 예전에 누군가를 멘토링해 주지 않은 걸 후회하나요?
4. 누군가에게 멘토링을 해 주려고 했던 것이 역효과를 낸 적이 있나요?
5. 여러분에게 가장 큰 영향을 준 선생님은 누구인가요?
6. 여러분이 멘토링을 받지 않았다면 여러분의 삶은 어떻게 다를까요?
7. 멘토링을 받고 싶었던 사람이 있었나요?

GET AN ANSWER from Alice

1. 고등학교 때 상담 선생님이 제 인생에 크게 영향을 주었습니다. 저는 외롭거나 혼란스러울 때면 그 선생님 사무실에 종종 찾아가곤 했어요. 그분은 저의 감정적이고 개인적인 문제들을 해결할 수 있게 도와주었어요.
2. 저는 우리 회사 신입사원들을 멘토링하려고 노력합니다. 그들을 데리고 다니며 일을 어떻게 하는 건지 보여주죠. 그들로 하여금 내가 그들을 지지하고 있다는 걸 확실히 느끼도록 합니다.
3. 저는 후회를 너무 곱씹지 않으려고 노력합니다. 후회만 하다 온종일을 보낼 수도 있거든요. 물론 제가 도움의 손길을 뻗어 주지 않았던 사람들이 많았어요. 저희 아파트에 사는 한 젊은이가 최근 가출했어요. 그가 혼자 앉아 있는 걸 가끔 보곤 했는데 제가 너무 바쁘거나 피곤한 나머지 잠시 멈춰 서서 그에게 말 한마디 건네지 못했네요.
4. 물론입니다. 때때로 사람들은 당신이 너무 주제넘게 나선다고 생각할 수 있어요. 일전에 제가 저희 사무실 여직원한테 그녀가 쓴 보고서에 대해 제안을 하나 했더니, 그녀가 제게 상관하지 말라고 하더군요.
5. 제 선생님 중에는 매우 훌륭한 분도 계셨고 형편없는 분도 계셨습니다. 굉장히 열성적인 생물학 교수님이 한 분 계셨는데 그분은 말씀하실 때 늘 미소를 지으셨어요. 그분은 자신이 하는 일을 정말 좋아했죠. 교수님은 제가 좋아하는 일을 찾도록 격려해 주셨습니다.
6. 틀림없이 삶이 더 힘들었을 겁니다. 제가 받은 가르침과 지원이 없었다면 전 훨씬 더 힘들었을 거예요.
7. 제 마음에 가장 먼저 떠오르는 사람은 저희 할머니예요. 굉장히 좋은 분이셨는데, 제가 어렸을 때 돌아가셨어요.

1 **mentoring** 조언해 주기, 지도   2 **sibling** 형제자매   3 **thrive** 아주 잘하다, 번성하다   4 **take someone under one's wing** ~를 보살피며 돕다, 감싸 보호하다   5 **critique** 비난하다   6 **impose** (생각을) 강요하다   7 **protégée** 학생, 제자   8 **backfire** 역효과를 내다   9 **show someone the**

ropes ~에게 일을 어떻게 하는지 보여주다   10 **dwell** 초점을 맞추다, 생각하다   11 **pushy** 밀어붙이는, 주
제넘은   12 **mind one's own business** 남의 일에 신경 쓰지 않다   13 **lousy** 형편없는, 엉망인

42 | Motivation
동기 부여

저는 동기 부여에 대해 자주 생각합니다. 대개는 저 스스로에게 동기를 부여
하려고 노력하죠. 그러니까, 전 제 스케줄을 자유롭게 짤 수가 있답니다. 하루
종일 일하도록 짤 수도 있고, 또는 제 자신을 위해 일의 양을 아주 가볍게 할 수도
있다는 말이지요. 하지만 저는 매우 바쁘게 생활하는 날이 많습니다. 열심히 일하고
자 하는 의욕이 매우 강하거든요. 저희 가족들에게 윤택한 삶을 제공해 주고 싶기도 하
고요.

하지만 그것은 제 동기 부여의 일부분일 뿐입니다. 전 매일 사람들에게 기쁨을 주는 일에 의욕이 생깁
니다. 전 사람들이 웃으면서 얼굴이 환해지는 걸 보는 게 좋습니다. 전 제 일의 그 부분을 '정신적 소
득'이라고 불러요. 사람들을 행복하게 하는 일이 제 정신을 살찌우거든요. 그것이 제가 매일 하는 일을
해낼 수 있도록 에너지를 주지요. 많은 사람들에게 이러한 정신적 소득은 실제 소득보다 훨씬 더 중요
합니다.

유감스럽게도, 제 아이들에게 학습 동기를 부여하는 일이 때로는 참 어렵습니다. 아이들에게 지금 배
우는 정보가 나중에 유용할 거라고 설득하지만 늘 먹히는 건 아니에요. 두려움은 가장 좋은 동기 요인
은 아닙니다. 위협은 아이들을 화나게 하기 쉽죠. 협박을 받으면 저도 결코 기분이 좋지 않아요.

사람들에게 동기를 부여할 때 쓸 수 있는 영어 표현으로 '당근과 채찍'이 있습니다. 말을 움직이게 하
려면 말 얼굴 앞에다 당근을 매달아 놓거나 채찍으로 말을 때려야 한다는 뜻이죠. 동물과 마찬가지로
사람도 긍정적인 보상을 받거나 고통을 피하는 것으로 동기를 부여받습니다. 전 보상으로 동기 부여하
는 것을 좋아합니다.

TALK ABOUT IT

  1. 여러분은 어떤 일에 동기가 부여되나요?
  2. 여러분은 다른 사람들에게 어떤 식으로 동기를 부여하나요?
  3. 여러분은 위협하는 것이 효과적인 동기 부여 방법이라고 생각하나요?
  4. 스스로에게 동기를 부여하지 못했던 경험을 이야기해 주세요.
  5. 위협에 반발했던 경험을 이야기해 주세요.
  6. 여러분이 아는 사람 중에 가장 유능한 지도자는 누구인가요?
  7. 여러분은 동기를 부여해 주는 연설을 들으러 가 본 적이 있나요?
  8. 자고 일어났는데 의욕이 하나도 없었던 적이 있나요? 그렇다면 자신을 일으켜 세워 하루

를 달려가기 위해 무엇을 했나요?

9. 여러분은 자신이 좋은 지도자가 될 거라고 생각하나요? 왜 그렇게 생각하나요?

GET AN ANSWER from Lucy

1. 저는 중학교에서 수학을 가르치고 있는데요, 학생들이 살아가면서 필요한 기술을 습득하도록 돕는 것에 동기 부여됩니다.

2. 저는 잘한 일에 칭찬을 합니다. 교실 벽에 잘 본 시험지들을 붙여 놓죠. 저는 그 벽을 '영광의 벽'이라고 부릅니다.

3. 아니요, 절대 그렇게 생각하지 않습니다. 아이들을 가르치는 동안 겁주는 게 효과가 있던 적은 없었어요. 아이들을 위협하면 아이들은 그저 분개하죠.

4. 제가 수업을 하는 반이 수업에 관심이 없어 보일 때가 있습니다. 그런 경우가 가끔씩 있는데 그럴 때는 정말 우울해지고 저 스스로에게 동기를 부여하기가 매우 어렵다는 걸 알죠.

5. 수학과 과장 선생님이 제게 반 평균을 올려놓지 않으면 제 자리가 위험해질 거라고 말했습니다. 그 이후 저는 그분과 관계가 안 좋습니다.

6. 개인적으로요? 개인적으로 아는 '지도자'는 없습니다. 역사상 제가 가장 존경하는 지도자는 처칠 수상이라고 말씀드릴 수 있어요. 그는 국민들을 고무시켜 그들로부터 놀라운 희생을 이끌어 낼 수 있었지요.

7. 일 년에 한 번 저희는 학군 전체 교사 모임에 참석해야 합니다. 그 모임에는 연사들이 여러 명 나오는데, 진심이 없어서인지 연사들의 연설을 듣다 보면 지루해지는 게 보통입니다.

8. 이따금 아침에 그냥 힘이 없을 때가 있어요. 가끔은 그날의 날씨와도 관계가 있겠지만 잘 모르겠어요. 그런 날 제 자신을 일으켜 세우는 가장 좋은 방법은 곧 있을 긍정적인 어떤 것을 생각하는 겁니다. 그날 저녁에 있는 친구와의 약속이라든가 해야 할 특별한 일 등 말이지요. 그렇게 하면 그날을 좀 더 의욕적으로 시작하는 데 도움이 됩니다.

9. 잘 모르겠어요. 그렇게 생각하고 싶어요. 다른 사람들 말을 경청하기는 하지만, 보통 지도자라면 갖고 있는 카리스마나 자신감이 제게는 없어요.

---

1 **psychic** 정신의, 초자연적인   2 **resentful** 화가 난, 분노하는   3 **dangle** 매달다   4 **jeopardy** 위험
5 **district-wide** 학군 전체의   6 **turn someone off** ~를 지루하게 하다   7 **insincere** 진실하지 않은,
가식적인

43 | Movies

영화

제 동생은 독립 예술 영화를 좋아합니다. 동생에게 전화를 걸면 녀석은 자기가 본 초현실주의 일본 영화나 독일 영화에 대한 이야기를 종종 해요. '낯설수록 더 좋다' 는 말이 영화에 관해서는 동생의 모토죠. 동생은 할리우드 영화나 유명 배우가 나오는 영화는 보려고 하지 않습니다. "그런 종류의 영화들은 너무 인위적이고 진부해." 라고 말하죠.

저는 동생과 영화 취향이 반대입니다. 저는 이해하기 쉬운 영화가 좋아요. 그리고 해피엔딩으로 끝나는 영화가 좋고요. 보고 나면 희망을 가지게 하는 영화를 좋아합니다. 낯선 건 현실 세계만으로도 충분하거든요. 저는 영화를 볼 때 현실에서 탈출하고 싶은 것이지, 현실보다 훨씬 더 이상한 대체 현실과 맞닥뜨리고 싶지는 않습니다. 저는 유명 배우가 주연을 맡은 영화를 좋아하는데, 그런 영화를 보면 마음이 편안해지거든요. 제가 잘 아는 사람과 시간을 보내는 것 같아요. 그리고 제가 알고 좋아하는 사람을 응원하는 게 더 편합니다.

전 보통 영화 감상평을 읽지 않습니다. 놀라고 싶거든요. 사실 저는 미리 제 기대치를 낮추려고 합니다. 영화를 보고 나서는 친구들에게 그 영화에 대해 얘기하는 것을 좋아합니다.

TALK ABOUT IT

1. 여러분은 낯선 예술 영화를 좋아하나요? 그 이유는요? 그렇지 않다면 그 이유는요?
2. 만일 여러분이 영화를 만들 수 있는 예산이 주어진다면 어떤 종류의 영화를 만들 건가요?
3. 여러분이 본 가장 재미있는 다큐멘터리는 무엇인가요?
4. 여러분은 잘 알려지지 않은 배우가 주연을 맡은 영화가 좋은가요, 검증된 스타가 주연인 영화가 좋은가요? 그 이유는요?
5. 여러분은 외국 영화를 많이 보나요? 국내 영화와 비교해 어떤가요?
6. 여러분이 가장 좋아하는 영화 장르는 무엇인가요? 그것에 어떤 매력이 있나요?
7. 여러분은 영화에서 항상 해피엔딩을 바라나요? 아니면 충격적이거나 놀라운 엔딩을 더 선호하나요?
8. 누군가가 여러분의 인생 이야기를 영화화한다면 누가 본인 역할을 맡으면 좋겠어요?
9. 어떤 종류의 영화가 여러분을 정말 짜증 나게 하나요? 그 이유는요?

GET AN ANSWER from Peter

1. 저는 조금 좋아하기도 하고 그렇지 않기도 해요. 정말 그때그때 기분에 따라 다르죠. 색다른 경험을 해 보는 것을 좋아하지만, 늘 그런 것은 아니니까요.
2. 전 코미디 영화를 만들고 싶습니다. 보고 웃게 되는 일상의 사소한 것들이 참 많더라고요. 사람들이 서로 오해하는 그런 게 되게 재미있을 것 같아요.
3. 최근에 트럭 운전사들에 관한 것을 하나 봤어요. 먹고사느라 트럭을 몬다는 게 참 힘든 일이라는 걸 알게 됐죠. 어떻게 그렇게 전국 방방곡곡을 운전하고 다니는지 모르겠어요. 그

영화는 트럭 운전사들이 힘겹게 살아가는 모습을 아주 잘 그려 냈습니다.

4. 보통은 무명 배우들이 나오는 영화를 택합니다. 배우들을 응원하거나 그들과 공감하기가 쉽거든요. 물론 해리슨 포드처럼 좋아하는 배우도 있어서 그 배우가 나오는 영화는 절대 놓치지 않고 봅니다.

5. 이따금 외국 영화를 보기도 합니다. 하지만 그렇게 자주는 안 봐요. 자막을 보느라 영화에 집중할 수가 없거든요. 할리우드 영화보다 분위기도 좀 더 가라앉아 있는 것 같고 내용도 더 복잡한 것 같아요.

6. 전 코미디물을 진짜 좋아합니다. 자신을 희화하는 사람들을 보는 게 재미있거든요. 인생을 심각하게 받아들이며 사는 사람들이 너무 많잖아요.

7. 일반적으로는 전형적인 할리우드 엔딩의 영화를 더 좋아하지만, 그렇지 않은 영화도 몇 편 본 적이 있어요. 그 영화들도 굉장히 재미있었어요.

8. 잭 블랙이요. 그 배우랑 제가 생긴 거나 행동하는 것이 좀 비슷한 것 같아요. 스크린에서 제 모습을 아주 잘 그릴 것 같아요.

9. 전 슬래셔 무비는 정말 싫어해요. 플롯은 늘 말도 안 되고, 영화 예산이 적어요. 그래서 그 영화들은 대체로 그리 잘 만들어지지 않죠.

1 **art house movie** 예술 영화, 실험 영화 2 **stale** 지루한, 생기 없는 3 **bizarre** 기묘한, 이상한 4 **root for** ~을 응원하다 5 **hilarious** 무척 재미있는 6 **get distracted** 주의가 산만해지다, 짜증이 나다 7 **moody** 기분 변화가 심한, 침울한 8 **slasher movie** 슬래셔 무비(끔찍한 살인마가 등장하는 공포 영화의 한 장르)

44 | Nervousness
긴장

이 책을 쓰면서 전 약간 긴장됩니다. 사람들이 책을 좋아해 주면 좋겠어요! 겉으로는 그렇게 안 보이겠지만 매번 무대에 오를 때에도 긴장합니다. 농담을 하고 익살스러운 행동과 표정 등으로 제가 긴장했다는 사실을 숨기는 거죠. 앞서 나온 제 책 〈아이작의 테마토크 120〉에서 저는 손가락 관절을 꺾어 소리 내는 버릇을 고치고 싶다고 말한 적이 있습니다. 긴장을 표현하는 방법 중의 하나죠. 긴장을 하면 입술을 핥는 사람도 있고 손톱을 물어뜯는 사람도 있습니다. 그리고 앉아 있을 때 다리를 움직이는 사람들도 있고요.

중학교 2학년이었을 때, 저희 반에 시험 전에 너무 긴장해서 몸을 심하게 떨던 친구가 하나 있었습니다. 우리는 그 친구에게 그냥 시험일 뿐이라며 긴장을 풀어 주려고 했지만 그 친구 뇌가 고장이라도 난 듯 전혀 소용이 없었어요.

저는 주사 바늘만 보면 언제나 긴장됩니다. 병원에서 주사 맞는 걸 좋아하는 아이는 본 적이 없습니다. 그리고 믿기 힘들겠지만 제가 한때는 낯선 사람을 만나면 매우 긴장하곤 했었답니다.

저는 근심 걱정을 줄일 수 있는 몇 가지 방법이 있다는 사실을 알게 되었어요. 지금 당장 눈앞의 일에 집중하려고 노력하는 겁니다. 그렇게 하면 미래에 일어날 일에 대해서는 걱정하지 않게 됩니다. 또, 어떤 행동을 계속 반복해서 하는 거예요. 그렇게 함으로써 나중에 같은 일을 다시 하게 되었을 때 그 일에 관해서 긴장을 덜 하게 되죠. 연습이 좋은 겁니다.

주사는 아무리 많이 맞아도 여전히 저를 긴장시킵니다.

TALK ABOUT IT

1. 어떤 상황, 어떤 환경에서 여러분은 가장 긴장하게 되나요?
2. 여러분은 어렸을 때보다 지금 더 긴장하는 편인가요?
3. 여러분은 긴장하면 어떻게 표현하나요?
4. 다른 사람들은 긴장하면 어떻게 행동하던가요?
5. 여러분은 긴장하게 되면 어떻게 자신을 진정시키나요?
6. 여러분을 더 이상 긴장시키지 않는 것의 예를 들어 주세요.
7. 병원에서 주사 맞는 것이 긴장되나요?
8. 여러분 인생에서 가장 안절부절 못하던 때는 언제인가요?

GET AN ANSWER from Pablo

1. 저는 프레젠테이션을 할 때 매우 긴장합니다. 저는 직장에서 사람들 앞에 서서 무언가를 설명하는 게 싫습니다. 프레젠테이션 하기 며칠 전부터 너무 긴장을 해서 몸이 아픈 경우가 자주 있어요.
2. 저는 여러 가지 것들에 조금씩 긴장하는 것 같습니다. 그게 다예요. 예전에는 일에 대해서는 생각하지 않아도 됐죠. 그래도 학교 다니면서 긴장했었죠.
3. 저는 뱃멀미 같은 증상을 느낍니다. 어지럽고 배가 조여 오는 느낌이 들 때가 있죠. 심호흡을 전혀 할 수가 없고 두통이 생기기도 합니다.
4. 긴장하면 많이 웃는 사람들을 알고 있어요. 어떤 사람들은 목을 움직이며 딱딱 소리를 내죠. 사무실에 있는 남자 하나는 계속 왔다 갔다 하더군요. 그가 너무 많이 그러면 저도 긴장되기 시작합니다.
5. 전 정말 진정을 못하겠어요. 물론 노력은 하죠. 심호흡을 해 보거나 다른 것에 대해 생각하려고 해요. 하지만 효과가 없어요. 그저 폭풍처럼 지나갈 때까지 기다려야 해요.
6. 전 운전할 때 더 이상 긴장하지 않습니다. 운전을 처음 시작했을 때는 핸들을 아주 꽉 잡았어요. 지금은 긴장을 풀고 느슨하게 잡을 수 있어요.
7. 팔에서 피 뽑는 건 싫어하지만 그렇게 긴장되지는 않아요. 전 어렸을 때 알레르기 증세가 아주 심했습니다. 그래서 알레르기 주사를 맞으러 매주 의사 선생님께 가야 했죠. 그래서 그런지 바늘 때문에 더 이상 긴장하거나 하지 않아요.
8. 한번은 비행기를 타고 가는데 비행기 엔진 하나가 고장이 났습니다. 가장 가까운 도시에 비상착륙을 해야 했죠. 거기 도착하는 데 1시간이 걸렸는데 지상에 안전하게 착륙할 때

까지 무척 긴장했습니다.

1 **shut down** 작동을 멈추다, 문을 닫다   2 **seasick** 뱃멀미   3 **crack** 딱 소리를 내다   4 **pace** 서성거리다

45 | News
뉴스

얼마 전 집의 문을 여니 문 바로 앞에 신문이 놓여 있는 게 보였습니다. 잠시 멈춰 그걸 집어 들어 읽을지 말지 생각했습니다만, 그러지 않기로 했습니다. 신문에 좋은 소식이라곤 거의 없는 것 같은데, 읽어 봤자 무슨 소용이 있겠나 싶더라고요. 제가 굳이 나쁜 뉴스를 읽고 들을 필요가 없죠. 누군들 필요하겠어요?

대학 졸업 후 저는 신문을 발간해서 '좋은 소식'이라고 부를까 생각한 적이 있습니다. 세계 곳곳의 긍정적이고 희망적인 뉴스만을 모을 계획이었어요. 난치병을 이겨 낸 사람들에 관한 기사를 넣고, 실의에 빠지거나 상심한 이들을 도와주는 이방인들에 관한 기사를 넣을 수도 있었죠. 전 사람들이 그런 뉴스를 읽으면 고무되어 더 잘 살고, 더 베푸는 삶을 살 수 있을 거라 생각했습니다.

실상은, 제가 늘 뉴스를 알아야 한다는 겁니다. 전 뉴스를 다루는 라디오 프로그램을 진행하고 있거든요. 하지만 항상 청취자들의 하루를 밝게 만들어 줄 긍정적인 이야기들에 초점을 맞추려고 노력합니다. 제가 그런 프로그램을 진행하지 않는다면 전 절대 TV 뉴스를 보지 않을 겁니다. 정말이에요.

TALK ABOUT IT

1. 여러분은 매일 뉴스를 읽나요?
2. 여러분의 주된 뉴스원은 무엇인가요?
3. 여러분은 기자들을 신뢰하나요? 신뢰하는 이유는요? 그렇지 않다면 그 이유는요?
4. 여러분은 언론 매체들이 왜 부정적인 소식에 초점을 맞추는 것 같아요?
5. 여러분이 가장 좋아하는 기사는 무엇인가요?
6. 여러분은 어떤 분야의 뉴스에 가장 흥미를 느끼나요? 국제 뉴스? 비즈니스? 스포츠?
7. 여러분은 인터넷이 주요 뉴스원으로 신문을 대체할 거라고 생각하나요?
8. 여러분이 좋아하는 뉴스 프로 진행자나 뉴스 프로그램이 있나요?
9. 언론계에 입문하고 싶나요?

GET AN ANSWER from Saul

1. 저는 사업을 하고 있어서 시장 동향을 늘 파악하고 있어야 합니다. 그래서, 네, 매일 신문

을 읽습니다.

2. 요즘은 컴퓨터입니다. 앉아서 신문 읽을 시간이 없거든요.

3. 아니요, 신뢰하지 않습니다. 제 생각에 그들은 상품을 팔고 있는 거예요. 자기들이 원하는 방식으로 뉴스를 왜곡한다고 봐요.

4. 부정적인 뉴스가 잘 팔리잖아요. 죽음이 팔리고, 두려움이 팔리고, 고통이 팔려요. 뉴스의 초점이 행복한 소식에 맞춰지면 아마 사람들이 관심을 안 갖게 될 겁니다. 저도 왜 그런지는 모르겠어요. 그냥 인간의 본성 같아요.

5. 한 노숙자 관련 기사를 읽은 게 기억납니다. 그 남자가 죽었을 때 그 남자에게서 수십만 달러가 발견됐죠. 정말 대단한 뉴스였어요. 그 돈이 다 어디서 났을까? 왜 그 돈을 쓰지 않았을까? 수많은 의문을 남기는 뉴스였습니다.

6. 전 비즈니스 관련 뉴스를 봐야 해요. 그래서 별로 재미가 없죠. 전 국제 뉴스가 가장 재미 있는 것 같아요. 다른 나라 사람들은 어떻게 사는지 알게 되는 게 좋거든요.

7. 그 방향으로 갈 것 같아요. 인터넷이야말로 더 빠르고 순수한 뉴스원이죠. 누구라도 인터넷을 통해 즉각적이고 여과되지 않은 뉴스를 접할 수 있어요.

8. 아니요, 없어요. 스케줄 때문에 정해진 시간에 뉴스를 볼 형편이 안 돼요. 그렇지만 매일 즐겨 읽는 뉴스 사이트는 몇 개 있어요.

9. 아뇨, 없습니다. 요즘은 사람들이 대부분 언론인들을 믿지 않는 것 같아요. 종종 편향적으로 글을 쓰니까요. 편향적일 거라고 사람들이 추정하는 직업으로 진출하고 싶지 않습니다.

1 **uplifting** 희망을 주는　2 **skew** 왜곡하다

46 | Order

순서

저는 와이셔츠를 입기 전에 항상 바지를 먼저 입습니다. 그 반대 순서로 입어야 훨씬 더 상식에 맞겠지요. 그래야 와이셔츠를 바지 속에 넣으려고 벨트를 다시 풀지 않아도 될 테니까요. 하지만 전 평생 이 순서대로 옷을 입었고, 조만간 이 순서를 바꿀 것 같지도 않습니다. 음, 아마도 누군가가 방에 불쑥 들어올 경우를 대비해서 최대한 빨리 바지를 입고 싶어 하는 것 같아요.

제 딸아이 하나는 우유를 먼저 따르고 시리얼을 넣습니다. 그 순서가 저로서는 도저히 이해가 가지 않지만 딸아이는 다른 식으로 해 보려고 하지 않아요. 언젠가 음식을 먹는 바른 순서에 관한 책을 읽은 적이 있습니다. 그 책에서는 과일을 디저트로 먹을 게 아니라 식사하기 전에 먹어야 한다고 하더군요.

저희 집 아이 중 하나는 아침 식사를 먼저 한 후 양치질을 합니다. 나머지 아이들은 아침에 일어나자마자 양치질부터 하죠. 아이들이

모두 아침에 집을 나서기 전에만 양치질을 한다면야 어떤 순서로 하든 저는 상관하지 않습니다.

순서는 우리의 삶이 체계를 잡도록 도와줍니다. 그리고 우리 삶에 어떤 친숙한 리듬을 제공해 주어 우리를 편안하게 합니다.

TALK ABOUT IT

1. 여러분이 정해진 순서대로 하는 것의 한 예로 무엇이 있나요? 왜 그런 순서로 하나요?
2. 여러분은 일을 특이한 순서로 하나요? 다른 사람들은 여러분이 따르는 그 순서가 특이하다고 말하던가요? 여러분은 뭐라고 대답했나요?
3. 무언가를 할 때 다른 사람이 정한 순서 때문에 짜증 났던 경우의 예를 들어 주세요.
4. 여러분은 회사에서 업무를 시작하거나 가정에서 생산적인 일을 할 때 어떤 순서로 시작하나요?
5. 여러분이 무언가를 할 때 따르는 순서는 다른 사람으로부터 영향을 받은 건가요? 그렇다면 누가 영향을 주었나요?
6. 여러분이 어떤 것을 할 때 따르는 순서는 미신의 영향을 받은 건가요? 설명해 주세요.
7. 일하는 순서를 흐트리기도 하나요? 왜 그렇게 하죠?
8. 순서는 정말로 중요한가요? 언제, 그리고 무슨 이유 때문에 중요한가요?

GET AN ANSWER from Emily

1. 하루 중 제일 먼저 하는 일은 밖에 나가서 신문을 가져오는 겁니다. 그리고 나서 제가 가장 좋아하는 소파 구석에 앉아 아이들이 일어나기 전에 신문을 읽죠. 일단 예술 면을 가장 먼저 읽은 후 비즈니스 면을 읽고 마지막으로 1면을 읽습니다. 이런 식으로, 나쁜 기사를 읽기 전에 좋은 기사를 먼저 읽어요.
2. 아니요. 전 보통 제 나름의 순서를 따릅니다. 특히 사람들이 이상하게 생각할 만한 것일 때는 더욱 그렇습니다. 저는 저만의 독특한 방식으로 일을 합니다. 예를 들면 전 항상 왼쪽 눈부터 마스카라를 바르죠. 왜 그런지, 언제부터 그랬는지는 모르겠어요.
3. 전 외식을 할 때 식사하면서 같이 커피를 마시는 게 좋습니다. 커피가 미리 나오는 바람에 음식이 나올 때쯤이면 식어 버리는 게 싫거든요. 그래서 저는 주문할 때 종업원에게 커피랑 식사를 함께 갖다 달라고 얘기합니다. 그런데 종업원은 종종 잊어버려요. 그럴 때는 짜증이 납니다.
4. 저는 먼저 제 이메일을 확인합니다. 대부분의 사람들이 그렇게 할 것 같아요. 그런 다음 아침 미팅이 있으면 준비를 합니다.
5. 아니요, 그렇지 않습니다.
6. 그렇게 물으니까 그런 것 같기도 하네요. 어머니께서 항상 제게 가르쳐 주셨던 식탁 차리기 순서가 있습니다. 접시 오른쪽에는 항상 포크와 스푼을, 왼쪽에는 나이프를 놓아야 합니다. 어머니는 제가 그렇게 안 놓으면 귀신이 와서 식탁에 앉는다고 말씀하셨어요. 물론 절 겁주려고 하신 말씀인 건 알지만 지금도 저는 그렇게 식탁을 차립니다.
7. 대체로 저는 제 일상을 뒤섞어 보려고 합니다. 일상의 틀에 박혀 있는 게 불편하거든요. 그래서 반드시 일을 다른 식으로 합니다.

8. 군대, 의료, 법률 집행 같은 직업에서는 순서가 중요하죠.

1 **undo** 헐렁하게 하다, 풀다   2 **tuck in** (옷 등을 바지에) 집어넣다   3 **annoyed** 짜증이 난

47 | Patriotism
애국심

미국에서는 '미국에 축복을'이라고 쓰인 범퍼 스티커를 부착한 차들을 흔히 볼 수 있습니다. 저는 그걸 볼 때마다 '모든 이에게 축복을'이라고 혼자 중얼거리곤 합니다. 바꿔 말하면, 저는 신이 다른 나라보다 어느 한 나라를 더 사랑한다고 믿지 않습니다. 이렇게 말하면 제가 애국심이 없는 건가요? 그건 아닐 겁니다. 전 미국을 사랑하지만 한국도 사랑합니다. 아내는 한국 사람이고 아이들도 반은 한국인이죠. 장모님이 저희랑 함께 사세요. 그래서 우리 가족의 반은 한국인이라고 생각합니다.

물론 저는 헌법 같은 미국의 어떤 부분들에 대해서는 자부심을 느낍니다. 하지만 부끄럽게 생각하는 점도 많은데, 노예들과 북미 원주민에 대한 처우가 그 예이죠. 제가 애국심이 지나친 사람이라면 아마도 미국의 그런 결점을 보지 못할지도 모릅니다. 전 미국을 알고 있고, 그렇기 때문에 미국을 사랑합니다. 미국은 제 첫 번째 고향입니다. 한국은 제2의 고향이고, 한국 역시 사랑합니다.

저는 이중국적을 가진 사람들이 부럽습니다. 저는 제가 그냥 세계 시민이라면 좋겠어요. 그렇게 하면 전 세계 어디든 제 마음대로 오갈 수 있을 테니까요. 모든 나라 사람들과 더 가깝게 연결된 느낌이 들거예요.

47

전 올림픽 경기를 볼 때 보통 메달을 많이 따지 못한 나라 선수들을 응원합니다. 약자를 응원하는 것이 좋고 뛰어난 모습을 보면 늘 흥분됩니다. 그 선수가 어느 나라를 대표하는지는 제게 가장 중요한 것이 아닙니다.

TALK ABOUT IT

1. 여러분은 자신을 애국자라고 생각하나요? 그렇게 생각하는 이유는요? 그렇게 생각하지 않는다면 그 이유는요?
2. 여러분은 애국자는 어떻게 행동해야 한다고 믿나요?
3. 국민들이 애국심이 없다면 그 나라는 강해질까요, 약해질까요? 설명해 주세요.
4. 여러분이 살고 있는 나라의 가장 좋은 점은 무엇인가요?
5. 여러분이 살고 있는 나라의 가장 나쁜 점은 무엇인가요?
6. 여러분은 다른 어느 국가의 시민이 되고 싶나요? 여러분은 그 나라의 어떤 점에 매력을 느끼나요?
7. 요즘 세대들은 예전 세대보다 더 애국적인가요, 덜 애국적인가요?
8. 애국심이 언제 도를 넘을 수 있을까요?

1. 네, 그런 것 같아요. 야구 경기에서 애국가가 나오면 가슴이 뭉클해지거든요. 미국 국기 핀을 꽂고 다니지는 않지만, 제 나름대로 꽤 애국심이 있다고 생각합니다.
2. 나라를 지켜야겠지요. 그것 외에는 잘 모르겠네요.
3. 간첩 활동만 하지 않는다면 국민들이 어떠한 생각을 갖고 있는지는 크게 문제가 안 된다고 생각합니다. 때때로 뉴스에서 미국 국기를 불태우는 사람들을 보는데요, 그걸 보면 화는 나지만 그런 행동이 나라를 약하게 만든다고는 생각하지 않아요. 어떤 식으로든 우리가 원하는 대로 우리의 신념을 표현할 자유가 있다는 건 대단한 거라 생각해요.
4. 우리가 누리는 자유, 헌법이 부여하는 권리. 그런 것들이 전 자랑스럽네요.
5. 현재 우리나라는 너무 많은 전쟁에 연관돼 있어요. 우리 군 예산 규모가 너무 커서 교육에 쓸 돈이 많지 않습니다. 우리 아이들을 제대로 교육하지 않는다면 우리나라가 어떻게 강해질 수 있겠어요?
6. 전 미국인이라서 행복합니다. 여행하는 것 등등을 좋아하지만 늘 집으로 돌아오는 게 좋습니다.
7. 제 생각에 우리 세대가 애국심이 덜 있는 것 같습니다. 9·11 이후에는 사람들의 애국심이 정말 강해져서 어디서나 성조기를 볼 수 있었지만, 그런 건 차츰 사라졌어요.
8. 애국심은 자기 주변의 진실을 모른 체하고 자기네 민족적 근원과 다른 것은 무조건 경멸할 때 나빠지기 시작합니다. 어떤 인종이나 문화도 완벽하지 않습니다. 그것을 기억하면 도움이 됩니다.

1 **mutter** 중얼거리다　2 **unpatriotic** 애국심이 없는　3 **flaw** 실수, 결점　4 **envious** 질투하는, 부러운
5 **root for** ~을 응원하다　6 **flag pin** 옷깃에 꽂는 깃발 핀　7 **die off** 사그라지다

48 | Personal Hygiene
개인위생

공인으로서 저는 매일 많은 사람들을 만납니다. 그중 많은 분들이 저와 악수하고 싶어 합니다. 사람들과 악수할 때 저는 습관적으로 상대방의 손을 종종 봅니다. 물론 상대방이 손을 내밀면 저는 언제든지 악수합니다. 다만 그 손이 깨끗하길 바랄 뿐이에요.

전 사람 손을 보면 그 사람에 대해 많은 걸 알 수 있어요. 손톱이 깨끗하고 잘 정리가 되어 있으면 그 사람에 대해 좋은 인상을 갖게 되는 경향이 있습니다. 손톱이 갈라지고 물어뜯은 흔적이 있는데다 손톱 뿌리에 각질까지 보이면 그 사람을 좀 경계하게 되는 편이지요.

우리의 개인위생은 상대방에게 많은 신호를 보냅니다. 깨끗해 보이고

몸에서 좋은 냄새가 나면 그것만으로도 하루 종일 큰 영향을 미칠 수가 있지요. 저는 항상 휴대용 세면 도구 세트를 가지고 다닙니다. 개인위생을 최고 수준으로 유지하고 싶어서요. 저는 식사 후에 꼭 이를 닦아요. 특히 김치를 먹은 다음에는요. 자신의 위생을 잘 관리한다면 그것은 다른 사람들에 대한 존경을 보여주는 것이지요. 그것은 또 중요한 건강 문제이기도 해요. 손 닦기는 종종 특정 세균에 감염되지 않도록 할 수도 있어요.

예전에 체취가 심하게 나는 동료가 한 명 있었습니다. 어떤 때는 그의 냄새가 괜찮았지만 어떤 때는 마치 퇴비 더미에서 막 기어나온 것 같은 냄새를 풍길 때도 있었죠. 그는 자기 몸에서 어떤 냄새가 나는지 신경을 안 쓰는 것 같았어요. 제 생각에 그 사람은 다른 사람들을 불편하게 하는 게 재미있었던 것 같습니다. 사람들이 냄새를 피하려고 코를 막거나 뒤로 물러설 때 그 사람이 웃는 모습을 제가 여러 번 본 적이 있거든요.

제 남동생은 개인위생에 관해 지나치게 강박적입니다. 여름에는 하루에 서너 번씩 샤워를 하고 몇 시간에 한 번씩 손과 얼굴을 씻습니다. 동생은 심신을 상쾌하게 하는 데는 낮잠보다 샤워가 낫다고 하더라고요. 어쩌면 동생 말이 맞을 거예요. 동생은 볼 때마다 항상 생기 있고 휴식을 충분히 취한 것 같거든요.

TALK ABOUT IT

1. 여러분은 스스로 개인위생 상태가 좋다고 생각하나요?
2. 여러분은 온종일 개인위생을 관리하기 위해 어떤 조치를 취하나요?
3. 개인위생 상태가 좋지 않은 사람과 함께 일하나요?
4. 개인위생과 관련해서 창피했거나 재미있었던 이야기를 들려주세요.
5. 여러분은 다른 사람의 개인위생을 어떻게 평가하나요?
6. 여러분이 알고 있는 사람들 중에 누가 제일 위생에 철저한가요?
7. 여러분은 낮에 위생 용품 종류를 가지고 다니나요?
8. 여러분은 하루에 한 번 이상 샤워하나요?
9. 여러분은 개인위생으로 다른 사람을 판단하나요?

48

GET AN ANSWER from Lisa

1. 네, 저는 청결한 편이라고 생각합니다. 그렇다고 제가 아는 몇몇 사람들처럼 강박적이진 않고요. 기본에 충실한 정도죠.
2. 전 하루에 두 번 양치질해요. 샤워는 하루에 한 번 하고요. 샤워를 못하면 적어도 아침에 머리라도 감습니다. 그리고 일주일에 두 번 세탁을 합니다.
3. 음, 같이 일하는 사람들 중에는 청결하지 못한 사람들이 매우 많습니다. 정말 웃을 일이 아니에요. 어떤 사람들은 입 냄새가 정말 심해요. 도대체 양치질을 안 하는 것 같아요. 셔츠에서 냄새가 나는 사람들도 있습니다. 그 사람들은 더럽고 냄새 나는 옷을 입고 직장에 오는 것에 전혀 신경 쓰지 않는 것 같아요.
4. 한번은 고객 사무실에서 프레젠테이션을 해야 했어요. 전 몰랐는데 그 시간 내내 제 정장 어깨에 비듬이 떨어져 있었더라고요. 프레젠테이션이 끝나고 화장실에 가서야 비듬을 봤

습니다. 정말 창피했어요.

5. 글쎄요, 전 냄새로 먼저 판단을 합니다. 냄새 테스트를 통과하면 옷이 얼마나 깨끗한지 보고요. 정말 간단하죠.

6. 아마 제 여동생일 거예요. 동생은 몸 관리에 아주 세심합니다. 심지어 우리가 어렸을 때에도 동생은 욕실을 독차지하곤 했어요. 알람을 일찍 맞춰 놓고 매일 아침 몇 시간씩 몸단장을 했지요.

7. 전 보통 낮에 칫솔을 가지고 다닙니다.

8. 네, 체육관에서 운동할 때마다 운동 후에 샤워를 합니다. 매일 아침 샤워를 하고 친구들과 같이 외출하게 되면 저녁에도 가끔 샤워를 합니다.

9. 그럼요. 자기 몸 관리하는 걸 신경 쓰지 않는 사람이라면 제가 그 사람을 존경하기는 힘들겠죠.

---

1 **cuticle** 손발톱 각질   2 **wary** 경계하는, 조심하는   3 **toiletry kit** 세면도구 가방   4 **compost heap** 퇴비 더미   5 **obsessive** 강박적인, 광신적인   6 **meticulous** 꼼꼼한, 세심한   7 **hog** 독차지하다   8 **groom** 몸단장하다

49 | Personality Tests
인성 검사

어젯밤 늦게 저는 무료 인성 검사를 내려받았습니다. 심심한데다 잠도 오지 않고 해서요. 보아하니 그 검사는 무작위 질문을 통해 각기 다른 여러 상황에서 제가 어떤 선택을 할 것인지 묻는 것이었습니다. 제가 질문에 답을 다 달고 나면 검사 결과가 제 인성을 평가하는 거였죠. 예상으로는 그것이 말하는 내용에 제가 수긍하지 않을 것 같았습니다. 어쨌든 사람 성격처럼 복잡한 것을 어떻게 간단한 검사 하나로 결정지을 수 있겠어요?

만약 검사 결과가 구두 판매원이 제 적성에 맞는 것으로 나왔다면, 그 테스트에 갖고 있던 제 의심이 확실해졌을 것입니다. 하지만 전 그것이 저에 대해 말하는 내용 거의 대부분에 동의할 수밖에 없었어요. 왜냐하면 검사 결과 선생님이 제 적성에 맞는 것으로 나왔거든요. 또 엔터테인먼트 분야도 적성에 맞는 것으로 나왔습니다. 그게 다 제가 몸 담고 있는 분야, 에듀테인먼트잖아요.

맞아요, 이런 종류의 검사는 검사받은 사람의 성격에 관해 매우 일반적인 말만 해 줍니다. 어떤 말들은 너무 광범위해서 거의 모든 사람에게 해당되기도 하죠. 검사를 하고 난 뒤 호기심이 조금 생겨서 전 더 긴 검사는 없나 하고 인터넷에서 찾아봤습니다. 그랬더니 질문이 무려 800개나 되는 검사가 있더군요. 너무 피곤해서 그 질문들에 미처 다 대답하진 못했지만 나중에 다시 돌아와서 부지런히 풀 수 있게 전 그 사이트를 즐겨찾기로 해 두었습니다. 제 자신에 대해 아는 것에 늘 관심이 있거든요. 게다가 무료잖아요.

1. 여러분은 인성 검사를 통해 자신의 성격에 대해 많은 부분을 알 수 있다고 생각하나요? 그 이유는요? 그렇지 않다면 그 이유는요?
2. 여러분은 지난 10년간 본인의 성격이 많이 바뀌었다고 생각하나요? 그렇다면 성격이 바뀌는 데 무엇이 가장 도움이 됐나요?
3. 여러분은 심리 전문가들과 자신에 관해 얘기할 때 마음이 편안한가요?
4. 심리 검사를 통해 여러분은 자신에 관해 무엇을 알게 되었나요?
5. 여러분들은 기업들이 신입사원들에게 자사에서 업무를 시작하기 전 인성 검사를 받도록 하는 것이 적절하다고 생각하나요? 그 이유는요? 그렇지 않다면 그 이유는요?
6. 여러분이 인성 검사를 고안해 낸다면 새로 사귄 친구를 더 잘 알기 위해 어떤 질문들을 던져 보고 싶나요?
7. 여러분은 인성 검사 결과를 보고 자기 직업을 고른 사람을 알고 있나요?
8. 여러분은 자신의 성격이 마음에 드나요? 바꾸고 싶은 부분이 혹시 있나요?

GET AN ANSWER from Jed

1. 검사에서 물어보는 질문이 얼마나 많은가에 따라 달라질 것 같아요. 다섯 문항이나 열 문항 정도 물어보는 인성 검사는 정보를 많이 줄 수가 없잖아요. 하지만 다양한 주제를 놓고 수백 개의 문항을 묻는 검사라면 아마 어떤 사람의 성격에 대해 많은 걸 드러내 보여줄 수 있을 것 같습니다.
2. 어린 시절 이후 저의 핵심 성격은 그다지 바뀌지 않았습니다. 아마 고집이 세서 그렇겠지만 제가 볼 때 전 일관성이 있는 것 같습니다.
3. 아니요, 그렇지 않습니다. 그 사람들은 자기네들이 저보다 제 자신에 대해 더 잘 안다고 생각합니다. 그리고 답은 주지 않으면서 질문만 계속하죠. 그냥 계속 질문만 더 던질 뿐입니다.
4. 그런 검사들이 저를 잘못 파악하고 있다는 걸 알게 됐죠. 그게 다예요. 저는 그런 검사를 정말 싫어합니다.
5. 어떤 방법으로 사람들을 가려내느냐 하는 것은 전적으로 회사에 달려 있는 겁니다. 하지만 저라면 절대 그런 검사를 받게 하지 않을 거예요. 저는 신입사원들에게 자신에 대해 말해 보라고 질문을 하겠어요. 자신의 목표를 적어 보게도 할 거고요. 자신들이 어떤 종류의 일을 할 때 가장 행복하다고 느끼는지도 적어 보도록 할 거예요. 그런 다음 신입사원들이 갖고 있는 기술과 목표에 맞는 일을 찾아 주려고 노력할 겁니다.
6. 제가 말씀드린 대로 개방형 질문에 답하도록 할 겁니다. 저는 선다형 검사를 싫어하거든요.
7. 아니요, 그런 사람은 모르겠어요. 하지만 고등학교 때 그런 검사를 받은 건 기억납니다. 사실 우리 모두 받아야 했거든요. 마이어브릭스 성격 유형 지표 검사였던 것 같아요. 아주 유명한 인성 검사지요. 아마 같은 반 친구 몇 명이 대학에서 전공 선택할 때 그 결과를 활용한 것 같은데, 확실히는 말씀 못 드리겠네요.
8. 전 제 성격에 아주 만족합니다. 저라는 사람이 좋아요. 그렇지만 가끔 안달하기도 하는

49

편이라서 좀 인내심이 강한 사람이 되는 법은 꼭 좀 배우고 싶어요.

1 **seemingly** 겉보기에, 보아하니   2 **assess** 평가하다, 순위를 매기다   3 **bookmark** (인터넷의) 즐겨찾기로 해 놓다   4 **open-ended question** 대답 형식에 제한이 없는 질문, 주관식 문제   5 **multiple choice test** 객관식 검사

50 | Police

경찰

어렸을 때 전 경찰이 저를 보호해 주고 제가 길을 잃으면 길을 안내해 주기 위해 있는 사람들이라고만 생각했습니다. 부모님이 항상 "도움이 필요하거든 경찰에게 가거라." 라고 말씀하셨거든요. TV나 영화에서 경찰과 관련하여 '봉사하다(serve)' 와 '보호하다(protect)' 라는 말을 자주 듣게 됩니다. 자라면서 전 경찰들이 다치지 않고도 늘 나쁜 놈들을 잡는 경찰 프로그램을 봤습니다. 제가 실제로 뉴스를 이해할 정도로 나이가 들면서는 경찰이 참 힘들고 위험한 직업이라는 걸 깨닫게 되었죠.

한국에서는 경찰차들이 항상 비상등을 깜빡이면서 다닙니다. 사람들에게 문제가 생길 경우에 대비하여 근처에 있다는 걸 알려 주려는 것 같습니다. 미국에서 경찰이 비상등을 깜빡거릴 때는 문제가 발생했다는 뜻입니다. 그런 일이 생기면 비켜서거나 한쪽에 차를 대는 게 가장 좋죠.

저는 매우 친절하고 도움을 준 경찰관들도 만나 봤고 또 거친 이미지에 불친절해 보이는 경찰관들도 만나 봤습니다. 경찰이라는 직업이 매우 힘들고 스트레스도 많이 받는다는 걸 잘 압니다. 많은 경찰관들이 매일 위험한 상황과 욕설과 위태로운 상황을 접하고 있죠. 전 근무 중에 법을 집행하다 순직한 사람들 이야기를 읽으면 참 마음이 뭉클해집니다. 소방관이나 군인이 나와 내 자유를 위해 순직할 때도 똑같이 느낍니다. 경찰관이 그렇게 힘든 일인데도 그들에게 고마워하지 않는 사람들이 많습니다. 어쩌면 경찰관들이 잘 웃지 않아서 그럴 겁니다.

TALK ABOUT IT

1. 경찰과 관련된 가장 좋았던 경험은 무엇인가요?
2. 가장 나빴던 경험은 무엇인가요?
3. 경찰에 대한 여러분의 이미지는 어떤 건가요?
4. 경찰관으로 일하는 걸 고려해 보겠어요?
5. 여러분은 경찰이 권력을 너무 많이 갖고 있다고 생각하나요, 아니면 충분히 갖고 있지 않다고 생각하나요? 그 이유는요?
6. 경찰관 일에서 가장 좋은 점은 뭐라고 생각하나요?
7. 경찰관 일에서 가장 나쁜 점은 뭐라고 생각하나요?

1. 한번은 삼촌이 심장마비를 일으켜서 911에 전화를 해야 했죠. 가장 먼저 달려와 준 사람은 경찰관이었는데 저는 그 일을 영원히 못 잊을 겁니다. 그 경찰관은 완전히 통제하면서도 아주 친절했습니다.

2. 하루는 회사 일을 마치고 밤늦게 운전하며 집에 가고 있었습니다. 그런데 제가 깜빡 졸았나 봐요. 경찰관 한 명이 제 차를 도로에 대게 하더니 제가 술을 마셨다고 생각했던 것 같아요. 그 경찰관이 길가에서 저에게 음주 측정을 받으라고 하더라고요. 그날은 날씨도 매우 추웠죠. 저는 경찰관에게 절대 술 마시지 않았다고 몇 번이나 말했지만 그 경찰관은 결국 저에게 음주 측정을 시키더군요.

3. 저는 경찰들을 존경하지만 웬만하면 피하려고 합니다. 보면 좀 겁나고 무서워요.

4. 아니요, 그럴 생각 없습니다. 제가 방금 말씀드린 걸 생각해 보세요. 저는 경찰들을 피하고 싶다니까요. 사람들이 당신을 피하고 싶어 한다는 게 상상이 가세요? 전 모든 사람들이 절 좋아해 줬으면 좋겠어요.

5. 너무 많이 가지고 있는 것 같아요. 법을 집행하는 사람이라면 법을 지키는 게 힘들 거예요. 경찰이 법을 어기면 누가 그 사람을 신고하고 멈추게 할까요?

6. 가장 좋은 점은 사람들을 도울 수 있다는 것입니다. '봉사와 보호' 라는 경찰의 구호처럼 경찰이 되면 매일 좋은 일을 많이 할 수 있을 겁니다. 회계사나 사업가에게 생명을 구할 기회가 매일 생기는 건 아니니까요. 하지만 경찰에게는 생기죠.

7. 때로는 경찰관이 위험한 상황에 자신을 던져야 할 때도 있잖아요. 자신이 다칠 수도 있는 곳으로 말이죠. 어떤 경찰관은 공무 중에 총에 맞아 사망하기도 하고요. 게다가 경찰관이란 직업이 굉장히 스트레스가 많은 것 일 수도 있습니다. 제가 알기로는 경찰관들이 직업 때문에 이혼하는 경우가 많다네요.

1 **abuse** 욕설 2 **in the line of duty** 공무 중에 3 **sobriety test** 음주 측정 4 **accountant** 회계사 5 **save** 보호하다, 구하다

51 | Practical Jokes
짓궂은 장난

저는 말장난하는 걸 좋아하지만, 짓궂은 장난도 참 재미있습니다. 자라면서 전 아주 조심해야 했어요. 동생과 제가 항상 서로에게 짓궂은 장난을 쳤기 때문이에요. 제가 자고 있으면 동생은 가끔 제 코에다 면도 크림을 발라 놓곤 했습니다. 어떤 때는 제 신발에 포도를 넣어 두기도 했죠. 위에 앉으면 방귀 소리가 나는 쿠션이나 가짜 곤충 같이 짓궂은 장난을 칠 때 쓰는 물건들을 파는 가게들도 있는데 저는 그런 가게들을 정말 좋아했답니다.

장난칠 때는 신중해야 합니다. 다른 사람의 감정을 상하게 하기 쉽거든요. 짓궂은 장난의 경우, 흔히 피해자가 생깁니다. 누군가가 짓궂은 장난으로 설탕 그릇에 소금을 넣어 놔서 제가 피해를 입은 적이 있어요. 제 시리얼 맛이 최악이 됐다니까요! 요즘은 짓궂은 장난이 컴퓨터와 관련되는 경향이 있더라고요. 디지털 사진을 조작해서 얼굴이나 배경을 바꿀 수 있으니까요.

하지만 그런 장난은 악의가 없어야 하고 그냥 재미 삼아 해야 합니다. 만우절에 사람들이 저한테 했던 장난 몇 가지는 전혀 웃기지 않았습니다. 어른이 되어 장난칠 때는 훨씬 더 신중해야 하죠. 모든 사람의 유머 감각이 다 똑같은 건 아니거든요. 하지만 기꺼이 조금씩 장난도 치고 그런다면 삶이 더욱 재미있을 겁니다. 그 장난이 여러분에게로 온다면 한바탕 크게 웃을 준비나 하세요.

TALK ABOUT IT

1. 여러분은 사람들에게 짓궂게 장난치는 걸 좋아하나요?
2. 어릴 때 가족 중 누군가가 여러분에게 짓궂게 장난을 친 적이 있나요? 있다면 어떤 유형의 장난이었나요?
3. 여러분의 직장은 짓궂은 장난을 할 수 있는 분위기인가요?
4. 여러분은 짓궂은 장난이 재미있다고 생각하나요?
5. 여러분에게 누가 짓궂게 장난쳐서 화가 났던 적을 이야기해 주세요.
6. 여러분이 했던 짓궂은 장난 때문에 누군가가 화를 낸 적을 이야기해 주세요.
7. 여러분의 친구 중 유머 감각이 가장 뛰어난 친구는 누구인가요?
8. 여러분은 인간관계에서 유머가 얼마나 중요하다고 생각하나요?
9. 장난이 도를 넘는 때는 언제인가요?

GET AN ANSWER from Vivian

1. 그럼요, 어렸을 때는 좋아했죠. 하지만 지금은 그렇게 좋아하지 않아요. 사람들이 늘 너무 진지해요. 그래서 저는 사람들이 좀 더 흔쾌히 장난쳤던 그때가 훨씬 좋았습니다.
2. 네, 물론입니다. 제 남동생들은 제게 늘 까불댔어요. 어떨 때는 정말 못되게 또 어떨 때는 재미있게 말이죠. 남동생들은 자주 저를 놀라게 하려 했어요. 제 방 옷장이랑 침대 밑에 숨어 있다가 튀어나오곤 했거든요.
3. 전혀 그렇지 않습니다. 다들 정말 긴장해 있으니까요.
4. 그럼요. 저는 유머 감각이 좋은 것 같아요.
5. 한번은 자고 있는데 남동생이 제 머리를 자른 적이 있어요. 저는 동생한테 너무 화가 나서 물건을 던지기 시작했죠. 동생은 그냥 장난으로 생각했지만 제 모습을 바꾼 거잖아요.
6. 엄마에게 장난을 친 적이 한두 번 있는데 엄마가 화를 내셨죠. 엄마는 절대 아버지처럼 웃지 않았어요. 제가 엄마 신발 바닥에다 본드로 깃털을 붙였는데 엄마가 그걸 떼어 내지 못하는 걸 보고 전 정말 많이 웃었습니다. 엄마는 그것을 전혀 재미있어 하지 않았죠. 사실 그 때문에 엄마는 제게 외출 금지 명령을 내리셨답니다.
7. 제 남편의 유머 감각이 가장 뛰어납니다. 남편은 늘 아이들에게 짓궂은 장난을 쳐요. 저는 그게 재미있어요. 그 덕분에 집안 분위기가 재미있게 유지돼요.
8. 매우 중요하다고 생각해요. 유머가 없으면 상황이 무너져 버릴 겁니다. 어떤 관계이든

스트레스가 참 많은데, 유머야말로 스트레스를 해소하는 최고의 방법이죠.
9. 어떤 사람이 장난을 친 사람과 함께 한바탕 웃기보다 창피하다고 느낀다면 그때는 장난이 너무 심했던 거죠. 모든 장난에는 상식이 적용됩니다. 또한 잠재적으로 위험할 수도 있는 것 역시 재고되어야 합니다.

1 **smear** 바르다, 문지르다   2 **whoopee cushion** 후피 쿠션(누르면 방귀 비슷한 소리가 남)   3 **uptight** 긴장한   4 **ground** (벌로) 외출 금지를 시키다   5 **play a prank** 장난치다

Privacy

사생활

비록 공인이기는 하지만 전 제 사생활만큼은 엄격하게 보호합니다. 제 휴대폰 번호나 이메일 주소를 남들에게 쉽게 가르쳐 주지 않습니다. 그리고 저희 가족에 대해 구체적인 부분까지 이야기하는 건 피하려고 하지요.

요즘 사람들은 인터넷에 온갖 개인 정보를 올립니다. 그러다 보니 개인 사생활을 보호하기가 정말 어려워졌어요. 왜 사람들에게 사생활을 쉽게 침해할 수 있는 능력을 주는 거죠?

광고 회사는 특히 사람들의 개인 정보 수집에 대단히 적극적입니다. 여러분의 개인 정보가 보다 구체적일수록 그 정보는 더 가치가 있지요. 여러분의 정보를 다른 사람들에게 파는 회사들도 많습니다. 그러한 이유 때문에 저는 절대 설문 조사에 응하지 않아요. 여러분이 기입한 정보가 어디로 흘러가게 될지 아무도 모르니까요.

한국에서는 광고 회사가 개인 휴대폰으로 문자를 발송하는 것이 허용됩니다. 하지만 미국에는 개인 사생활 보호를 위한 규제들이 훨씬 많습니다. 사람들은 자기 전화번호를 '수신 거부' 명단에 등록할 수 있어요. 그렇게 명단에 올리면 회사가 그 번호로 전화할 수가 없는 거죠. 미국에서는 누구도 사전 통보 없이 여러분의 모습을 녹화할 수 없답니다. 그렇기 때문에 감시 카메라를 설치한 가게들은 반드시 잘 보이는 곳에 안내문을 붙여야 합니다.

사생활을 보호하기 위해 제가 취하는 모든 조치에도 불구하고 여전히 제게는 광고주나 원치 않는 회사들한테서 전화가 걸려 옵니다.

제 사생활을 돌려받고 싶다고요!

1. 여러분은 사생활 보호를 위해 어떤 조치들을 취하나요?
2. 사생활이 침해되었다고 느꼈을 때의 예를 이야기해 주세요.
3. 여러분이 하고 있는 활동 중에서 개인 정보를 타인에게 노출시키는 것에는 어떤 것들이

있나요?
4. 사생활 보호를 좀 더 철저히 하라고 누군가에게 주의를 준 적이 있나요? 있다면 상대방이 어떻게 반응하였나요?
5. 아이들의 사생활을 보호하기 위해 안전장치를 마련해 놓았나요?
6. 여러분은 자신의 사생활을 더 잘 보호하기 위해 어떤 법이 통과되기를 바라나요?
7. 여러분의 개인 전화로 전화한 텔레마케터한테 화가 난 적이 있나요?
8. 여러분은 선생님이 어린 학생에게 부모님에 관한 정보를 알려 달라고 하는 것을 어떻게 생각하나요?

GET AN ANSWER from Gloria

1. 요즘은 어떤 조치를 취하기가 거의 불가능합니다. 하지만 전 여전히 시도는 합니다. 저는 이메일 계정이 두 개예요. 하나는 스팸용으로 사용하고 있죠. 이 계정의 제 개인 정보는 완전히 가짜입니다. 스팸 메일을 보낼 것이 뻔한 전자 상거래 사이트에 등록할 때는 이 이메일 주소를 알려 줍니다. 다른 이메일 주소는 제 친구들에게만 알려 주죠.
2. 제 머리를 해 주는 미용사에게 전화번호를 주었죠. 미용사가 제 예약을 취소해야 할 경우에 저에게 전화할 수 있도록 하려고요. 그런데 그 미용사가 제 전화번호를 자기 남동생에게 줘 버린 겁니다. 그 남동생이 제게 전화를 해서 데이트를 신청하더군요. 그 미용사, 참 생각이 짧았죠.
3. 거의 모든 활동이 그렇습니다. 신용카드를 사용할 때마다, 휴대폰으로 통화할 때마다, 잡지를 구독하거나 인터넷으로 물건을 살 때마다 정보가 노출되는 거죠.
4. 회사 동료 중 한 명이 페이스북에 개인 사진을 몇 장 올리더군요. 저는 그건 별로 좋은 생각이 아닌 것 같다고 그녀에게 주의를 주었습니다. 하지만 제 말을 싹 무시했어요.
5. 자녀가 있는 제 친구들 대부분은 그렇게 하고 있습니다. 아이들이 접속할 수 있는 인터넷 사이트를 제한하고 있죠.
6. 저는 기업들이 개인 정보를 수집하여 보관하면 안 된다고 생각합니다. 그들이 수집한 정보를 재판매하도록 허용해서도 절대 안 된다고 생각해요.
7. 있죠, 실은 보통 그들에게 다시는 귀찮게 하지 말라고 말하고서 전화를 끊습니다. 그렇게 전화하는 건 완전히 부적절하고 제 사생활 침해라고 생각해요.
8. 선생님이 그렇게 하는 건 절대 적절한 행동이 아닌 것 같습니다.

---

1 **religiously** 어김없이, 엄격히 2 **specifics** 세부 사항 3 **aggressive** 공격적인, 끈질긴 4 **valuable** 소중한, 가치 있는 5 **survey** 설문 조사 6 **end up** 끝나다, 결국 ~하게 되다 7 **surveillance** 감시, 감독 8 **engage in** 하다, 참여하다 9 **fake** 거짓의, 가짜의 10 **e-commerce** 전자 상거래

53 | Procrastination

늑장 부리기

일전에 '내일 할 수 있는 일을 오늘 하지 마라.' 라고 쓴 범퍼 스티커를 본 적이 있습니다. 저는 그걸 읽고 웃을 수밖에 없었죠. 그 스티커는 사람들에게 해야 할 일을 미루라고 권하고 있었으니까요. 늑장을 부리는 것은 보통 나쁜 습관으로 여겨집니다. 저도 그것은 확실히 나쁜 습관이라고 생각해요. 저는 살면서 늑장 부리는 제 성향을 고치려고 노력했습니다.

학창 시절에 저는 가끔 에세이 쓰는 걸 미루다 제출일 전날 밤이 돼서야 쓰곤 했어요. 결국 에세이를 쓰느라 밤을 새워야 했죠. 일하기 좋아하는 사람은 거의 없습니다. 하지만 해야 할 일을 미루면 미룰수록 실제로 그 일을 하거나 잘하기란 점점 더 어려워집니다. 게다가 그 일을 안 하고 있을 때는 그 일을 걱정하느라 시간을 허비하는 경우도 종종 있고요.

한번은 제가 너무 늑장을 부려서 해야 할 일을 정말 다 끝내지 못했던 적이 있습니다. 어느 여름방학 기간에 그랬던 것 같아요. 당시 저는 읽어야 할 책 세 권을 배정받아 각 책의 독후감을 작성해야 했죠. 개학 일주일 전, 저는 몹시 불안해지기 시작했습니다. 아직 한 권도 시작하지 못했었거든요. 게다가 책들도 내용이 길었어요. 그 주는 잠도 제대로 못 잤습니다. 제 독후감은 엉망이었죠. 그때 경험 이후로 저는 중요한 일은 다시는 늑장 부리지 않겠다고 다짐을 했답니다.

해야 할 일을 지금 당장 해 놓는 것이 훨씬 더 바람직할 수 있습니다. 그러면 마음의 평화를 얻을 수 있고 우리가 좋아하는 것을 할 수 있는 자유 시간도 더 많이 가질 수 있으니까요. 하지만 뒤로 미뤄도 된다는 걸 아는 상황에서 억지로 그 일을 하기란 정말 어렵습니다.

TALK ABOUT IT

1. 여러분이 늑장을 부렸던 때는 언제인가요?
2. 여러분은 늑장 부리는 걸 극복하기 위해 어떤 방법을 쓰나요?
3. 직장이나 집에서 뒤로 미루는 일은 어떤 것들인가요?
4. 여러분이 아는 사람 중 가장 늑장을 부리는 사람은 누구인가요? 그 사람 이야기를 해 주세요.
5. 늑장 부리다 곤란하게 됐던 때를 이야기해 주세요.
6. 늑장을 부린 게 도움이 되었던 적이 있나요?

GET AN ANSWER from Fred

1. 저는 항상 늑장을 부립니다. 매일 마지막 순간까지 기다리고 꾸물거리다 출근을 하죠. 저는 늘 막판에 가서야 일을 합니다.

2. 사실 늦장 부리는 버릇을 극복하려는 노력 같은 건 안 합니다. 무엇이든 미리미리 하려고 노력하지만 항상 잘 안 되네요.

3. 청소입니다. 저는 제가 사는 아파트가 완전히 엉망인 채로 지저분해져야 청소를 합니다. 어떨 때는 너무 지저분해서 바닥이 안 보일 때도 있어요. 저는 쇼핑도 뒤로 미룹니다. 냉장고가 텅텅 빌 때까지 기다렸다 쇼핑을 하죠.

4. 대학 때 제 룸메이트가 가장 늦장을 부렸습니다. 그 친구는 파티광이었어요. 낮에는 잠을 자고 매일 밤마다 놀러 나갔죠. 그러다 기말시험이 코앞으로 다가오면 벼락치기로 공부를 시작했고요. 어쨌든 그럭저럭 괜찮은 성적으로 졸업은 했는데, 전 그가 어떻게 그렇게 했는지 모르겠어요.

5. 여자 친구에게 선물을 사 줄 계획이었습니다. 여자 친구가 사는 아파트에 가기 전에 꽃을 사려고 했죠. 하지만 제가 꽃집에 도착했을 때는 이미 문이 닫힌 상태였습니다. 제가 빈손으로 나타나자 여자 친구가 화를 냈던 적이 있어요.

6. 물론 있습니다. 세상 일은 모르잖아요. 한번은 제가 어떤 주식을 갖고 있었어요 그걸 어떻게 해야 할지 잘 몰라서 제가 아는 주식 중개인에게 전화를 걸어 어떻게 할지 물어볼 생각이었습니다. 근데 자꾸 뒤로 미루게 되더라고요. 결국 주가가 올랐어요. 그 바람에 저는 아무것도 안 하고 돈을 벌었지요.

1 **bumper sticker** 범퍼 스티커   2 **procrastinate** 미루다   3 **tendency** 버릇, 성향, 기질   4 **due date** 마감일, 제출일   5 **delay** 연기하다   6 **procrastinator** 꾸물거리는 사람   7 **bare** 빈, 없는   8 **party animal** 파티광   9 **cram** 벼락치기로 공부하다   10 **decent** 괜찮은, 충분한

54 | Puzzles
퍼즐

저는 퍼즐을 좋아합니다. 제가 말하는 퍼즐은 수백 개 조각을 맞추는 그런 퍼즐이 아니라 주로 단어 퍼즐들이에요. 일하다 짬이 생기면 저는 스마트폰을 꺼내 컴퓨터를 상대로 스크래블을 한 판 재빨리 합니다. 제가 하는 단어 퍼즐이 네다섯 가지 정도 되는데 그 중에서도 애너그램과 스크램블 퍼즐을 좋아합니다. 이것들은 보기에 마구 섞여 있는 글자들에서 단어를 찾아내야 하는 퍼즐이에요.

단어 퍼즐 외에 저는 미로 퍼즐도 좋아합니다. 영국에 갔을 때 저는 정원에 관목으로 된 미로가 있는 고성들을 구경했던 적이 있습니다. 와, 정말 놀라운 경험이었죠. 사실 그 미로 몇 개를 가로질러 길을 찾을 때는 조금 무섭기도 했어요.

어렸을 때 전 수수께끼를 무척 좋아했습니다. 장거리 여행을 할 때면 동생과 저는 돌아가며 수수께끼를 내곤 했죠. 수수께끼를 내는 사람에게 다른 한 사람은 '예', '아니요'로만 대답 가능한 질문을 던질

수 있습니다. 괜찮은 수수께끼는 맞히는 데 시간이 오래 걸리기도 하지요. 수수께끼를 내고 풀다 보면 시간도 빨리 갑니다. 요즘 우리 집 아이들은 장거리 여행을 할 때 비디오 게임을 합니다. 전 수수께끼를 풀려고 애쓰던 그때 그 시절이 그립습니다.

전 수학 퍼즐은 안 하려고 하는 편입니다. 수학 퍼즐은 보기만 해도 무섭거든요. 예전에 변호사가 돼 볼까 생각한 적이 있어서 법학 대학원 입학시험 준비서를 한 권 샀습니다. 책이 수학 퍼즐로 가득 찼더라고요. 저는 그 길로 변호사가 되겠다는 생각을 접었답니다.

저는 퍼즐과 수수께끼를 푸는 능력은 매우 중요하다고 생각합니다. 삶이란 결국 하나의 큰 퍼즐 아니겠어요? 분명한 것은 우리 모두가 매일 풀어야 할 퍼즐과 마주하고 있다는 겁니다.

TALK ABOUT IT

1. 퍼즐을 푸는 게 재미있나요? 그 이유는요? 그렇지 않다면 그 이유는요?
2. 여러분이 제일 풀기 좋아하는 퍼즐은 무엇인가요? 유독 그 퍼즐에 끌리는 이유는요?
3. 여러분이 가장 좋아하는 수수께끼를 들려주세요.
4. 여러분은 수학 수수께끼를 잘 푸나요? 잘 푼다면 그 이유는요? 잘 못 푼다면 그 이유는요?
5. 여러분이 직면하고 있는 현실의 퍼즐은 무엇인가요? 그 퍼즐은 어떻게 풀었나요, 또는 어떻게 풀려고 노력했나요?
6. 여러분은 미로 같은 공간 퍼즐을 잘 푸는 편인가요? 그 이유는요? 그렇지 않다면 그 이유는요?
7. 여러분은 어느 문제든 잠재적인 해결책은 있다고 믿나요?

GET AN ANSWER from Carla

1. 가끔은 그래요. 저는 일주일에 한 번씩 십자말풀이를 합니다. 그리고 제 아이팟터치에는 지루할 때마다 하는 스도쿠 게임 애플리케이션이 들어 있어요.
2. 저는 '켄켄'이라는 게임을 좋아합니다. 이것은 기초적인 계산 능력을 요한다는 것만 제외하면 스도쿠랑 비슷해요. 전 수학을 잘해서 이런 종류의 퍼즐이 참 매력적이더라고요.
3. 제가 좋아하는 수수께끼는 이거예요: '그것'을 만드는 사람이 '그것'을 팝니다. '그것'을 사는 사람은 '그것'을 사용하지 않습니다. '그것'을 사용하는 사람은 '그것'을 볼 수 없습니다. '그것'은 무엇일까요? 정답은 '관'입니다.
4. 네, 저는 단어 퍼즐보다 수학 퍼즐을 더 잘 풉니다. 수학 퍼즐이 단어 퍼즐보다 더 간단하고 명료하거든요.
5. 저는 늘 퍼즐에 직면합니다. '한정된 액수의 돈으로 한 달을 어떻게 버틸 것인가?' 이게 제가 풀어야 할 퍼즐이죠. '삶의 의미는 무엇인가?' 이것 역시 제가 풀어야 할 퍼즐이고요.
6. 아니요, 잘 못 풉니다. 저는 길을 잘 잃어버리는 편이에요. 심지어 컴퓨터의 모든 파일을 살펴보려다 헤맬 때도 있습니다. 그러다 보니 저는 보통 모든 파일을 컴퓨터 바탕 화면에 올려놓습니다. 파일을 어디에 두었는지 잊어버리지 않도록 말이죠.

7. 네, 그렇다고 생각해요. 확실히 모든 문제에 적어도 해결책 한 가지는 있다고 봅니다. 그것을 찾는 게 쉽지 않을 수는 있지만, 존재해요.

1 **anagram** 철자 순서를 바꾸면 또 다른 단어 · 문장 · 어구가 되는 말   2 **scramble** 철자법 맞히기 게임
3 **seemingly** 보기에   4 **hedge** 관목 숲   5 **riddle** 수수께끼   6 **way back** 오래 전에   7 **test-prep**
시험 준비   8 **spatial** 공간의   9 **make it through** ~을 통과하다, 버텨 내다   10 **go through** 자세히
살펴보다, 조사하다   11 **normally** 보통(은), 보통 때는   12 **desktop** (컴퓨터의) 기본[바탕] 화면

55 | Reading Fiction
소설 읽기

여러분이 재미로 읽은 책 중에 가장 최근에 읽은 책은 무엇인가요? 이건 제가 사람들을 만나면 첫 번째로 물어보는 질문 가운데 하나입니다. 그저 재미로 책을 읽는 사람들은 많지 않습니다. 세상에는 오락거리가 너무 많아서 사람들은 종종 책을 무시하지요. 전 예전에 영화 한 편을 볼 때마다 책 한 권을 읽겠다는 목표를 세우곤 했습니다. 우리가 실제로 그렇게 한다고 상상해 보세요. 슬프게도 그 계획은 일주일을 채 넘기지 못했습니다.

다행히 전 여행을 많이 하게 되는데, 서울에서 샌프란시스코로 가는 비행기 안에서 책 한 권을 쉽게 읽을 수가 있습니다. 저는 스릴러와 서스펜스 소설을 좋아해요. 냉전 체제였을 때에는 첩보 소설을 많이 읽었지만 베를린 장벽이 무너진 후에는 첩보 소설에 흥미를 잃어버렸습니다. 전 공상과학 소설도 좋아합니다. 공학을 전공해야 완벽히 이해할 수 있는 수준의 기술적인 책을 읽는 건 아니고요. 저는 인류의 미래에 대해 질문을 던지는 소설들을 좋아합니다.

또 저는 카리브해처럼 이국적인 곳을 배경으로 한 책도 좋아합니다. 적어도 그 책을 읽는 동안만큼은 그곳에서 휴가를 보내는 기분이 들거든요. 저는 책에 몰입을 정말 잘하는 편이라서 책을 읽을 때는 마치 제가 현장에 있는 듯한 기분을 느끼곤 합니다. 저는 차로 출퇴근하는 경우가  많기 때문에 오디오북을 많이 듣습니다. 저는 그것도 독서라고 생각하는데, 이거 편법이죠? 아버지께서 최근에 제 생일 선물로 책 수백 권이 저장된 태블릿을 구입하셨어요. 아버지는 그걸 저에게 주려고 했지만 저는 정중히 사양했습니다. 책을 읽을 때, 저는 손에 진짜 책을 들고 실제로 책장을 넘기는 게 좋아요. 아버지도 그러시고요. 그래서 아버지가 그 태블릿을 제게 주고 싶으셨던 거예요!

TALK ABOUT IT

1. 재미로 읽은 책 중에 가장 최근에 읽은 책은 어떤 책인가요? 왜 그 책을 골랐나요?

2. 여러분이 가장 좋아하는 책은 어떤 책인가요? 왜 그렇게 좋아하나요?
3. 여러분은 영화를 본 후 원작인 책을 사서 읽어 본 적이 있나요? 영화와 책 중 어떤 게 더 좋았나요? 그 이유는요?
4. 여러분은 소설을 좋아하나요, 비소설을 좋아하나요? 설명해 주세요.
5. 여러분이 소설 작품 속 인물이 된다면 누가 되고 싶나요? 그 이유는요?
6. 여러분은 소설 집필을 생각해 본 적이 있나요? 그렇다면 내용은 어떤 것이었나요?
7. 종이책이 미래에는 과거의 물건이 될 거라고 생각하나요?
8. 여러분이 가장 좋아하는 장르는 무엇인가요?

GET AN ANSWER from Debbie

1. 저는 댄 브라운의 〈천사와 악마〉를 읽었습니다. 음, 〈다빈치 코드〉를 정말 좋아했거든요.
2. 지금까지 읽은 책 중 가장 좋아하는 책은 찰스 디킨스의 〈두 도시 이야기〉입니다. 중학교 1학년 때 처음 그 책을 읽었죠. 그 책은 제게 세상의 부정과 독재에 눈뜰 수 있게 해 주었습니다. 또 제가 읽어 본 가장 아름다운 로맨스 소설 가운데 하나이기도 하고요.
3. 글쎄요, 책을 재미있게 읽은 경우라면 저는 그 책을 원작으로 한 영화는 보통 보지 않습니다. 예를 들면 저는 〈벌들의 비밀 생활〉이라는 책을 아주 재미있게 읽었기 때문에 영화가 책의 감동을 버려 놓을까 봐 영화를 보고 싶지가 않더라고요.
4. 저는 거의 소설만 읽습니다. 제가 유일하게 읽는 비소설 분야는 제2차 세계대전에 관한 것 뿐이에요. 전 그냥 소설을 더 즐깁니다. 비소설을 읽으면 제가 학창 시절로 되돌아가는 것 같아요.
5. 전 항상 〈이상한 나라의 앨리스〉에 나오는 앨리스가 되고 싶었습니다. 어렸을 때 저는 저희 집 뒤뜰에서 마법의 구멍을 찾곤 했었죠.
6. 누구나 한 번쯤은 그런 생각을 할 것 같은데요. 저는 〈그림 동화집〉 같이 아이들에게 자기 전 읽어 주는 책을 써 보고 싶어요. 수년 동안 아이들이 잠자리에 들 때 이야기들을 많이 들려주었는데 아이들이 늘 제게 그 이야기들을 책으로 만들어 달라고 졸라댔어요.
7. 아니요, 사람들이 손에 진짜 책을 들고 있는 느낌을 언제까지나 더 좋아할 것 같아요. 전자책이 점점 더 인기를 누리고는 있지만 구식 책에 대한 수요는 늘 있을 겁니다.
8. 제가 가장 좋아하는 장르는 판타지, 미스터리, 그리고 통속 소설입니다.

1 **exotic** 이국적인   2 **commute** 출퇴근하다, 통근하다   3 **cheat** 속이다, 사기 치다   4 **tablet** 태블릿 PC (책을 내려받아 읽을 수 있는 기기)   5 **injustice** 부정   6 **tyranny** 독재, 압제   7 **exclusively** 오직, 오로지

Relaxation

휴식

저는 스트레스를 받거나 긴장할 때마다 뜨거운 물로 목욕을 하거나 사우나를 하거나 한증탕에 들어가는 게 좋습니다. 이 세 가지를 한꺼번에 하기도 하죠. 여기 한국에서는 공중목욕탕이 무척 많기 때문에 아주 손쉽게 이렇게 쉴 수가 있어요. 저는 방송에 들어가기 전이나 대중들 앞에 서기 전에 긴장이 되면 온천에 가서 휴식을 취합니다. 미국에서는 온천을 찾아 즐기기가 한국보다 훨씬 더 어려워요. 대개는 최고급 리조트에만 온천 시설이 있지요. 헬스클럽에 보통 사우나와 한증탕이 있지만 거기 들어가려면 헬스클럽 회원이어야 합니다. 그러니 제 개인적인 휴식 수단의 관점에서는 한국이 제게 더 잘 맞습니다.

어떤 사람들은 음악을 들으며 휴식을 취합니다. 제 친구들 중에는 클래식 음악이나 뉴에이지 음악이 휴식을 취하는 데 최고라고 믿는 사람도 있습니다. 친구 하나는 해안을 씻어 내듯 부딪치는 파도 소리를 들으며 쉬기도 합니다. 어떤 사람들은 일광욕을 하면서 휴식을 취하기도 하죠. 매일 점심시간마다 몇 분 동안 태양 아래 누워 스트레스를 푸는 사람들도 있고요. 따뜻한 햇볕이 피부를 씻어 주는 느낌을 즐기는 것인데 이는 의사들이 권장하는 방법이기도 합니다.

집에 있으면 못 쉬는 사람들도 있습니다. 이런 사람들은 제대로 쉬려면 휴가를 내서 꼭 어딘가 가야 합니다. 제 동생은 카리브해를 좋아합니다. 태양과 따뜻한 물, 산들바람, 수면 아래로 소용돌이칠 때 나는  모래 소리가 모두 한데 어우러지면 완전한 휴식의 느낌이 난다고 동생은 늘 얘기하지요.

유감스럽게도 저는 휴가를 자주 못 가는 편입니다. 대부분의 사람들이 마찬가지죠. 그래서 우리는 바쁜 일상에서 휴식을 취할 수 있는 방법을 찾아야 합니다. 저는 그런 휴식을 가리켜 '1분 휴가' 라고 부릅니다. 저는 하루 중 그런 휴식 시간을 가능한 한 자주 갖습니다. 예를 들면 아침에 커피를 마실 때 저는 눈을 감고 짧은 휴가를 보냅니다.

TALK ABOUT IT

1. 휴식을 취하는 데 도움이 되도록 여러분은 무엇을 하나요?
2. 여러분이 사랑하는 사람들은 휴식을 취할 때 무엇을 하나요? 여러분의 친구들과 가족들은 각자의 방식으로 휴식을 취하나요?
3. 여러분은 휴식을 취할 때 혼자 있으려고 하나요, 아니면 다른 사람들과 함께 있으려고 하나요?
4. 여러분은 '1분 휴가' 를 즐기며 일상을 잠시 중단하기도 하나요?
5. 왜 열기가 사람들이 휴식을 취하는 데 도움이 될까요? 여러분은 열기가 긴장을 풀어 준다고 생각하나요?
6. 여러분은 어떤 음악이 마음을 느긋하게 해 준다고 보나요?
7. 여러분은 휴식을 위해 명상이나 요가를 해 본 적이 있나요? 있다면 여러분에게 얼마나 효과가 있었나요?

8. 건강에 좋지 않게 휴식을 취하는 것으로는 무엇이 있나요?

1. 저는 심호흡을 하고 눈을 감습니다. 고개를 쭉 빼고 원을 그리며 돌리죠.
2. 제 여동생은 요가를 아주 좋아합니다. 저는 그렇게 오랫동안 가만히 앉아 있을 인내심이 없어요. 아버지께서는 많이 걸으시는데, 휴식이라기보다는 운동에 더 가까워 보여요. 전 운동하고 싶으면 수영하러 체육관에 갈 텐데 말이죠.
3. 전 혼자 있어야 합니다. 주변에 사람이 있으면 절대 휴식을 취할 수가 없어요. 사람들이 랑 같이 있으면 주의가 산만해지고 남을 의식하게 됩니다.
4. 아니요, 그렇게 안 합니다. 1분 휴가가 시간이 잡혀 있는 것도 아니고 공식적으로 해야 하는 것도 아니고요. 전 몸이 뻣뻣하다고 느낄 때는 바로 하던 일을 멈추고 싶습니다. 회사에서 일하다 정말 스트레스를 받으면 저는 혼자 있을 수 있는 제 차로 가서 음악을 좀 듣습니다.
5. 열기를 아주 좋아하는 편은 아닙니다. 열기가 근육은 좀 풀어 주는 것 같아요.
6. 전 트랜스 음악을 좋아합니다. 가사가 전혀 없는 댄스 음악이요. 그 음악이 제 심장 박동과 리듬이 잘 맞고, 듣고 있는 순간만큼은 모든 것에서 벗어나게 해 주거든요.
7. 한 번 있습니다. 여동생이 자기 요가 수업에 저를 끌고 갔거든요. 하지만 앉아 있는 게 너무 지루해서 결국 일찍 나와야 했어요.
8. 스트레스를 풀어 보려고 담배와 술을 이용하는 사람들이 많습니다. 그런 것들은 나중에 더 큰 문제가 될 뿐인데 말이에요.

1 **upscale** 부유한, 비싼   2 **suit** 어울리다, 맞다   3 **swear by** ~이 좋다고 주장하다   4 **de-stress** 스트레스를 풀다   5 **hectic** 매우 바쁜, 정신 없이 서두르는   6 **scheduled** 예정된   7 **stressed out** 스트레스로 지친, 긴장한, 불안해하는   8 **loosen** 풀다, 느슨하게 하다   9 **lyrics** 가사, 노랫말   10 **session** 수업

57 | Science Fiction

공상과학 소설

여덟 살 때 삼촌이 제 생일 선물로 망원경을 사 주셨습니다. 밤이 되면 전 망원경을 설치하고 몇 시간 동안 달과 별들을 보았죠. 저는 사람들이 언젠가는 저 하늘 위의 별에서 살게 될 거라고 상상했습니다.

그때쯤부터 저는 공상과학 소설을 읽기 시작했어요. 과학에는 그다지 관심이 없었지만 공상과학 소설 덕분에 미래의 기술에 대해서는 쉽게 이해할 수 있었죠. 소설을 읽는 동안에 저는 우주를 가로지르며 여행을 했어요. 외계인들과 싸우고 화성에 새 도시들도 세웠죠.

제가 공상과학 소설을 무척 좋아하는 이유 하나는 이런 소설이 이상을 다루기 때문입니다. 우주는 인류가 새롭게 시작할 수 있도록 해 주지요. 물론 많은 공상과학 소설이 우리의 미래를 다소 암울하게 그리긴 하지만, 저는 동의하지 않아요. 저는 우리 인류가 깨끗하고 안전한 도시들을 세울 수 있다고 믿고 싶습니다. 그리고 기술을 이용해 서로 간의 관계를 강화할 수 있다고도 믿고 싶고요. 전 미래가 현재보다 더 나을 거라 믿으며 인류가 현재의 분쟁들을 모두 해결할 수 있으리라 믿습니다.
적어도 그러기를 희망합니다!

저는 특히 공상과학 영화를 좋아합니다. 매년 여름이 되면 공상과학 블록버스터 영화들이 개봉되기를 손꼽아 기다리죠. 가장 인기 있는 비디오 게임의 상당수 역시 미래를 배경으로 하고 있지요. 애석하게도 그 게임들 또한 미래에 대해 매우 부정적이에요. 그래서 저는 그 게임들을 하지 않습니다.

TALK ABOUT IT

1. 여러분은 수백 년 후의 세상은 어떨 거라고 생각하나요?
2. 여러분은 미래에는 사람들이 어떻게 이동할 거라고 생각하나요?
3. 여러분은 인류의 미래에 대해 낙관적인가요, 비관적인가요? 그 이유는요?
4. 여러분이 가장 좋아하는 공상과학 영화나 책은 무엇인가요? 왜 그것을 좋아하나요?
5. 여러분은 우주에 인간 외에 다른 지적 생명체가 있다고 생각하나요?
6. 여러분이 지금 있으면 하고 바라는 미래의 발명품은 무엇인가요?
7. 여러분은 기계와 컴퓨터가 미래에 인간들을 위협할 거라고 생각하나요?
8. 여러분은 예전의 공상과학 소설을 읽고서 현재에 실제로 실현된 것에 감탄한 적이 있나요?

GET AN ANSWER from Virgil

1. 지금의 추세라면 미래의 모습이 그렇게 좋을 것 같진 않습니다. 아마 지구 온난화 때문에 사람들이 실내 도시에서만 살아야 할 거라고 생각해요.
2. 지구에서는 태양열 기차로 이동하게 될 것 같습니다. 자가용은 금지될 것 같고요. 우주에서는 사람들이 우주 정거장에서 살 겁니다. 거기서는 사람들이 기차와 엘리베이터로 이동할 거예요.
3. 거의 매일, 저는 비관적입니다. 지금 우리가 서로에게 행하는 모든 끔찍한 일들이 사라지기란 쉽지 않기 때문이죠. 하지만 때때로 희망을 갖기도 합니다.
4. 저는 '블레이드 러너'라는 영화를 좋아했어요. 그 영화는 인간이라는 것이 어떤 의미인지에 관해 흥미로운 질문들을 많이 던집니다.
5. 외계인이요? 아니요, 저는 없을 것 같은데요. 가능성이야 열어 두겠지만 외계인이 존재한다는 그 어떤 증거도 본 적이 없으니까요.
6. 도로를 엄청나게 빨리 만드는 기계가 있으면 좋겠어요. 도로 건설 때문에 교통이 막히고 두통까지 생기니까요.
7. 아니요, 기계는 우리 인간이 시키는 일을 계속해서 하게 될 거라고 생각해요. 컴퓨터가

독립적인 생각을 할 수 있게 프로그램을 만든다는 건 거의 불가능해 보이니까요. 전 감정 이입 프로그램을 만드는 것도 불가능하다고 생각합니다.

8. 그거야말로 진짜 멋진 일이죠. 디스커버리 채널 같은 TV채널에서 제가 가장 즐겨 보는 다큐멘터리 종류 가운데 하나가 공상과학이 현실로 되는 것이에요.

1 **start over** 다시 시작하다   2 **bleak** 음울한, 비참한   3 **at the rate we're going** 이 속도로, 이 추세로   4 **outlawed** 불법화 된   5 **pessimistic** 비관적인, 비관주의적인   6 **every now and then** 때로는, 가끔   7 **alien** 외계인

58 | Sharing

공유

아주 어린 나이에 우리가 배우는 교훈 가운데 하나는 '다른 사람과 함께 쓰기' 입니다. 집에서는 부모님이 우리에게 형제자매와 장난감을 함께 가지고 놀라고 합니다. 학교에서는 선생님이 우리에게 다른 아이들과 장난감을 함께 가지고 놀라고 하죠. 아이들이 운동장에서 선생님께 "선생님! 아무개가 자기 혼자만 공 갖고 놀아요!"라고 불평하는 것을 자주 듣습니다. 이 말은 곧 누군가가 무엇을 공유하려고 하지 않는다는 뜻입니다. 아마 그 아이는 선생님께 꾸중을 듣게 되겠죠.

나이가 들어 가면서 우리는 생각을 공유하라고 요구받습니다. 선생님들은 수업 중에 학생들을 토론에 참여시킵니다. 미국에서 수업 참여는 일부 과목 성적에서 매우 중요한 부분입니다. 다행히도 저는 수업 시간에 별 문제 없이 큰 소리로 제 의견을 잘 말하곤 했죠. 하지만 아내를 처음 만났을 때는 제 감정을 공유하는 게 좀 힘들었습니다. 데이트를 하게 되면 상대방은 서로 감정을 나누고 이야기도 많이 할 것을 기대하고 바라게 됩니다. 어떤 사람에게는 그렇게 하는 것이 참 어려운 일일 수도 있어요.

직장에 들어가면 흔히 다른 많은 사람들과 공간을 공유합니다. 보면 우리는 사는 동안 내내 이런저런 것들을 공유해야 하는 것 같습니다. 감사하게도 우리가 천연자원을 함께 쓴다는 사실을 좀 더 깨달아 가고 있습니다. 우리 모두 공기와 물을 공유하고 있지요.

공유한다는 것이 항상 쉬운 것은 아닙니다. 혼자서 간직하고 싶은 것들도 있으니까요. 가끔 우리 생각이나 감정 등을 혼자만 간직하고 싶을 때가 있잖아요. 정말 너무 피곤한 나머지 공유하기 어려울 수도 있고, 다른 사람들에게 상처를 줄까 봐 걱정이 돼서 그런 것일 수도 있고, 아니면 그냥 우리 자신이 이기적이어서 그럴 수도 있고요. 이유야 어쨌든 저는 남들과 공유해야 할 때도 있고 혼자 가지고 싶을 때도 있다고 생각합니다.

TALK ABOUT IT

1. 여러분의 것을 다른 사람들과 공유하는 것이 어렵다고 생각될 때는 언제인가요?

2. 여러분은 다른 사람들과 여러분의 감정을 쉽게 공유하는 편인가요, 그렇지 않은 편인가요? 그 이유는요?

3. 여러분의 아이디어를 공유함으로써 대화에 중요한 공헌을 했던 때를 말해 주세요.

4. 여러분은 다른 사람들이 여러분과 음식을 나눠 먹으려고 하면 불편한가요? 그 이유는요? 그렇지 않다면 그 이유는요?

5. 여러분이 절대로 다른 사람과 공유하지 않을 한 가지는 무엇인가요? 그 이유는요?

6. 다른 사람과 공유해도 전혀 상관없는 것은 무엇인가요? 그것을 쉽게 공유할 수 있는 이유는 무엇인가요?

7. 누군가가 여러분과 무언가를 공유한다면 여러분도 그렇게 해야 할 것 같은가요?

GET AN ANSWER from Sylvia

1. 기분에 따라 많이 다릅니다. 제가 주고 싶은 기분이 드는 경우라면 공유하는 게 기쁘죠. 기분이 별로 좋지 않은 상황이라면 제 것을 저 혼자 쓰고 싶어요.

2. 이것도 상황에 따라 다릅니다. 하지만 보통은 제가 믿는 사람들과 제 감정을 공유하는 데 별 문제를 못 느껴요.

3. 저는 딸 셋 중 맏이라서 우리끼리 무언가를 할 때 종종 제가 리더가 되곤 했죠. 그러다 보니 저는 중요한 결정을 내리는 데 익숙해졌어요.

4. 저는 불편해요. 전 친구들이랑 식당에 가서 걔네들 접시에 있는 음식을 조금 덜어다 먹는 건 진짜 좋아해요. 그게 다양한 음식을 조금씩 맛볼 수 있는 가장 좋은 방법인 것 같은데요.

5. 음, 제 칫솔은 아무하고도 공유하고 싶지 않을 것 같네요. 이건 확실해요. 그리고 제 일기 역시 저만의 개인적인 거고요. 절대 그것을 공유하고 싶지 않아요.

6. 재킷이나 모자처럼 겉에 걸치는 것들은 공유해도 상관없어요. 속에 입는 것보다는 훨씬 덜 개인적인 것들이잖아요.

7. 그럴 것 같아요. 억지로 줘야 한다는 것에 분노가 치밀겠지만 누군가가 제게 먼저 뭔가를 준다면 저도 공유해야겠지요.

---

1 **hog** 독차지하다   2 **significant other** 배우자, 데이트 상대   3 **get used to** ~에 익숙해지다
4 **take a bite of** ~을 한입 먹다   5 **sample** 맛보다   6 **garment** 옷, 의류

Superheroes

슈퍼히어로

어렸을 때 저는 배트맨을 정말 우러러봤습니다. 그는 멋진 장치들로 무장한 그냥 보통 남자죠. 그에겐 초능력이 없습니다. 날지도 못할 뿐더러 여러분과 저처럼 다치기도 합니다.

매년 핼러윈 때마다 저는 배트맨 복장을 하곤 했습니다. 부모님께서는 해마다 제게 새 의상을 사 주고 싶어 하셨지만 전 전에 입던 옷만 계속 입었어요. 그러다 보니 제가 커 가면서 그 옷도 작아졌고 옷은 금세 제 무릎까지밖에 오지 않게 되었습니다. 그래도 전 여전히 그 옷이 좋았습니다.

제가 배트맨을 좋아하는 이유 중 하나는 그가 발명가이기 때문입니다. 범죄와 싸우기 위해 무언가를 발명하는, 정말 멋진 직업이죠!

제가 처음 한국에 와서 알게 된 건 한국에는 역사적인 영웅들은 많은데 만화 속 영웅들은 거의 없다는 거였습니다. 전 미국에서는 왜 그렇게 슈퍼히어로들이 많이 만들어졌을까 궁금해요. 재미있는 건 일본은 슈퍼히어로 역할을 하는 괴물들이 많아요.

슈퍼히어로가 있는 것처럼 슈퍼 악당들도 많습니다. 그리고 이 많은 악당들이 그들과 싸우는 슈퍼히어로만큼이나 인기도 있고요. 가끔은 영웅인지 악당인지 불분명한 만화 캐릭터도 있어요. 그 캐릭터는 좋은 성격과 나쁜 성격의 특징을 둘 다 갖고 있지요.

TALK ABOUT IT

1. 여러분이 가장 좋아하는 슈퍼히어로는 누구인가요? 좋아하는 이유는요?
2. 여러분이 가장 좋아하는 역사 속 영웅은 누구인가요? 좋아하는 이유는요?
3. 실제 삶에서 여러분이 가장 존경하는 사람은 누구인가요?
4. 만약 여러분이 초능력을 갖게 된다면 어떤 능력이면 좋겠어요? 그 능력을 어떻게 사용할 건가요?
5. 때때로 슈퍼히어로를 무찌르는 악당들을 응원하기도 하나요?
6. 여러분은 아이들이 자신들의 영웅을 갖는 게 중요하다고 생각하나요? 그 이유는요?
7. 여러분은 요즘 아이들이 예전 아이들보다 영웅에 관심이 더 있다고 생각하나요, 관심이 덜하다고 생각하나요?
8. 여러분은 슈퍼히어로들에게 복장이 왜 그렇게 중요하다고 생각하나요?
9. 롤모델로 슈퍼히어로를 갖는 게 건전한가요, 건전하지 않은가요?

GET AN ANSWER from Michelle

1. 저는 자라면서 원더우먼을 좋아했어요. 어린 소녀들에게 매우 긍정적인 롤모델이었죠.
2. 역사 속 영웅이요? 흠, 플로렌스 나이팅게일인 것 같은데요. 목숨을 걸고 부상당한 군인들을 구했잖아요. 우리가 최초의 현대식 간호사로 보는 사람이기도 하고요.

3. 대체로 엄마들이죠. 엄마들은 가족이 함께 지낼 수 있게 많은 일을 하잖아요. 엄마들이 야말로 이 세상의 슈퍼히어로죠.

4. 전 비행 능력이 있으면 좋겠어요. 확실히 가장 멋진 초능력이에요. 제가 가고 싶은 곳으로 날아가는 데 그 능력을 쓸 것 같아요. 분명 언제나 여행을 할 겁니다.

5. 아니요. 악당들이 착한 사람들을 이기는 걸 보면 저는 정말 화가 나요.

6. 물론이죠. 아이들은 누군가를 존경할 필요가 있어요. 우리에게 영웅이 없다면 모든 게 더 잘 될 거라는 희망을 가질 수 없을 테니까요.

7. 전 관심이 덜하다고 봐요. 요즘 아이들에게는 자기네들이 아는 판타지 캐릭터들이 따로 있어요. 비디오 게임에 나오는 그런 캐릭터들 말이에요. 제 생각에는 그런 캐릭터들이 요즘 아이들에게는 영웅인 것 같아요. 슈퍼히어로가 뭔지 말하는 게 어렵긴 하지만요.

8. 슈퍼히어로들은 자기 정체를 숨겨야 하잖아요. 안 그러면 악당들이 그들과 그들이 사랑하는 사람들을 죽일 테니까요. 또 복장 때문에 슈퍼히어로들이 더 신비스러워 보이기도 해요.

9. 슈퍼히어로가 가진 성격의 긍정적인 면만 그대로 따라한다면 괜찮다고 봅니다. 슈퍼맨을 예로 들어 보죠. 전 아직도 그가 참 멋지다고 봐요. 그의 육체적, 정신적인 강인함에 감탄하게 되거든요.

---

1 **gadget** 장치, 도구   2 **villain** 악당   3 **emulate** (흠모하는 대상을) 흉내 내다, 따라 하다

---

60 | Uniqueness
특별함

여러분은 파티에 가서 특별한 개인기를 보여 달라는 부탁을 받아 본 적이 있나요? 다행히 저는 제 귀를 움직일 수 있답니다. 그래서 뭔가 특별한 걸 보여 달라는 부탁을 받으면 저는 보통 제 귀를 움직여 보입니다. 그리고 동물 울음소리도 몇 가지 낼 수 있어요. 어떤 사람들은 한 손으로 팔굽혀펴기를 하거나 몸으로 하는 재미있는 다른 묘기들을 보여주기도 하죠.

자신만의 특별함을 표현할 수 있는 방법은 많습니다. 우리는 각자 자기만의 특별한 스타일을 가지고 있죠. 요즘 서울 거리를 걷다 보면 특별한 스타일을 한 사람들을 많이 보게 됩니다. 파격적인 헤어스타일을 한 사람들도 있고 아주 밝은 색의 티셔츠를 입은 사람들도 있습니다. 마치 모든 사람들이 다른 사람과 어울리면서도 남들 눈에 띄려고 애쓰는 것처럼 보이기도 해요. 전 예쁜 나비넥타이를 모읍니다. 넥타이가 여러 개 있어서 그날의 기분에 맞추어 골라 매죠. 아마 TV나 인터넷에서 나비넥타이를 맨 저를 보셨을 거예요. 저희 삼촌은 모자를 수집하셨어요. 러시아 해군 모자, 미국 공군 모자, 아프리카 사파리 모자 등을 가지고 있었죠. 삼촌은 특별한 기분을 내려고 공공장소에서 그런 모자들을 쓰곤 했습니다.

우리는 각자 일을 할 때 자기만의 방식이 있습니다. 스스로 독특하고 특별하다고 느끼기 위해 일을 합니다. 사람들은 저마다 음악, 영화, 미술에 대한 취향도 독특합니다. 심지어 말도 독특한 방식으로 하는 사람들이 있지요. 제 동생은 아이스크림콘을 독특하게 먹습니다. 아이스크림콘 아래를 베어 물고는 아래 부분부터 아이스크림을 빨아 먹는 거죠. 제 친한 친구는 감자튀김에 마요네즈를 뿌려 먹기도 합니다. 정말 독특하죠!

TALK ABOUT IT

1. 여러분은 남들과 달라 보이기 위해 어떤 식으로 노력하나요?
2. 여러분이 아는 사람 중에 특별해 보이려고 지나칠 정도로 애쓰는 사람이 있나요?
3. 여러분 또는 여러분의 지인들은 돋보이려고 하기보다는 남들에게 맞추려고 하는 편인가요?
4. 여러분은 자랑할 만한 특별한 개인기나 능력이 있나요?
5. 여러분은 요즘 사회가 특별해지는 것을 너무 강조한다고 생각하나요?
6. 어느 스타가 스타일이 가장 독특한가요?
7. 여러분은 직장에서 독특해질 기회가 있나요?
8. 여러분의 특별함을 표현하기에 가장 좋은 곳은 어디인가요?

GET AN ANSWER from Nina

1. 제가 하는 귀걸이와 신는 신발, 그리고 제 헤어스타일로 표현해요. 너무 파격적으로 보이지 않게 하려고는 하지만 저만의 스타일은 있답니다.
2. 대다수 사람들이 그러는 것 같아요. 글쎄요, 군중 속에 그냥 섞이고 싶은 사람들도 있겠죠. 하지만 제 친구들은 대부분 특별하고 싶어 해요.
3. 아니요, 꼭 그렇진 않아요. 음, 그런데 저희 회사에 결코 돋보이려고 애쓰지 않는 동료가 한 명 있습니다. 그는 항상 평범한 넥타이에 회색 정장만 입고 다녀요. 머리 모양도 늘 똑같습니다. 언성을 높이는 일도 절대 없죠.
4. 전 노래를 잘 불러요. 그래서 친구들이랑 노래방에 가면 제 노래 솜씨를 뽐내곤 하죠. 춤도 꽤 잘 춥니다.
5. 네, 그런 것 같아요. 사람들이 무엇보다도 자신에게 더 초점을 맞추게 되었잖아요. 그런데 그게 그렇게 나쁜 건가요? 전 나쁘다고 생각하지 않아요.
6. 글쎄요, 전 브래드 피트를 아주 좋아해요. 그가 하는 건 다 좋아요. 옷 입는 스타일이랑 머리 스타일 다요.
7. 그런 기회가 거의 없습니다. 직장에서는 독특한 스타일을 하는 것이 권장되지 않습니다.
8. 친구들이랑 있을 때 전 제 자신을 마음껏 표현할 수 있죠.

1 **wiggle** 앞뒤로 움직이다 2 **feat** 성과물, 행동 3 **hairdo** 머리 모양 4 **stand out** 눈에 띄다 5 **show off** 자랑하다 6 **blend in** ~와 섞이다 7 **boring** 지루한, 평범한 8 **raise one's voice** 언성을 높이다

Weight... Diets

체중, 다이어트

지난 주말에 복숭아 차를 한 병 마시고 있었습니다. 정말 맛이 좋더라고요. 너무 맛있어서 안에 뭐가 들었나 보려고 라벨을 보기로 했죠. 그 안에 설탕이 어마어마하게 많이 들어 있었어요. 이럴 수가! 믿기지 않을 정도로 말이에요! 어쩐지 아주 맛있더라니.

먹고 마시는 것들에 주의를 기울이지 않으면 그것들은 제 허리 살로 바로 갑니다. 제가 요즘은 예전만큼 활동적이지 못해요. 종종 녹음하느라 몇 시간씩 의자에 앉아 있어야 하죠. 그래서 남는 칼로리들을 태울 기회가 그렇게 많지 않습니다. 확실히 신진대사도 느려졌을 거예요. 예전에는 먹고 싶은 건 다 먹을 수 있었고 살이 찔까 걱정도 안 했습니다. 하지만 지금은 사정이 다릅니다.

전 튀긴 음식은 먹지 않으려고 합니다. 튀긴 음식 맛을 진짜 좋아하기는 하는데 그런 음식을 먹어서 제 외모가 변해 가는 건 싫습니다. 저는 늘 그렇지만 다이어트 하는 게 싫어요. 대부분의 다이어트를 요요 다이어트라고 부릅니다. 다이어트를 마치고 난 후 다시 살이 붙기 때문이죠. 게다가 제 자신을 굶겨 가며 몸에서 살을 뺀다는 생각도 맘에 안 듭니다. 전 그냥 올바른 식습관을 가지려고 노력합니다.

재미있는 이야기 하나 해 드릴게요. 제가 한국에 처음 왔을 때 제가 다니던 대학교 앞에 샐러드 바를 갖춘 식당이 하나 있었어요. 당시 한 접시에 삼천 원 정도 했던 것 같네요. 저는 먹을 때마다 층층이 샐러드 탑을 쌓곤 했어요. 어떤 때는 60센티미터 넘게 샐러드 탑을 쌓을 때도 있었습니다. 뭐, 그땐 제가 가난한 학생이었으니까요. 저는 지금도 샐러드를 좋아해요. 먹으면 기분도 정말 좋고 외모도 근사해 보이게 하거든요.

하지만 지금도 전 제 가방에 초콜릿은 몇 개 가지고 다닙니다. 급하게 제 몸이 단 것을 필요로 할 경우를 대비해서 말이죠.

TALK ABOUT IT

1. 여러분은 예전에 다이어트를 해 본 적이 있나요? 좋은 경험이었나요, 나쁜 경험이었나요?
2. 여러분이 가장 좋아하는 길티 플레저(좋아하지만 건강에는 안 좋은 음식)는 무엇인가요?
3. 여러분이 사랑하는 사람들 중에서 체중 문제로 고생하는 사람이 있나요? 있다면 그 사람들은 어떤 방법으로 체중을 관리하고 있나요?
4. 여러분은 '가장 많이 뺀 사람(The Biggest Loser)' 같은 프로그램이 TV에서 인기를 끄는 이유가 무엇이라고 생각하나요?
5. 비만 문제가 앞으로는 별 문제가 아닐까요, 아니면 더 심각한 문제가 될까요? 그렇게 생각하는 이유는요?
6. 여러분은 올바른 식습관을 갖기 위해 어떤 노력을 하나요?
7. 여러분은 한국의 '웰빙' 운동이 성공했다고 생각하나요, 실패했다고 생각하나요? 그 이유는요?
8. 여러분은 빵과 밥 같은 탄수화물 식품을 얼마나 자주 섭취하나요?

1. 전 고등학교 때 레슬링을 했습니다. 계체량 전날 체중을 맞추려고 온종일 음료수만 마셨는데, 전 그게 정말 싫었어요.

2. 전 그릴에서 구운 치즈 샌드위치를 정말 좋아합니다. 하루 세 끼 그것만 먹을 수도 있겠지만, 그렇게 하진 않아요.

3. 그럼요, 있지요. 바로 접니다! 제 이상적인 체중은 68킬로그램 정도예요. 그런데 제가 먹는 것에 조심하지 않으면 순식간에 약 82킬로그램까지 늘어날 수도 있어요. 그래서 가능한 한 탄수화물 섭취는 피하고 단백질을 많이 섭취하려고 합니다.

4. 체중 문제로 고생하는 사람들이 많기 때문이죠. 간단하잖아요. 거기 나오는 사람 대부분이 살을 빼더라고요. 보기에도 좋고요. 또 그걸 보면 운동하고 싶게 되잖아요.

5. 비만은 날이 갈수록 문제가 되고 있습니다. 어디선가 읽었는데, 비만 때문에 미국에서 매년 십만 명 이상이 죽는다고 하더라고요. 해가 갈수록 아이들이 점점 더 뚱뚱해지는 것 같아요.

6. 말씀드렸듯이 저는 '다른 영양소가 없는' 탄수화물만 든 음식은 피합니다. 샌드위치도 다 먹기보다는 빵을 빼고 고기와 채소만 먹죠. 스테이크를 시킬 때도 감자는 안 먹어요. 튀긴 음식도 피하려고 합니다. 하지만 감자튀김을 너무 좋아해서 사실 그건 거의 불가능한 일이긴 해요.

7. 한국 사람들이 확실히 미국 사람들보다 건강하고 날씬한 것 같아요. 뭔가를 제대로 하고 있기 때문일 겁니다. 저는 한국 음식을 먹을 때마다 여러 가지 채소들을 보고 감탄하곤 하죠. 하지만 요즘은 한국 사람들도 서구 음식을 점점 더 많이 먹는 것 같습니다.

8. 한국 사람들 대부분은 고탄수화물 식단을 먹어도 별 문제 없을 겁니다. 그렇지만 전 그렇게 먹으면 안 돼요. 탄수화물을 먹으면 바로 제 배로 가거든요. 1년에 제가 10킬로그램을 뺐는데요, 전혀 굶거나 하지 않았어요. 그냥 하루에 한 번만, 주로 아침에 탄수화물을 먹었을 뿐이죠. 하지만 고단백 저칼로리 식단으로 생활하는 건 돈이 많이 듭니다.

---

1 **holy cow** 오, 이런. 말도 안 돼! 2 **no wonder** 당연하다 3 **metabolism** 신진대사 4 **That is no longer the case** 더 이상 맞지 않다 5 **deprive** 제거하다, 빼다 6 **sugar fix** 갑작스러운 당분 과다 섭취 7 **guilty pleasure** 좋아하지만 유익하거나 건강상 좋지 않은 어떤 것 8 **balloon** 갑자기 늘어나다 9 **get away with** (나쁜 짓을 하고도) 처벌을 모면하다 10 **carb** 탄수화물

아이작의 테마토크120

일러스트 김은정

서울예고와 서울대 미대 서양화과를 졸업했다. (주)바른손 디자이너로 근무하다 출판
일러스트레이션에 관심을 갖게 되어 이후 프리랜스 작가로 활동하면서 동화책 및 일반
단행본에 다양한 스타일의 일러스트레이션 작업을 펼치고 있다.
〈아이작의 테마토크 120〉에 이어 이 책에도 작가만의 따뜻한 감성이 묻어나는
아기자기한 일러스트를 다수 그려 넣어 책에 생기를 불어넣고 있다.

아이작의 테마토크 플러스

2판 1쇄 발행 2022년 10월 5일
2판 2쇄 발행 2024년 1월 15일

지은이 아이작 더스트
펴낸이 엄경희
펴낸곳 서프라이즈

주소 서울 마포구 연남로5길 19-5
전화 02)719-9758   팩스 02)719-9768
이메일 books4u@naver.com
등록 제313-2003-00382 호

ⓒ 아이작 더스트 (Isaac Durst) 2022, 2013

ISBN 978-89-92473-20-0 14740
ISBN 978-89-92473-19-4 (세트)

책값은 뒤표지에 있습니다.